HISTOIRE MÉDICALE

DU

BLOCUS DE METZ

PAR E. GRELLOIS

EX-MÉDECIN EN CHEF DES HÔPITAUX ET AMBULANCES DE CETTE PLACE
EX-MÉDECIN EN CHEF D'ARMÉE
COMMANDEUR DE LA LÉGION D'HONNEUR, OFFICIER DE L'INSTRUCTION
PUBLIQUE

Vidi.

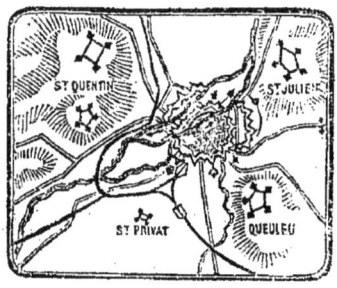

PARIS
LIBRAIRIE J. B. BAILLIÈRE ET FILS
19, rue Hautefeuille, près du boulevard Saint-Germain

METZ
LIBRAIRIE M. ALCAN
1, rue de la Cathédrale

1872

HISTOIRE MÉDICALE

DU

BLOCUS DE METZ

METZ. — IMPRIMERIE E. RÉAU, RUE DU PALAIS.

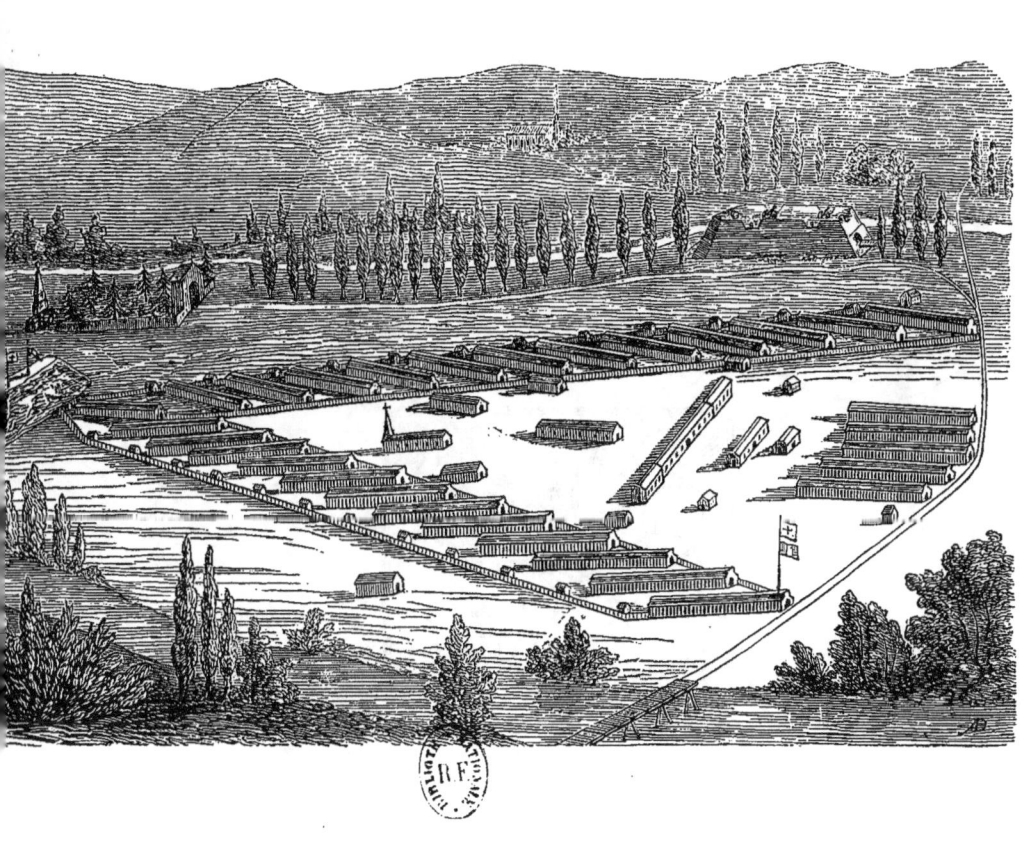

HISTOIRE MÉDICALE

DU

BLOCUS DE METZ

PAR E. GRELLOIS

EX-MÉDECIN EN CHEF DES HÔPITAUX ET AMBULANCES DE CETTE PLACE
EX-MÉDECIN EN CHEF D'ARMÉE
COMMANDEUR DE LA LÉGION D'HONNEUR, OFFICIER DE L'INSTRUCTION
PUBLIQUE

Vidi.

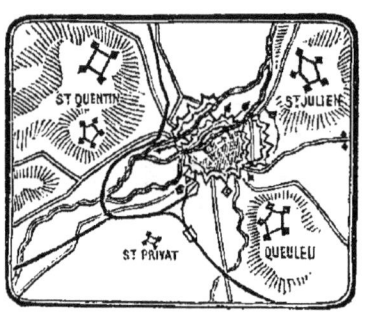

PARIS
LIBRAIRIE J. B. BAILLIÈRE ET FILS
19, rue Hautefeuille, près du boulevard Saint-Germain

METZ
LIBRAIRIE M. ALCAN
1, rue de la Cathédrale

1872

AUX FEMMES DE METZ.

Expression de la gratitude de l'armée du Rhin.

AUX MÉDECINS MILITAIRES.

Souvenir d'un vieux et dévoué camarade.

EUG. GRELLOIS.

TABLE DES MATIÈRES.

	Pages.
Préface	1
I. Coup d'œil étiologique	7
II. Constitution atmosphérique	10
III. Alimentation	18
IV. Maladies régnantes	41
V. Blessures	56
VI. Enlèvement et transport des blessés	75
VII. Documents statistiques; mortalité; inhumations	77
VIII. Approvisionnements pharmaceutiques et chirurgicaux	94
IX. Secours divers dus aux associations internationales	101
X. Bienfaisance de la population	108
XI. Service médical militaire officiel et officieux	125
XII. Hôpitaux et ambulances	139
XIII. Parallèle entre les divers modes d'abris pour les malades	194
XIV. La Convention de Genève, spécialement au point de vue de la capitulation de Metz	205
XV. Extraits de la correspondance officielle	254
XVI. Observations extraites des bulletins journaliers	325
XVII. Rapports et note sur le service médico-chirurgical	343
XVIII. Procès-verbaux des conférences	356
XIX. Séances du Conseil central d'hygiène publique	570
Épilogue	586
Appendice. — Liste des personnes qui ont concouru au service des ambulances	591

PRÉFACE [1].

Avant la guerre j'étais attaché à la place de Metz comme médecin de l'École impériale d'application de l'artillerie et du génie. Dès le début des hostilités je compris que mon rôle allait devenir bien insignifiant et sans utilité réelle; comme nul, au milieu des événements qui se préparaient, ne pouvait rester inactif, je sollicitai l'honneur d'être placé à l'une des armées en voie d'organisation. Mais le ministre de la guerre avait admis en principe qu'il ne serait pas touché au personnel des places frontières du nord-est, et l'on me répondit que Metz m'offrirait amplement l'occasion d'être utile.

[1] En écrivant cette préface je n'ai pas cédé au puéril désir de parler de moi; mais il convenait que je fisse connaître les circonstances qui, m'appelant à la direction du service médical de la place de Metz, m'ont imposé l'obligation de rendre compte d'une situation qui a éveillé à un si haut degré l'intérêt de la France et de l'Europe. J'aurais voulu même ne laisser paraître, dans ce livre, aucune trace de personnalité, mais tout en usant du *moi* avec toute la réserve possible, le rôle que j'ai été appelé à jouer dans ces terribles événements, ne m'a pas permis de m'y soustraire entièrement.

Lorsque l'éminent chef du service médical de l'armée du Rhin, M. l'inspecteur baron Larrey, fut arrivé à Metz, je m'empressai de me mettre à sa disposition et de prendre ses ordres pour les fonctions qu'il pourrait avoir à me confier. Son accueil fut pour moi un nouveau témoignage d'une bienveillance que j'avais dès longtemps appréciée ; mais rien ne fut arrêté sur le poste qui pourrait m'être assigné ; les événements attendus devaient seuls en décider.

Le 14 août la bataille de Borny, commençant la guerre sous Metz, jetait dans la place quelques milliers de blessés, et obligeait à convertir en ambulance la caserne d'infanterie de Coislin. On m'offrit et j'acceptai la direction de ce service.

Trois jours plus tard s'ouvrait à l'École d'application une nouvelle ambulance, spécialement consacrée aux officiers blessés. Ce poste m'appartenait de droit, et je cumulai les deux services. Jusqu'au 21 je pratiquai, dans l'un et dans l'autre, de nombreuses et urgentes opérations.

Mais j'avais reçu le 20, de M. le Commandant supérieur de la place en état de siége, une lettre de service qui me nommait *médecin en chef des hôpitaux civils et militaires et des ambulances de Metz, intrà et extrà-muros*[1].

Je dus dès lors renoncer à toute pratique individuelle pour me consacrer tout entier aux graves et laborieuses fonctions qui m'étaient confiées : assurer

---

[1] En exécution du règlement sur le service de santé en campagne.

l'exécution d'un service fort compliqué dès l'origine, mais qui bientôt devait prendre une extension telle que jamais, assurément, médecin ne s'est trouvé en présence d'attributions aussi multiples, au milieu de conditions si exceptionnellement difficiles [1].

Ma tâche était ardue; mais grâce au bienveillant concours du commandement et de l'administration [2] de la place, bien des difficultés ont été aplanies. Tout ce qui, dans le monde officiel, était possible pour nos malades et blessés, a été fait. Si le nécessaire a trop souvent manqué, ce n'est point ici qu'il faut jeter le blâme; chacun de nous en a gémi, mais a dû subir

[1] Mon premier acte fut de demander à MM. Isnard, médecin en chef de l'ambulance du Polygone, et Ehrmann, de l'hôpital militaire, les renseignements suivants, qui m'étaient nécessaires pour la répartition du personnel et des moyens de secours, ainsi que pour me mettre en mesure de rendre compte à l'autorité militaire de la situation médicale de la place :

1º Le nombre de lits existants dans chacun de ces deux établissements ;

2º Le chiffre des malades et, par conséquent, le nombre de lits disponibles;

3º Le chiffre des médecins attachés ou détachés ;

4º Le nombre de boîtes d'opérations mises ou à mettre en service.

[2] Je ne saurais trop me féliciter du bon esprit qu'ont apporté dans nos relations les fonctionnaires de l'Intendance. Ils ont singulièrement favorisé la bonne exécution du service médical, en évitant toute immixtion dans la direction du personnel et ne s'arrêtant point aux motifs de susceptibilité qui devaient naître, à chaque instant, de positions mal définies et d'infractions forcées à de mauvaises dispositions réglementaires. Sans cet esprit de conciliation, que j'ai trouvé notamment chez M. le sous-intendant militaire Pérot (aujourd'hui intendant), dans nos rapports incessants, que d'obstacles se seraient dressés devant nous, à notre grand ennui, au grand préjudice des malades!

les malheurs d'une situation à laquelle il n'avait pas contribué, et dont il faut chercher l'origine loin de Metz. Sans la bienfaisance publique, que serions-nous devenus, hélas !

Combien suis-je heureux, aussi, d'exprimer à mes collaborateurs et camarades toute mon admiration pour le zèle, le dévouement absolu qu'ils n'ont cessé de montrer dans ces douloureuses épreuves; non moins heureux de les remercier des marques nombreuses d'affection et de sympathie qu'ils m'ont accordées. Je me rappellerai toujours ces hommes loyaux, au cœur largement ouvert à tout noble sentiment, qui constituent le fond du personnel d'élite auquel j'ai eu si longtemps l'honneur d'appartenir.

La capitulation de Metz rompit douloureusement mes relations avec le commandement et me fit passer sous l'autorité des nouveaux maîtres de la place. Ils me reconnurent et me maintinrent dans mes fonctions, que je dus continuer malgré mon désir, souvent exprimé, de rentrer en France. Si je n'eus pas toujours à me louer, surtout au début, de mes rapports avec les vainqueurs, j'espère du moins, par une tenue ferme et réservée, empreinte du désir d'éviter tout froissement réciproque, avoir justifié le peu d'influence qu'ils voulurent bien m'accorder et dont profitèrent, dans maintes circonstances, nos malades et nos médecins.

Mes attributions s'étaient compliquées par l'évacuation sur Metz de tous les malades et blessés traités, jusqu'à ce jour, dans quelques ambulances des corps d'armée, à Vallières, à Montigny, à Longeville; ainsi que par l'envoi, dans nos établissements, d'un nombre considérable de malingres jugés impropres à supporter les fatigues d'un long voyage et les misères de la captivité. Mais ce qui, plus peut-être que le chiffre élevé des malades, me créa de nouveaux embarras, après la pénurie de médecins, ce fut leur nombre exagéré et dépassant les besoins réels. Le placement des uns, le rapatriement des autres, le soin des intérêts de tous, au milieu du malaise moral et de la surexcitation des esprits, devaient faire naître chaque jour, pour moi, de nouvelles difficultés.

Ma carrière active s'est terminée avec l'insurrection de Paris. Médecin en chef de l'armée de réserve placée sous le commandement du général Vinoy, j'ai fait avec cette armée la guerre des barricades [1]. Là encore j'ai trouvé, chez tous mes camarades, dont plusieurs étaient mes vaillants compagnons de Metz, un concours dévoué qui resserre les liens qui m'uniront toujours à la médecine militaire. Cette carrière,

---

[1] Ainsi s'explique pourquoi ce livre paraît si longtemps après les événements dont il fait l'historique à un point de vue spécial. Je n'ai pu en réunir les matériaux qu'après être rentré chez moi, au milieu de mes notes et à portée de renseignements qu'il m'était nécessaire de compléter. Il en perdra quelque peu de mérite d'actualité; j'espère, cependant, qu'il pourra, en tout temps, être lu avec intérêt et offrir quelques enseignements utiles.

belle par ses moyens et son but, est à mes yeux l'une des plus enviables, quoique bien souvent ingrate par le fait d'une organisation qui ne répond ni à ses besoins, ni, ce qui est plus grave, aux besoins de l'armée. Telle qu'elle est, je l'aime par-dessus toute autre, et je puis dire avec un héros de Corneille :

> Je le ferais encore, si j'avais à le faire.

L'âge réglementaire de la retraite a sonné pour moi. Je rentre sans amertume dans la vie civile; nous devons savoir céder à de plus jeunes des positions qu'ils occuperont mieux que nous, s'ils savent profiter d'une expérience que nous avons péniblement acquise et que nous sommes heureux de leur transmettre.

COUP D'ŒIL ÉTIOLOGIQUE.

I.

Les affections qui ont sévi à Metz, soit sur la population, soit sur les troupes rassemblées dans l'intérieur du camp retranché, appartiennent *toutes* à un ordre de causes parfaitement déterminées, dont on pouvait prévoir l'action, dont on devait même redouter une plus active manifestation. Ce sont, sans exception, des causes débilitantes, asthéniques, dont les chefs principaux appartiennent à la constitution atmosphérique, aux fatigues, à l'alimentation, à l'agglomération, à la dépression morale; les unes et les autres à la fois déterminantes ou simples prédispositions.

Le 11 août, l'armée, violemment refoulée de la frontière, se repliait et venait prendre position au sud de Metz, entre les forts de Queuleu et de Saint-Julien. Mais, depuis les jours où nous l'avions vue défiler dans nos murs, pleine d'entrain, d'espérance et de fierté, courant à la rencontre de l'ennemi, que de fatigues n'avait-elle pas endurées! que d'alertes, que de marches, de contre-marches, les unes nécessitées par les circonstances, les autres semblant accuser des ordres mal donnés, mal exécutés, trahissant, en apparence au moins, l'absence de tout plan coordonné et réfléchi. Ces fatigues, jointes à la douleur de la défaite, avaient affaibli les hommes et, bien que l'état général de la santé fût bon, on voyait poindre, cependant, une disposition maladive inquiétante. Les dispenses de service devenaient chaque jour plus nombreuses dans les corps de troupes ; les entrées à l'hôpital, bien que ne dépassant pas une proportion normale pour une telle armée, augmentaient dans la même mesure. Devait-on compter sur quelque repos devant Metz ? Assurément non, car l'armée ne s'était pas réfugiée sous ses murs pour rester inactive et s'abandonner aux douceurs du repos, mais pour y trouver un refuge assuré au milieu de sa mobilité sur place. Ce sont des alertes continuelles, des attaques, heureuses ou malheureuses, de grandes batailles avec des succès balancés. En somme, fatigues sans aucun de ces résultats qui surexcitent le moral du soldat et l'empêchent de songer à sa misère. Je ne rappellerai point la série de ces mouvements incessants ; ils sont connus de tous ; il m'a suffi de les mentionner dans leur ensemble. Puis arrivent, croissant chaque jour, les inquiétudes de la situation, des alternatives d'espoir et de désespérance. Un cercle de baïonnettes s'étend autour de Metz et menace de nous étouffer. Pourra-t-on le forcer ? Un secours, toujours et en vain attendu, viendra-t-il modifier la passivité de notre position ? Une triste certitude fait, enfin, place à la confiance ; nous ne pouvons compter que sur nous. Les sorties, de plus en plus rares, cessent entièrement. Les troupes s'engourdissent dans leurs campements froids, humides, boueux ; elles réfléchissent et l'horizon s'assombrit à chaque instant.

Les jours s'écoulent en de mortelles angoisses, après lesquels on ne voit plus qu'un funeste dénoûment. L'affliction et le découragement s'emparent de l'armée. L'ennemi est, désormais, sûr de sa proie ; il ne se presse pas et nous laisse nous consumer par le désœuvrement, le froid, la faim et les maladies qui en sont la souveraine expression. Les hôpitaux s'emplissent insensiblement et toutes les affections, répétons-le, démontrent clairement un même ordre de causes, que nous venons d'indiquer sous une forme générale.

CONSTITUTION ATMOSPHÉRIQUE.

(D'après les observations météorologiques recueillies par M. Baur à l'observatoire de l'École d'application.)

II.

Aout 1870. — Le *baromètre* s'est tenu, moyennement, à 742^{mm},6., 3^{mm} environ au-dessous de la moyenne habituelle de ce mois. Minimum, 736,7; maximum, 750,9.

Peu de grandes variations.

L'état barométrique n'a dû exercer aucune influence sensible sur la santé publique.

La *température* moyenne pour le mois d'août étant 18°,0, elle a été de 16,9 avec un minimum de 7,2 et un maximum de 28; la différence 20,8 entre ces extrêmes n'a point été brusque, mais graduée.

La chaleur a donc été modérée et favorable à la santé.

Nébulosité. Le ciel a été plus nuageux que pur. En représentant la nébulosité totale ou le ciel couvert, par 10, elle est indiquée par une moyenne de 7,1.

Vents. Les vents se sont répartis ainsi :

N — 11	S — 2
O — 9	SO — 1
NO — 5	NE — 1
E — 2	

Généralement de faible intensité.

Les vents dominants, pendant le mois d'août, à Metz, sont de la zone sud-ouest. Par exception, cette année, ils ont soufflé de la zone opposée. (Direction du Luxembourg et des Ardennes.)

Pluie. Il tombe moyennement, dans ce mois, 69^{mm},2 d'eau ; il en est tombé, cette année, 88,9. Différence, 19,7, plus favorable que nuisible. Seize jours de pluie.

On a noté cinq fois de la *rosée*. Il est certain que les troupes bivouaquées en ont ressenti davantage.

Trois *orages*, suivis chacun d'un léger abaissement de température. Le premier (le 5) accompagné de 12^{mm},20 de pluie; le second (le 19) 5^{mm},80 de pluie ; le troisième (le 27) 18^{mm},80 de pluie.

En résumé, rien d'anormal dans la constitution atmosphérique, qui n'a pu être que favorable aux troupes bivouaquant.

Septembre. — La hauteur moyenne du *baromètre*, en septembre, est de 745,8 ; elle a été, en 1870, de 749,3, avec un minimum de 735,6 et un maximum de 756,2 ; variations généralement peu brusques. Je considère ces conditions comme indifférentes à la santé publique.

La *température* moyenne de ce mois étant 14,5, a été 13,4, 1°,1 inférieure à la moyenne normale. Le thermomètre s'est abaissé à 5 et élevé à 23, mais avec des transitions ménagées.

Nous ne trouvons donc rien d'important à signaler sous ce rapport.

Nébulosité. Ciel très-nuageux jusqu'au 18; depuis lors pur ou presque pur jusqu'à la fin du mois.

Vents :

E — 7	S — 3
O — 5	NE — 3
N — 5	NO — 7
SO — 4	SE — 1

Intensité moyenne supérieure à celle du mois dernier.

Année commune, l'égalité est presque complète entre les vents opposés de la zone nord-est et de la zone sud-ouest.

Nous remarquons, en 1870, de grandes variations qui accusent de même un grand trouble dans l'atmosphère. Les influences miasmatiques apportées des camps ou des ambulances extérieures se sont contre-balancées.

La *pluie*, moyennement représentée en septembre par 60^{mm},6, l'a été en 1870 par 119,1. La différence, 58,5, est considérable et suffit pour caractériser un mois pluvieux. Neuf jours de pluie.

Les terres marneuses sur lesquelles campent les troupes sont détrempées; les hommes, dans la plaine du Ban-Saint-Martin, de Devant-les-Ponts, du Polygone, sont littéralement plongés dans la boue. Les terrains sablonneux de Montigny à Vallières et Saint-Julien sont moins défoncés; les hommes y sont moins mal.

Six jours *de rosée.*

Brouillards très-denses le 16 et le 20.

En résumé, mois humide, qui détermine et surtout prépare de nombreuses maladies.

Octobre. — La moyenne *barométrique* de ce mois étant 745^{mm},9, est représentée, en 1870, par 741,4; le minimum est descendu à 722,9, le maximum monté à 757,5, avec de brusques alternatives, notamment du 7 au 9 (différence, 20^{mm},9).

Ces grandes différences de pression ne sont assurément pas des conditions favorables à la santé, surtout chez des hommes surmenés et affaiblis.

La *température* moyenne normale, pour ce mois, est de 9°,9; en 1870 elle n'a été que de 9°,7, différence à peine appréciable. Le minimum a été de 1°,7, le maximum de 18°,3, avec d'assez fortes variations journalières. Ce mois annonce l'arrivée de l'hiver.

Nébulosité. Jusqu'au 7, ciel pur; depuis lors jusqu'à la fin du mois, presque toujours couvert.

Les *vents* se sont ainsi distribués :

SO — 12 E — 4
O — 8 N — 1
S — 5 NO — 1

Intensité moyenne intermédiaire entre les deux mois précédents.

On voit que les vents humides et pluvieux ont dominé dans une grande proportion. Année commune il en est ainsi, bien que d'une manière moins accusée.

Pluie. Le mois d'octobre donne en moyenne :

55^{mm},0
En 1870. . . . . 88^{mm},5

Différence. . . . . 33^{mm},5

Depuis le 8 il a plu, peu ou beaucoup, presque tous les jours. Vingt jours pluvieux.

Rosée, cinq fois, dans les premiers jours du mois.

Brouillard épais, quatre jours.

Tempêtes, le 9 et le 26.

Les terres sont de plus en plus défoncées. La plupart des chemins sont impraticables.

Bien mauvais mois pour les troupes au bivouac.

Le résumé de la saison nous donne, pour les mois d'août et septembre, de bonnes conditions de température; abaissement fâcheux pendant le mois d'octobre. Pluies abondantes, s'accentuant à l'approche de l'hiver. Dans le dernier mois deux bourrasques ont beaucoup fait souffrir les hommes; quelques tentes de malades ont été enlevées.

Nous avons vu que le minimum était descendu à $1^o,7$ (le 12 octobre); mais c'est une exception, et la moyenne des minima dans ce mois a été de $7^o,3$. Ce n'était donc pas une température propre à incommoder beaucoup les troupes au bivouac; mais la pluie et l'humidité pénétrant le sol et les abris, les hommes eurent réellement à souffrir pendant une grande partie de ce mois. Mouillés pendant le jour, ils n'avaient aucun moyen de se sécher, et passaient ainsi la nuit sur un terrain fangeux. Mais où ce froid humide détermina des effets vraiment lamentables, ce fut au départ de notre malheureuse armée prisonnière. Il tombait une pluie fine et serrée pendant le lugubre défilé en face de l'armée victorieuse. Les locaux manquant pour abriter cette multitude, brisée par la honte, la douleur et la faim, on fit camper les hommes au milieu d'une vaste plaine, dans des terres labourées, et là, durant trois longs jours, ils restèrent soumis à la pluie, avec une nourriture insuffisante. Combien de ces infortunés s'étendirent dans les sillons pour échapper à la bise qui les glaçait et ne se relevèrent plus ! Les Prussiens durent renvoyer de nombreux malades dans nos ambulances; souvent on voyait pêle-mêle, sur une même voiture, morts et mourants.

La bienfaisance publique restait impuissante, l'approche des lignes de prisonniers étant interdite. Cependant, un médecin principal de l'armée, secondé par deux aides-majors médecins et un pharmacien, obtint, sur la demande que j'adressai aux autorités allemandes, un sauf-conduit et l'autorisation de porter, pendant ces trois jours, quelques secours, vivres, médicaments, vêtements, à ces débris d'une vaillante armée. Le préfet allemand fit preuve, en cette circonstance, d'un esprit d'humanité méritoire, en mettant sa propre voiture à la disposition de ces messieurs. Mais que pouvaient-ils, en présence d'une telle somme de misères? Adoucir pour quelques-uns la rigueur du sort, rien au delà. Quel tableau saisissant pourrait être tracé sur le récit des douleurs dont ils ont été témoins durant cette triste mission! Mais un livre de la nature de celui-ci doit s'interdire toute apparence de pittoresque, pour se renfermer dans la simple exposition des faits.

Nos malades, aussi, commençaient à souffrir sérieusement de ce froid humide, sous les tentes, dans les baraques, sous les hangars. L'administration faisait les plus louables efforts pour donner à chacun double et triple couverture; elle enleva tout ce que possédait le commerce. Les sociétés internationales en avaient apporté et en distribuaient chaque jour des quantités considérables. Tout cela devint insuffisant.

Jusqu'ici nous avons pu préciser les conditions atmosphériques et leurs influences. Mais à partir du 31 octobre, les observations météorologiques nous font défaut; elles ont dû cesser au moment de l'occupation allemande. Nous sommes réduits à de vagues souvenirs. — Ces souvenirs nous retracent, durant l'hiver, une succession de pluies, de neiges, un abaissement de la température qui arrive un jour à 14° sous zéro. Les tisanes gèlent. Des cas de congélation partielle se manifestent; plusieurs malades et blessés, incapables de réagir contre ces terribles influences, y succombent. Heureusement, l'effectif diminuait chaque jour et l'on put successivement évacuer celles des ambulances qui souffraient le plus du froid et devenaient inhabitables.

J'avais demandé à l'administration militaire de réunir un grand nombre de cruchons pour réchauffer dans leurs lits nos malades et blessés. On pouvait, dans ce but, utiliser les marmites après la distribution des aliments. Le combustible faisant défaut, on aurait fait appel à la bienfaisance; et je ne doutais pas que chacun ne s'empressât de nous approvisionner d'eau chaude. — La lettre que j'écrivis à ce sujet (11 octobre), resta sans réponse.

Le médecin en chef de la garnison allemande, je lui dois cette justice, fit tous ses efforts pour améliorer cette situation et garnir de poêles toutes les ambulances, qui étaient tombées sous la gestion de l'administration prussienne; mais le commerce n'en possédait qu'un nombre insuffisant pour satisfaire à tous les besoins; il fallait répartir ces ressources entre la population, la garnison et les malades. Ceux-ci ne furent pas toujours servis les premiers. Signalons ici les bienfaits de la charité privée: des dons particuliers et le produit d'une souscription firent arriver de la houille dans les ambulances.

C'est à regret que j'ai à rendre compte d'un ordre de faits peu honorables pour quelques-uns de nos soldats, mais que flétrissait la réprobation du plus grand nombre. C'est de l'histoire. Eh bien ! plusieurs blessés, à chaque évacuation, soit pour l'Allemagne, soit pour la France, ne craignaient pas de vendre, à vil prix, les couvertures que l'administration leur donnait pour le voyage. Des industriels éhontés, allemands et français, s'apostaient sur le trajet de l'ambulance à la gare et, trompant la surveillance des officiers et sous-officiers d'administration qui accompagnaient les malades, se livraient à ce révoltant commerce. Nos soldats comptaient sur la charité des dames qui les attendaient à la gare, et que leur dénûment devait apitoyer, car ils ne manquaient pas d'affirmer qu'ils avaient été oubliés dans la distribution faite à l'ambulance. Qu'arrivait-il alors? Des malheureux auxquels une seconde couverture eût été nécessaire ne pouvaient l'obtenir; les délinquants eux-mêmes étaient souvent victimes de leur triste spéculation.

Une infirmière de distinction et, par-dessus tout, femme de cœur et de dévouement, Mme la baronne de Crombrugghe, signale en ces termes les trafics dont les malades se rendaient coupables et qui devaient inspirer aux étrangers peu d'estime pour certains de nos compatriotes : « Après avoir fait d'amples distributions de vêtements de toutes sortes, nous nous sommes retrouvées, quelques jours après, devant de si pressantes réclamations de bas, de gilets, de caleçons, que la pensée nous est venue de faire une enquête au sujet de la disparition de ces objets. Or, ils avaient été vendus à vil prix, par des convalescents qui sortent ou par les infirmiers, et les malades avaient reçu en échange des fruits verts ou de mauvais cognac. Un des malades de ma salle s'était ainsi procuré une forte ration d'eau-de-vie, qu'il a bue pendant la nuit dernière : il est mort dans son ivresse. Ce matin je l'ai trouvé expirant et tenant entre ses bras la bouteille vide. »

Nous avons bien des fois assisté à un spectacle affligeant au point de vue du froid. Une évacuation était ordonnée; les malades, en grand nombre, se dirigeaient de leur ambulance vers la gare. Les hommes les moins valides, amputés, blessés, fiévreux, n'arrivaient pas assez vite aux wagons, qu'ils trouvaient encombrés. Il fallait, soit coucher à la gare, par un froid glacial et sans vivres, pour attendre un départ qui pouvait tarder un, deux ou plusieurs jours, soit retourner à l'ambulance, au milieu de la neige sur laquelle glissaient les béquilles, exposant ces malheureux à de graves accidents. Il est consolant d'ajouter que plus d'un étaient recueillis par les témoins de leurs souffrances; que les petites ambulances situées sur leur passage s'ouvraient pour eux et que la charité des femmes, ici comme partout, leur venait souvent en aide.

ALIMENTATION.

Pain. — Viande de cheval. — Sel. — Eaux potables.

III.

Les ressources habituelles de la ville, pour une population normale de 48000 âmes et une garnison de 8 à 10000 hommes, avaient été notablement amoindries par le passage de l'armée, et la suspension des trains de marchandises n'avait pas permis au commerce de renouveler ses objets de consommation. Mais à cette population régulière étaient venus se surajouter environ 20000 réfugiés des campagnes et un surcroît de garnison qui pouvait en doubler le chiffre. Aussi, dès le début, les principales substances alimentaires devinrent-elles rares ; bientôt après quelques-unes manquèrent tout à fait. Toutes subissaient un enchérissement progressif. Le Conseil municipal, préoccupé de cette situation dont il appréciait le danger même avant l'investissement, nommait, le 25 août, une Commission des subsistances, composée de trois de ses membres. Et cependant il était loin de prévoir encore l'immense surcroît de bouches que devait apporter sous nos murs une armée dépassant 160000 hommes.

Il résulte d'un rapport (15 août) de M. Émilien Bouchotte, fermier des moulins de la ville, que la réserve qu'il possédait s'élevait à 14000 quintaux métriques, quantité suffisante pour alimenter la population pendant trente jours; que, de plus, il y avait dans les mains des négociants pour une dizaine de jours de nourriture; enfin, que les greniers des particuliers pouvaient contenir environ 15000 quintaux, représentant encore un mois de vivres; de telle sorte que la totalité des ressources disponibles pouvait s'élever à plus de 30000 quintaux.

« Il y avait donc deux mois d'assurés. En outre, les magasins de l'intendance militaire devaient renfermer des grains en quantités considérables. Tout ce qui avait été acheté et accumulé pour le service de l'armée était resté à Metz, et on pouvait compter sur une participation à ces réserves, au profit de la population civile, le jour où les approvisionnements seraient épuisés [1]. »

On sait comment tous ces calculs furent déjoués.

Le 13 septembre, sur la demande du Conseil municipal, motivée par un rapport de la Commission, le commandement ordonnait la réquisition des blés et farines conservés chez les habitants, pour être versés dans les greniers publics.

Les corps d'armée, le troisième excepté [2], étaient mal pourvus, quoique les villages et fermes du voisinage eussent encore grains et fourrages en abon-

---

[1] Blocus de Metz.

[2] L'intendant de ce corps, pour s'approvisionner, faisait une

dance et qu'il fût, dans les premiers temps, facile de s'assurer la possession de ces ressources, qui exigèrent, plus tard, des expéditions plus ou moins infructueuses.

Les boulangers étaient assaillis, et ce qui aggravait le mal, c'est que les troupes venaient en ville se pourvoir de pain de meilleure qualité que celui qui leur était distribué. La boulangerie de luxe continuait à fournir ses produits et les pâtissiers trouvaient, dans l'armée, un débit inaccoutumé. Mais, du 4 au 16 octobre, pour remédier à cet abus, qui avait duré trop longtemps, il fut délivré, à chaque famille, des cartes de consommation établissant leur droit au pain, dans la proportion du nombre de personnes qui la composaient.

Une lettre de M. le Commandant supérieur, 13 octobre, annonçait au Conseil municipal que tous les magasins militaires de vivres étaient vides.

A la même date, la Commission des subsistances, instituée la veille par le commandement, tenait sa première séance et, sans accuser une situation aussi désespérée, établissait, par l'organe du sous-intendant, une pénurie que chaque réunion successive devait montrer s'accroissant jusqu'au 28 octobre, *où il ne restait plus rien.*

Des rentrées dues aux perquisitions, qui continuaient à s'opérer chez les habitants, avaient ainsi permis de prolonger notre agonie de quelques jours; mais, dès le 22, M. le général Coffinières annonçait

fâcheuse et redoutable concurrence à la ville, en offrant aux agriculteurs apportant leurs produits sur les marchés, un prix supérieur à celui qu'avait fixé la municipalité. Ses agents enlevaient tout ce qui se présentait. Il est juste d'ajouter que, le 17 octobre, il fournissait à la ville **225** quintaux de blé et **45** de seigle.

au Conseil municipal que le 28 la ville mangerait son dernier morceau de pain ; cette fois il ne se trompait pas.

Peut-être aurions-nous pu gagner quelques jours encore, sans une fâcheuse mesure adoptée par l'intendance et qui contribua beaucoup à affaiblir nos ressources alimentaires. Pour parer à l'insuffisance des fourrages, qui se faisait déjà sentir, M. le sous-intendant Mony, chargé de cette partie du service à l'armée, avait prescrit que « le blé serait employé à la nourriture des chevaux, en le mélangeant, autant que possible, soit avec du seigle, soit avec de l'avoine » (14 septembre).

Mais la fabrication du pain avait été rendue difficile par une circonstance qu'on n'avait pas prévue : l'insuffisance des moulins ; on fut obligé, pour ne rien négliger, d'employer jusqu'aux moulins à café des épiciers. On dut même distribuer aux troupes du blé en grains.

Le 18 octobre un arrêté, résultant de conventions établies entre le commandement et la municipalité, prescrivait qu'il ne serait plus mis en vente que du pain non bluté (renfermant par conséquent tout le son), dit *pain de boulange*. L'orge et le seigle ne sont entrés qu'en petite proportion dans la composition du pain.

Le 19, un marché était passé avec un négociant pour la fourniture d'amidon devant entrer dans la fabrication du pain, dans la proportion de 15 à 20 pour cent.

Le poids des rations, pour l'armée et la population, avait été successivement abaissé.

Le 15 septembre, la ration de 750 grammes était réduite, pour les adultes, à 500 grammes ;

Pour les enfants de quatre à douze ans, demi-ration ;

Pour les enfants de un à quatre ans, quart de ration ;

Le 14 octobre, pour les adultes, 400 grammes ;

Pour les enfants de quatre à douze ans, 200 ;

Pour les enfants de un à quatre ans, 100.

Le 18, la ration des adultes était fixée à 300 gr.; mais une exception était établie pour les malades aux ambulances qui pouvaient, sur la prescription du médecin, percevoir une ration de 500 grammes.

Le pain de boulange n'est pas désagréable au goût et, généralement, il est bien supporté. Cependant il retarde la digestion et, chez quelques personnes, détermine des embarras et pesanteurs d'estomac. Mais la question importante est celle de savoir si le son contient assez de parties nutritives pour entrer utilement dans l'alimentation.

Les recherches de Milon ont établi « que le son est loin d'être dépourvu de propriétés alibiles ; il contient même plus de gluten que la farine. Il renferme, outre le ligneux, du glucose, de la fécule, de la gomme, des sels et de l'eau, de l'amidon, de la dextrine et du sucre, ces trois derniers dans une proportion d'environ 50 pour cent. » Le son serait donc, suivant ce chimiste, une substance essentiellement alimentaire. Liebig exprime la même opinion.

On doit à Magendie l'expérience suivante, qui semble bien concluante : « Un chien mangeant à discrétion du pain blanc de froment pur et buvant à discrétion de l'eau commune, ne vit pas au delà de cinquante jours. Un chien mangeant exclusivement du pain bis militaire ou de munition, vit très-bien et sa santé ne s'altère en aucune façon. »

Cependant M. Poggiale, membre du Conseil de santé des armées, dans un rapport officiel au ministre de la guerre, a exposé un avis différent, basé sur ses propres expériences. Il a trouvé dans le son 44 parties de matières assimilables et 56 impropres à la nutrition. Il adopte donc l'opinion de ceux qui attribuent au son peu de propriétés alibiles. Il reconnaît, toutefois, que pour les vigoureux estomacs des paysans et des soldats le son est utile « en retenant plus longtemps, dans les organes digestifs, les substances alimentaires et en facilitant ainsi l'absorption des substances assimilables. »

En ce qui concerne les propriétés alibiles de l'amidon, nous empruntons les appréciations suivantes au docteur Delioux de Savignac (*Dictionnaire encyclopédique des sciences médicales,* art. amidon).

« A l'intérieur, l'amidon se présente d'abord comme un élément nutritif dont la digestion s'opère particulièrement dans le duodenum et dans l'intestin grêle. Sous ce rapport, il y a donc avantage à fournir aux malades les aliments amylacés lorsque l'estomac, digérant mal, la nutrition demande à être plutôt soutenue par la digestion intestinale ; comme il y aurait inconvénient à recourir à ce genre d'aliments lorsque la nature ou le siège anatomique de la maladie commandent le repos momentané des forces digestives de l'intestin. »

Nous voyons donc un avantage marqué à l'association de l'amidon au pain de boulange, puisque cet agent a pour résultat de diminuer le travail de la digestion stomacale et d'atténuer les inconvénients que présentent, chez quelques personnes, la présence, dans le pain, de la partie ligneuse du son.

Le pain du blocus de Metz aurait donc constitué un

bon aliment s'il avait été bien confectionné. Mais il était loin d'en être ainsi : mal pétri, mal cuit, il ne présentait, le plus souvent, qu'une masse pâteuse, compacte, contenant de la paille et autres matières étrangères, de mauvais goût et réfractaire à la digestion. Les chefs du service médical des ambulances ne cessèrent, dans leurs rapports journaliers, d'exprimer leurs plaintes à cet égard. Elles n'amenèrent aucune réforme. Cependant on aurait pu faire mieux. La manutention militaire étant insuffisante, on avait eu recours à l'industrie privée pour compléter le service journalier des distributions. Ce sont précisément ces industriels qui fournissaient un pain détestable, *immangeable,* tandis que la manutention le donnait sinon irréprochable, du moins aussi bon qu'on pouvait l'espérer.

Dès les premiers jours de l'investissement le prix de la viande de bœuf s'était élevé successivement à 2 et 3 francs, pour atteindre 8 et 10 francs dans les derniers jours. Ce n'était donc plus une ressource pour l'armée et la population pauvre ; mais les malades en eurent tant qu'on put leur en fournir. M. le Maréchal commandant en chef avait donné l'ordre d'abattre, comme viande de boucherie, les vaches laitières existant dans la ville, évaluées au chiffre de 1500. Une députation du Conseil, présidée par le Maire, exposant au quartier général combien le lait était indispensable aux enfants et aux malades, obtint heureusement la révocation de cet ordre. On dut recourir à la viande de cheval, et un grand nombre de boucheries *chevalines* s'ouvrirent à Metz (du 22 août au 3 septembre).

La chair musculaire du cheval semble jouir de

propriétés alibiles supérieures à celles du bœuf [1]; elle n'entraîne après elle aucune incommodité qui lui soit propre, et la répugnance instinctive qu'elle excite chez quelques personnes ne repose sur aucune idée raisonnable. A qualité égale elle n'est pas inférieure aux autres viandes de boucherie; mais la bonne qualité, voilà ce qui fait trop souvent défaut. Il est rare qu'on abatte de beaux et bons chevaux, mais des animaux malades, surmenés, mourant de faim, qui ne donnent qu'une viande maigre, coriace, sans saveur; défaut qu'on reprochait avec raison à la viande distribuée pendant le siége à l'armée et à la population.

[1] L'alimentation du cheval est plus azotée que celle du bœuf; puisque, à l'herbe et au foin dont use exclusivement celui-ci, on ajoute, pour le cheval, de l'avoine, qui contient près de deux pour cent d'azote. (C'est à peu près la proportion moyenne de l'azote dans nos aliments.) La viande de cheval est donc plus azotée que la viande de bœuf; elle est donc, à quantité égale, plus alibile, la valeur nutritive d'une substance alimentaire étant proportionnelle à l'azote qu'elle renferme.

On sait que les peuples chasseurs, usant d'une alimentation riche en azote, jouissent d'une grande force musculaire. Les peuplades hippophages semblent, au récit de certains voyageurs, surtout remarquables par leur puissante constitution.

Le bouilli de cheval est généralement un peu inférieur à celui de bœuf. « Cette circonstance, dit M. Bourgoin [*], paraît tenir à ce que le tissu collagène qui entoure les fibrilles musculaires du premier est moins compacte que celui du second, et que, par suite, l'action dissolvante de l'eau bouillante est plus énergique dans le premier cas. Je conseille, pour remédier à cette disposition, de *saisir* la viande de cheval en portant tout d'abord l'eau à l'ébullition. Il est bien entendu, cependant, que si l'on tient surtout à préparer un bon bouillon, il faut faire le pot-au-feu de la manière ordinaire. »

[*] Conférence sur l'alimentation faite, le 25 novembre 1870, à l'Ecole de pharmacie de Paris.

Qui n'a vu le triste spectacle de ces files de chevaux alignés dans les camps, sur nos places, et se rendant, tête basse et trébuchant, à l'abattoir de la ville ou aux abattoirs de l'armée? Rongés par la faim, ils n'étaient plus que des squelettes, os et peau. De queues et de crinières plus; ils se les étaient réciproquement dévorées. Ces pauvres animaux assouvissaient leur rage sur les bois et planches se trouvant à leur portée; ils mordaient à belles dents quiconque osait les approcher.

Cette ressource paraissait inépuisable. Ce fut une illusion. Les fourrages avaient bientôt acquis un prix exorbitant, quand il était possible de s'en procurer. Les chevaux de l'armée, dès les premiers jours d'octobre, ne recevaient plus de distribution; on trouva dans les feuilles, celles de vigne notamment, une ressource passagère qui permit d'entretenir jusqu'à la fin quelques chevaux destinés à la boucherie, et qui seraient morts sans pouvoir être utilisés. — Après un mois d'investissement notre armée n'avait plus de cavalerie; les attelages pour l'artillerie et le train auraient fait défaut; les chevaux conservés par miracle dans les escadrons n'auraient pu supporter une marche de quelques heures.

Le 20 octobre, les chevaux de l'armée commençant à manquer, la plupart étaient morts de faim, on dut recourir à ceux des particuliers, entretenus en bon état par des approvisionnements privés; mais cette mesure ne reçut qu'un commencement d'exécution.

Préoccupé de cette grande mortalité des chevaux, qui menaçait de nous enlever, à court délai, la plus importante, presque la seule de nos ressources, M. Demortain, pharmacien en chef du 3e corps, avait eu la pensée d'établir un vaste atelier pour la confection de conserves de viandes, à l'aide des chevaux abattus avant qu'ils succombent à la faim. Muni des autorisations nécessaires du commandement et de l'administration, il disposa, dans ce but, un local près de Saint-Julien, servant, jusque-là, de fabrique de colle. Ses opérations commencèrent le 9 octobre. Une première expérience, faite sur un cheval trois semaines auparavant, avait donné des résultats parfaits, et les boîtes de conserves, ouvertes en présence de M. le Maréchal commandant en chef, offraient une viande saine et dans les meilleures conditions de conservation. De grandes difficultés se présentèrent au début; la forme des chaudières répondait mal à leur nouvelle destination, et la fabrication des boîtes était moins rapide que la confection des conserves. Un négociant de Metz fournit enfin des boîtes en quantité suffisante, et la production aurait pu s'élever au débit de plus de cent chevaux par jour. Malheureusement on vint se heurter contre un nouvel et infranchissable obstacle. Les soudures de ces boîtes se brisaient au moindre choc et il devint impossible de compter sur une conservation qui exige la fermeture hermétique des contenants. Après des tâtonnements infinis, un chasseur à pied, détaché pour faire le service de fondeur, fit voir la cause de ces mécomptes. Les boîtes livrées étaient soudées à *l'esprit de sel,* suivant l'expression technique; aucune n'était soudée *à la résine,* comme l'avaient été les premières, et, sur les 2000 boîtes distribuées, 415 étaient corrompues. Près de 1600, contenant chacune 17 kilogrammes de viande, ont pu être données aux troupes dans les quatre derniers jours du siége.

Cependant, la viande de cheval étant la seule ressource du riche et du pauvre, la municipalité tint à ce qu'elle restât accessible à toutes les bourses, et les prix étaient ainsi tarifés :

Parties basses. . . . . . . »^f 10^c le kilog.
Bons morceaux. . . . . . » 50
Morceaux de choix. . . . 1 »

moins le filet, dont le prix était facultatif.

Les rations étaient ainsi fixées :

Du 6 au 15 septembre. . . . . . 350 gr.
Du 15 septembre au 9 octobre. . . 400
A partir du 9 octobre. 750

On voit que la quantité de viande augmentait en proportion de la diminution du pain.

Il est à peine utile de mentionner les autres substances alimentaires, qui ne sont point, à vrai dire, entrées dans la consommation. Les troupes campées au voisinage des champs de pommes de terre arrivaient, à force de travail, à une glane qui apportait un appoint grandement apprécié à leur modeste ordinaire ; mais ces bonnes fortunes n'arrivaient qu'à quelques heureux. On cite, à ce sujet, un épisode qui mérite d'être rapporté. Nos soldats s'étaient aventurés, en fouillant le sol, jusqu'aux environs du château de Ladonchamps. Là ils aperçoivent un poste de soldats ennemis gardant la ligne. Ils s'apprêtaient à battre en retraite, après avoir exprimé leur présence par quelques coups de fusil, lorsque des Prussiens, s'avançant vers eux sans armes et avec une expression pacifique, leur firent signe de continuer leur besogne, offrant même de partager avec eux leur opulente ration. Cette permission et cette offre furent également acceptées et, pour quelques instants au moins, il y eut trêve aux haines nationales.

Non, les hommes ne sont point naturellement ennemis ! Devenus soldats, ils ne le sont qu'en vertu d'ordres qu'ils ne peuvent ni ne doivent apprécier, mais qui ne sauraient en rien affecter le fond de leurs sentiments. Cet homme qui, dans la mêlée, ne vous inspirait que haine et désir de mort, voyez-le maintenant, blessé, couché sur son lit de douleur ; ses plus ardents ennemis sont les premiers à lui porter secours, et la main qui l'a frappé dans la rigueur du combat, sera la première, s'il se peut, à retirer de la plaie le plomb meurtrier. Tel est le caractère du Français. Tel est, espérons-le, le caractère chez toutes les nations civilisées, et puisse le monde entier arriver bientôt à un tel état de civilisation !

Le tarif du prix des diverses substances alimentaires, que nous publions plus loin, démontrera suffisamment que, d'une façon générale, le soldat et le pauvre étaient strictement réduits à la ration congrue de pain et de viande. Quel pain, quelle viande ! Quelques comptables d'ambulance, plus heureux ou plus avisés que leurs collègues, réussirent parfois à ajouter des légumes et du riz à leur triste pot-au-feu, mais ce n'était point habituel, et la grande majorité de nos malades ne pouvait jouir de telles agapes.

Le 23 août et le 12 septembre, on apprit que des wagons retenus en gare contenaient différentes substances alimentaires qui seraient précieusement accueillies dans les ambulances. M. le général Coffinières ordonna, pour cette destination, la réquisition d'une assez forte quantité de riz, sucre, vins, eau-de-vie : mais ce furent les dernières douceurs qu'obtinrent les malades par la voie officielle.

Le 10 août un ordre de M. le Commandant supérieur avait prescrit qu'aucune personne ne serait admise à entrer et séjourner en ville si elle n'apportait au moins pour quarante jours de vivres. Cet ordre était complété, le 10 octobre, par la défense expresse de laisser sortir de la place aucune substance alimentaire.

Qu'on me permette, à ce sujet, de citer un fait qui prouvera combien la pénurie était grande dans les camps et combien est fausse l'opinion, trop répandue, que les officiers vivaient dans l'abondance.

Quelques jours avant le dénoûment fatal, je reçois la visite d'un colonel de mes amis, qui m'exprime leur commun dénûment. Je lui offre de partager avec lui mon pain, et en cela je faisais un bien mince sacrifice, mes rations, quelles qu'elles fussent, ayant toujours dépassé mes besoins. Il refuse, alléguant qu'une pareille offre est inacceptable. J'insiste. — Il finit par se rendre. Eh bien, me dit-il en regardant avec convoitise ce pain noir et lourd qu'il retourne dans sa main, vous ne pouviez me faire un plus riche cadeau. Aujourd'hui, du moins, je n'aurai pas faim. Mais il faut que je le cache sous mon dolman ; — on me le prendrait à la porte !

Après la capitulation, lorsque les œufs, les légumes frais reparurent sur les marchés, en faible quantité, les médecins traitants ne cessèrent de réclamer en faveur de leurs *ordinaires*. Mais il était dit que toutes les difficultés surgiraient et viendraient aggraver nos malheurs. Outre qu'il eût été impossible de tout accaparer pour les malades des hôpitaux et ambulances, et que d'ailleurs ce *tout* eût encore été insuffisant pour le nombre d'hommes à réconforter, il se présentait, pour les achats de détail, un embarras matériel auquel on ne s'attendait pas. Les comptables possédaient bien dans leurs caisses les sommes nécessaires à ces menues dépenses, mais ils n'avaient que des papiers, et la rareté du numéraire leur enlevait la ressource de les convertir en monnaie pour la dissémination des paiements aux petits fournisseurs. Cette difficulté pouvait-elle être levée? Je l'ignore. Toujours ne l'a-t-elle point été.

La faim a servi de prétexte, non d'excuse, à un odieux abus.

Longtemps on vit des soldats parcourant les rues et tendant la main aux passants. Ce n'était point, quoi qu'ils pussent en dire, pour se procurer du pain, qu'ils ne pouvaient trouver, même à prix d'argent ; c'était en vue de satisfaire une dégradante passion, et chaque jour était témoin d'ignobles scènes d'ivresse.

Écoutons encore, à ce sujet, Mme de Crombrugghe.

« Ces pauvres soldats français! A quel degré de misère beaucoup d'entr'eux sont descendus! Nous en rencontrons soir et matin, déguenillés, mendiant dans les rues ; malheureusement, l'aumône qu'ils reçoivent est souvent consacrée aux boissons spiritueuses, dans lesquelles ils cherchent l'oubli de leurs malheurs. Leur raison y résiste mal à cause de l'état de faiblesse où les a conduits un jeûne prolongé et ils s'en vont chancelants par la ville ; c'est un spectacle triste. Il faut certes que les souffrances et les privations qu'ils ont endurées pendant le siége nous disposent à l'indulgence à l'égard d'un assez grand nombre de nos pensionnaires ; mais il nous sera permis d'avouer que notre patience est mise parfois à une trop rude épreuve. » Les bons soldats, qui formaient l'immense majorité, supportaient patiemment la faim, souffraient et ne mendiaient pas.

Le sel (chlorure de sodium), rare dès le début, a fini par manquer. C'est, on le sait, un condiment qui a toute la valeur nutritive d'un véritable aliment.

Bien qu'il ne soit en nature dans aucun des tissus animaux, les deux éléments qui le composent, chlore et soude, s'y rencontrent isolément en abondance. Il circule au contraire avec plusieurs de nos fluides, et Liebig [1] établit que la moitié des éléments incombustibles du sang se compose de sel marin.

Ces quelques mots suffisent pour démontrer le rôle considérable joué par le sel dans la nutrition et faire présumer la nature des altérations organiques qui peuvent résulter de sa rareté ou de son absence dans nos aliments.

Sans parler du goût insipide des substances albuminoïdes et féculentes privées de sel, la digestion en est difficile et une telle alimentation ne peut être continuée, sans accidents graves, au delà de quelques jours. La privation de sel, qui devint presque absolue pendant les derniers temps du blocus, était donc une de celles qui furent le plus vivement senties; elle souleva de graves préoccupations. Divers moyens furent proposés pour nous procurer artificiellement ce précieux agent dont on prévoyait, dès l'origine, la prochaine disparition.

Le Conseil municipal avait décidé, le 13 septembre, que tout l'acide chlorhydrique trouvé dans le commerce serait converti en sel de cuisine. Le sel de soude, employé dans les buanderies de la ville, fut réuni et la combinaison de ces deux éléments permit d'établir 660 kilos, au prix de 1 fr. 10 c., malgré le renchérissement considérable de l'acide et du chlore. Cette quantité de sel, d'après une note que nous analysons de M. Géhin au Conseil municipal, fut répartie gratuitement, du 17 septembre au 24 oc-

---

[1] *Nouvelles lettres sur la chimie.*

tobre, sous forme d'eau saturée (contenant, par litre, 400 grammes de chlorure de sodium), de la manière suivante :

1° Aux établissements hospitaliers de Metz (hôpital Bon-Secours, hospice Saint-Nicolas, Dispensaire), 855 litres;

2° A diverses ambulances (place Friedland, de la Grève, des Récollets, des Écoles et de Mazelle), 154 litres;

3° Aux établissements de bienfaisance (Récollets, orphelins et orphelinat de Saint-Joseph), 292 litres;

4° A cent deux employés de la ville (pompiers, commis, garçons de bureau, commissionnaires, etc.), 195 litres;

5° Enfin 170 litres à des militaires ou à des malheureux réduits, pour la plupart, à la viande de cheval de qualité inférieure, sans aucun assaisonnement pour en relever la saveur peu appétissante.

« Si maintenant on considère, ajoute M. Géhin, que ces distributions ont commencé avant celles de l'eau salée de Saint-Julien et avant qu'on eût songé à utiliser les sels dénaturés destinés à l'agriculture ou les eaux-mères de la fabrication du sulfate de baryte et que, dans le courant d'octobre, le sel atteignit le prix exorbitant de 12 à 16 francs le kilogramme, on reconnaîtra que l'Administration municipale a rendu, avec une très-minime dépense, les plus grands services à de nombreux malades, infirmes, employés ou indigents. »

Le service de l'École d'application fut, pendant quelque temps, assuré par la fabrication du sel[1], à l'aide de l'acide chlorhydrique. Ce condiment reve-

---

[1] Par M. Lefranc, pharmacien-major attaché à cette ambulance.

naît à un prix fort élevé; ce fut cependant une ressource précieuse.

M. le docteur Herpin proposa d'utiliser les eaux des fosses de tanneurs, renfermant une proportion considérable de sel dénaturé; une simple filtration et la concentration des eaux suffisaient pour donner un sel d'une blancheur et d'une pureté apparente parfaites. Je ne sais pourquoi il n'a pas été donné suite, *en grand,* à cette idée vraiment pratique.

Ajoutons qu'on utilise du sel dénaturé pour les usages de l'industrie et de l'agriculture. 400 kilogrammes furent livrés par M. Blondin [1] et 50 par M. Hennequin, cultivateur à Borny.

Le travail d'épuration fait par M. Géhin donna plus de 800 litres d'eau salée à 500 grammes.

Depuis longtemps on connaissait l'existence, aux portes même de Metz, d'une eau salée [2] qui prend son origine dans les galeries de mine du fort Belle-Croix; on n'avait pas, jusqu'alors, dû recourir à ses propriétés économiques. Son action thérapeutique doit être peu énergique, en raison de sa faible minéralisation, mais elle était utilisée dans des applications industrielles.

Sa composition chimique, établie par plusieurs analyses, est la suivante :

Chlorure de sodium. . . . $3^{gr},34$ par litre,
Sulfate de chaux.   0   28
— de soude.   0   19
　　　　　　　　　　　　　　―――――
　　　　　　　　　　　　　　3   81

---

[1] Je fis près de M. Blondin une démarche pour obtenir cette livraison en faveur des ambulances. Mais il préféra, pour un prix inférieur, donner son sel au Bureau de bienfaisance.

[2] Chlorurée sodique faible, athermale; dans une propriété appartenant à M. Sendret, entre le fort Belle-Croix et Saint-Julien.

Pour faire ressortir combien cette minéralisation est faible, faisons observer que la Méditerranée contient 33^{gr},37 et la Manche 31,49.

En présence de la rareté et de la prochaine disparition du sel, le propriétaire du terrain duquel émerge cette source le mit gracieusement à la disposition de l'armée et de la population. Le commandement s'en empara d'abord, considérant cette eau comme une propriété militaire; mais bientôt, faisant droit aux réclamations des représentants de la cité, il décida que les habitants pourraient y venir puiser chaque jour de cinq à six heures du matin et de cinq à sept heures du soir, le reste de la journée étant réservé à l'armée et à la garnison (24 septembre).

Cette eau, malgré sa faible minéralisation, nous offrait une ressource qui n'était point à dédaigner. Insuffisante pour saler convenablement le bouillon, du moins n'exigeait-elle qu'une faible quantité de sel complémentaire, le sel en nature, tant qu'il en existait encore, restant surtout destiné à assaisonner directement la viande. D'ailleurs, le sel manquant, mieux valait le bouillon peu salé que pas du tout.

M. Géhin, dans une lettre qu'il me faisait l'honneur de m'adresser le 25 septembre, et que je transmettais immédiatement à M. le Commandant supérieur, en l'appuyant d'une opinion favorable, proposait d'utiliser ainsi la source de Belle-Croix. Faire transporter chaque jour aux corps d'armée la quantité d'eau que réclament leurs besoins alimentaires; utiliser le feu des bivouacs, dès que la soupe est terminée, pour concentrer cette eau dans une proportion telle qu'on puisse saler la soupe sans addition de sel; cette opération journalière, suivant M. Géhin, pouvait se faire à l'aide des bidons, mais, à mon sens, les gamelles étaient préférables, en raison de leur plus large surface d'évaporation. Un feu de bivouac devait suffire pour quatre gamelles, au moins, et chacune d'elles aurait fourni en une nuit 100 grammes d'eau saturée.

Mais M. Géhin et moi avions compté sans la rareté du combustible, qui ne permettait pas d'entretenir des feux toute la nuit.

Cette idée était d'ailleurs venue aux comptables des ambulances, et dès que la soupe était retirée, ils remplissaient la marmite d'eau salée, dont une partie s'évaporait avant qu'on y remit de la viande.

Lorsque la gestion des ambulances de Metz fut prise par l'administration prussienne, nos malades y gagnèrent peu durant les premiers temps ; mais l'ordre s'établissant, ils furent aussi bien traités et soignés qu'on pouvait le désirer. Le passage suivant, d'une lettre que m'écrivait mon successeur, M. Bruneau (25 janvier), en fait foi.

« Peu de jours après votre départ, l'hôpital du Fort a été supprimé, et tous les malades et blessés qui ne sont pas traités par les sociétés internationales ont été réunis à la manufacture des tabacs, dont les salles, aérées et vastes, sont bien chauffées. Les soins administratifs laissent très-peu à désirer, et le comptable allemand, placé là depuis deux jours, pourvoit à tous les besoins. On fait des petits pains blancs pour les malades à la portion, et on donne du vin de Bordeaux chaque fois que nous en demandons. Les aliments de toute nature sont aussi bons et aussi variés que dans les hôpitaux les mieux tenus. Aussi, ai-je fait cesser tous les envois des sociétés de secours aux blessés. »

En résumé, et pour terminer ce chapitre sur

l'alimentation à Metz pendant le blocus, l'armée, par un grand coup de vigueur, pouvait-elle, à une époque quelconque de l'investissement, éviter de réduire elle et la ville à cette cruelle extrémité de la faim? Pour les premiers temps, je l'ignore et n'ai point à m'en occuper. Mais ce que chacun peut affirmer avec une entière certitude, c'est qu'à la date funeste du 28 octobre 1870, la capitulation de l'armée et de la place était devenue une nécessité. C'était, pour plus de 200000 individus, la question carrément posée entre la vie ou la mort.

La question de l'eau potable est trop importante pour que nous la passions sous silence.

Une grande rivière traverse Metz, et pendant bien des siècles la population n'eut à boire que l'eau des puits et celle de la Moselle, dont la qualité, hâtons-nous de le dire, est excellente.

Au quinzième siècle, on détourna d'abord une source du Sablon pour l'hospice Saint-Nicolas. Les sources de Scy et Lessy furent captées en 1532 et 1534. Les unes et les autres ne cessèrent plus depuis d'alimenter nos fontaines. Leur qualité était irréprochable, mais leur abondance était loin de répondre aux besoins de la cité, et les efforts des administrateurs tendirent sans cesse à augmenter ces ressources.

Pendant le dix-huitième siècle, la partie sud de Metz fut abreuvée par la source de Luzerailles, au-dessus de Châtel-Saint-Blaise, et l'eau de la source Sainte-Brigitte de Plappeville, fut réunie aux eaux de Scy et Lessy.

Après de nombreux tâtonnements, après les études les plus consciencieuses et les plus complètes, on se décida enfin, de notre temps, à utiliser, au profit de

Metz, les eaux qui s'échappent de deux belles sources, Parfondval et les Bouillons, près de Gorze. Depuis quelques années Metz possède, grâce à ces sources, un admirable système d'eaux ; mais les Allemands, occupant les hauteurs de Gorze pendant l'investissement, ne pouvaient nous en laisser la paisible jouissance, et un de leurs premiers actes fut de couper la communication des sources avec la ville. Les eaux étant devenues insuffisantes pour les divers besoins auxquels elles doivent satisfaire, on y suppléa par la Moselle, dans laquelle vinrent puiser deux pompes à vapeur établies près et au-dessous du pont des Roches. C'est ainsi que l'eau ne manqua jamais à aucun service. Toutefois cette nécessité de faire concourir, pour la plus grande part, la rivière à nos besoins alimentaires, rend compte des appréhensions, si hautement exprimées par quelques personnes, sur l'emplacement d'une ambulance dans l'île du Saulcy, en amont de la ville. Mais des mesures furent prises pour assurer à l'eau la conservation de sa pureté et, en l'absence même de toute surveillance, ces appréhensions étaient mal fondées. Ne sait-on pas que la Seine, qui recevait, naguère encore, tant d'immondices de toute nature dans son trajet à travers Paris, présentait à l'analyse chimique la même pureté à la sortie de la ville qu'à son entrée.

Tableau comparatif des prix des principales denrées alimentaires à Metz, pendant le blocus, et à Paris, pendant le siége.

(Au prix de certaines denrées il devrait être ajouté : *quand on pouvait la trouver*, car beaucoup d'entr'elles, quel qu'en fût le prix, étaient introuvables autrement que par l'effet du hasard.)

		Sept.		Oct.		PARIS.	
Sel	le kil.	4f 50	à 6f »	12f »	à 16f »	»f	à »f
Viande de bœuf	—	4 »	8 »	8 »	10 »	12	16
— de veau	—	4 »	» »	» »	» »	100	»
— de mouton	—	8 »	» »	8 »	» »	24	»
— de porc	—	3 20	8 »	9 »	16 »	»	»
— de poulain	—	» »	» »	1 50	4 50	»	»
— d'âne	—	» »	» »	4 50	» »	12	20
— de mulet	—	» »	» »	4 50	» »	10	16
Cervelas de porc	—	4 »	5 »	8 »	18 »	10	20
— de cheval	—	1 50	3 »	5 »	7 »	10	16
Filet de cheval	—	3 »	4 »	5 »	» »	»	»
Lard	—	3 »	» »	» »	17 »	20	50
Jambon	—	8 »	» »	20 »	» »	20	90
Sucre	—	6 »	» »	9 »	20 »	2	4
Beurre fondu	—	8 »	» »	» »	20 »	40	»
Saindoux	—	5 »	» »	» »	16 »	7	12
Pommes de terre	—	1 50	» »	2 »	2 40	3	5 (b^u)
Haricots verts	—	1 70	» »	» »	5 »	»	»
— blancs	—	» »	» »	4 »	8 »	6	17
Oignons	—	2 »	» »	8 »	10 »	2	7 (l^{tre})
Raisin	—	» 30	1 »	1 40	1 80	»	»
Fromge de Gruyère	—	» »	» »	» »	16 »	10	60
Vin ordinaire	le litre	» »	» »	» »	2 »	»	»
Lait	—	1 »	» »	2 »	2 40	»	»
Cognac	—	» »	» »	8 »	10 »	»	»
Huile d'olive	—	» »	» »	8 »	» »	20	50
Huile à brûler	—	» »	» »	2 »	3 »	6	10
Un poulet	—	10 »	» »	12 »	20 »	10	60
Un lapin	—	» »	» »	15 »	» »	10	55
Un lièvre	—	» »	» »	45 »	» »	20	75
Une carpe	—	» »	» »	7 »	» »	»	»
Un pigeon	—	» »	» »	3 »	» »	10	18
Une alouette	—	» »	» »	1 »	» »	»	»
Œufs, la douzaine	—	6 »	» »	9 »	» »	6	36
Paille, la botte de 5 kilog.	—	» »	» »	3 »	» »	»	»
Foin, id	—	» »	» »	3 »	» »	»	»
Avoine, l'hectolitre	—	» »	» »	110 »	» »	»	»

MALADIES RÉGNANTES.

IV.

Nous venons de voir que les maladies qui se sont développées à l'armée et ont déterminé le plus d'entrées à l'hôpital ou aux ambulances peuvent se rattacher à deux sources principales d'influences : froid humide, alimentation mauvaise et insuffisante ; nous devons y ajouter, au moins à titre de prédisposition, la dépression morale qui atteint toute armée malheureuse. L'encombrement dans les hôpitaux, la promiscuité entre fiévreux et blessés, ne peuvent pas être invoqués dans l'étiologie des maladies régnantes, parce que ces fâcheuses conditions n'ont en rien contribué à leur développement; mais il faut évidemment leur attribuer la plus grande part de nos insuccès dans les ambulances, pour l'une et l'autre catégories de malades.

Trois entités morbides sont surtout à mettre en

cause : la variole, les affections typhoïdo-typhiques, les affections intestinales ; la pneumonie et le choléra n'ont été que des complications ; à peine peut-il être question du scorbut. Au delà, nous ne trouvons guère que du sporadisme, masse flottante de maladies qui peuvent se rencontrer partout, en toute circonstance, pures ou présentant un mélange des caractères pathologiques dominants ; il n'y a pas à en tenir compte.

La variole elle-même, malgré le développement que nous lui avons vu prendre, nous ne savons jusqu'à quel point elle doit entrer dans le cadre des maladies dues aux conditions de la guerre. On sait que, depuis quelque temps, elle a pris en France une grande extension, et a fait de nombreuses victimes parmi les personnes qui semblaient le mieux à l'abri de ses coups. Metz en a souffert, mais elle a surtout frappé une ville importante de notre voisinage, Nancy, où, sous le nom de *variole noire*, elle a pris la gravité d'une véritable épidémie.

Avant la guerre la garnison normale de Metz avait fourni à l'hôpital militaire un contingent de varioleux bien supérieur à celui des années précédentes, et à peine les troupes étaient-elles agglomérées autour des murs de la ville, sans qu'on pût encore invoquer aucune influence dépressive, que l'attention était appelée sur l'accroissement journalier du chiffre des varioleux. Le 28 août j'invitais M. le médecin en chef de l'hôpital militaire à préparer une nouvelle salle pour recevoir ces malades, les quarante-deux lits dont on disposait jusqu'alors étant occupés. Aucune salle n'était disponible, mais, comme je ne voulais, à aucun prix, disséminer les varioleux dans les ambulances et surtout en laisser chez les particuliers, on dut recourir à la manufacture de tabacs où quatre-vingt-deux lits leur furent réservés. On fut, malgré tout, obligé d'en placer encore quelques-uns dans d'autres ambulances, en leur attribuant des chambres à part.

Mais le chiffre des varioleux qui n'a, sans doute, pas atteint ou dépassé 400, excède-t-il ce qu'on devait attendre, au milieu d'une réunion de 160 000 hommes agglomérés, soit dans des conditions normales, soit surtout en tenant compte de la constitution médicale régnant depuis plus d'un an? Nous ne le pensons pas. Cette maladie n'a rien présenté d'irrégulier dans son développement ni dans sa marche, mais elle s'est fréquemment compliquée de pneumonie, de diarrhée et de fièvre typhoïde, qui ont souvent entraîné la mort. Quelques cas se sont développés dans les ambulances, notamment sur des personnes attachées au service hospitalier. Un médecin aide-major, M. Aubert, l'a contractée dans ses salles.

Dans la population civile [1] l'épidémie de variole a été plus accentuée. Vers la fin du mois de mai, mais surtout dans le courant de juin, on en avait observé quelques cas. On ne pouvait plus, dès lors, se dissimuler que Metz était menacé de cette épidémie régnant déjà, comme nous l'avons dit, dans plusieurs localités peu éloignées. Au mois de juillet, le nombre toujours croissant des cas de cette maladie en ville et à l'hôpital Bon-Secours, chez les adultes et chez les enfants, ne laissait plus

---

[1] Les renseignements suivants concernant les maladies de la population de Metz, pendant la guerre, m'ont été obligeamment communiqués par M. le docteur Saunois, médecin des hôpitaux civils.

d'incertitude sur l'existence de l'épidémie parmi nous.

La guerre et les graves préoccupations qu'elle entraîne détournent quelque temps l'attention; on suit mal la marche et les progrès de cette affection dont les proportions, cependant, allaient croissant et qui devait se prolonger jusque dans les premiers mois de l'année suivante. Dès le mois d'août les adultes varioleux apportés à Bon-Secours étaient plus nombreux; il devenait nécessaire de désigner des salles supplémentaires pour les recevoir. Le service des enfants avait été supprimé, pour fournir aux varioleux une nouvelle salle, bientôt occupée par des malades presque tous gravement atteints et donnant une proportion assez considérable de décès. Le dernier cas de variole à Bon-Secours a été signalé le 24 mars.

Nous plaçons dans un groupe unique les affections typhoïdo-typhiques, caractérisées surtout par la stupeur et l'aspect hébété du malade. Sans revenir sur les discussions qu'a fait naître le typhus de l'armée d'Orient, au sujet de l'identité ou non-identité de cette affection et de la fièvre typhoïde, je persiste dans l'opinion que j'exprimais alors en faveur de l'identité, opinion, je le reconnais, à laquelle ne se ralliait pas la majorité des praticiens. N'avions-nous pas à Metz, au même instant, dans une même salle, dans des lits voisins, des malades offrant les caractères symptomatologiques considérés comme propres à chacune de ces affections; amenant, chez les uns, une terminaison brusque après deux, trois, quatre jours, par la mort ou une convalescence rapide; chez les autres, poursuivant avec régularité la marche classique, en périodes réglées, de la dothinentérie? Il a été fait peu d'autopsies, à notre grand regret, mais il faut bien reconnaître que le mode d'installation des diverses ambulances y prêtait peu. Certains médecins ont trouvé l'exanthème intestinal caractéristique, d'autres ne l'ont point rencontré. Cependant tous ces malades avaient une même origine : c'étaient des hommes agglomérés dans les pires conditions, anémiés, déprimés au physique et au moral. Les mêmes causes devaient amener les mêmes maladies, sauf des variations individuelles et surtout des variations dues à l'intensité des influences morbides. Le siége spécial de l'affection était donc déterminé, suivant les cas, soit dans les glandes intestinales, soit en dehors de ces organes. La différence de localisation du miasme entraînait des différences corrélatives dans l'appareil symptomatique, donnant naissance soit à la dothinentérie avec ses périodes fixes, soit au typhus à marche ataxique, mais grave, soit enfin à de simples états typhiques, irréguliers aussi, mais bénins et promptement jugés.

On a établi, comme distinction entre ces deux maladies, que la fièvre typhoïde naît sous l'influence de matières animales en putréfaction, tandis que le typhus serait dû à la viciation de l'air par la respiration et les émanations d'un grand nombre d'individus vivant dans un espace circonscrit. Mais nous avons eu, à Metz, ces deux causes tellement confondues qu'on ne saurait, en vérité, les séparer dans leurs manifestations pathologiques.

Le typhus, dit-on encore, et c'est là un point essentiel, est transmissible, la fièvre typhoïde ne l'est pas. Mais cette distinction est loin d'être absolue [1] et, le

[1] Félix Jacquot, dans son livre sur le typhus de l'armée d'Orient,

fût-elle, comment aurions-nous pu, dans nos ambulances encombrées, faire la part exacte entre le sporadisme, l'infection et la contagion? Cette distinction n'est possible, le plus souvent, qu'à l'aide d'une observation attentive et suivie; mais les services surchargés de malades sont peu favorables aux recherches cliniques, et ce n'est pas à Metz qu'on pouvait demander cette précision scientifique, nécessaire pour entraîner les convictions. Les affections typhoïdo-typhiques sont, à mon sens, généralement transmissibles, en raison de leur gravité et de leur multiplicité.

En résumé, le typhus et la fièvre typhoïde me paraissent, comme je l'exprimais à une autre époque [1], deux affections identiques au fond, de même nature, si l'on veut, mais différentes par la forme, suivant la différence de localisation du miasme dans les tissus organiques. Je n'oserais affirmer que cette explication soit conforme à l'opinion de tous mes collaborateurs de Metz; elle est, du moins, celle du plus grand nombre des médecins avec lesquels j'en ai conféré.

Heureusement cette discussion, qu'il serait inopportun de développer davantage, est plus théorique que pratique, et la querelle s'apaise au lit du malade. Qu'il y ait ou non identité, le traitement reste le même dans ses points essentiels. La transmissibilité seule doit préoccuper et, dans le doute, il faut toujours se ranger aux conseils de la prudence.

---

dit que la transmissibilité est la règle pour le typhus, l'exception pour la dothinentérie (p. 306).

[1] *Discussion sur le typhus de l'armée d'Orient.* Constantinople, 1856.

Tandis que la fièvre typhoïde proprement dite régna, avec une intensité variable, depuis l'origine jusqu'à la fin, ce n'est guère que vers la période moyenne du blocus que la forme typhique fut observée dans tout son développement, nous faisant redouter l'invasion d'une épidémie meurtrière, puis arrêtant brusquement ses progrès pour ne plus offrir que les caractères bénins de l'état typhoïde ou typhique [1].

[1] Plusieurs personnes se rappellent encore le typhus de 1813-1814, qui fit à Metz tant de victimes, dans la population et dans l'armée. Ce souvenir n'était pas de nature à calmer les inquiétudes que faisait naître autour de nous ce mot terrible de typhus. On voyait déjà l'épidémie planer sur la ville, la fièvre typhoïde avait disparu dans les imaginations effrayées; on ne voyait plus que le typhus et la contagion. Pour montrer, d'ailleurs, combien cette terreur était légitime, empruntons quelques citations au livre de MM. les docteurs Félix Maréchal (maire de Metz) et Jules Didion, son neveu [1]. Mais faisons d'abord ce singulier rapprochement qu'à ces deux époques, si lugubres pour notre ville, le chef municipal de Metz était un médecin, circonstance providentielle au milieu d'événements dans lesquels l'administrateur avait tant à demander à l'hygiéniste. Ces deux médecins étaient, l'un et l'autre, des hommes d'intelligence, de cœur, de dévouement, animés d'un égal et ardent patriotisme.

Citons. « Le 4 novembre (1813) le préfet, M. de Vaublanc, avertissait le baron Marchant [2], alors maire de la ville, d'un ordre qu'il recevait du ministre de la guerre, lui enjoignant de préparer sur-le-champ un grand nombre de locaux pour les malades et les blessés de la grande armée, qu'on évacuait sur cette place. Le maire devait requérir les officiers de santé civils nécessaires pour les soigner. Dès le lendemain un arrêté préfectoral mettait à la disposition de ce magistrat tout le local de l'atelier de charité aux Ré-

[1] Ce livre a pour titre : *Tableau historique, chronologique et médical des maladies endémiques, épidémiques et contagieuses qui ont régné à Metz et dans le pays Messin depuis les temps les plus reculés jusqu'à nos jours*.
[2] Ancien médecin principal des armées.

Le 2 octobre il me semblait urgent d'en rendre compte à l'autorité militaire et de lui faire part de mes appréhensions. (Voir correspondance, n° 41.)

C'est dans une salle particulière du magasin d'artillerie du Fort-Moselle, dans un service fort bien conduit par M. l'aide-major Cros et réservé spécialement à ces sortes d'affections, que cette marche et ces formes indécises ont été le plus facilement étudiées. Ce jeune médecin n'a voulu reconnaître le

collets; le 11 novembre 600 malades de l'hôpital militaire devaient y être dirigés.

Quelques jours après, l'hospice de la maternité était aussi transformé en hôpital. Le 19, M. de Vaublanc annonçait l'arrivée de 5000 malades et autorisait le maire à prendre au besoin comme hôpitaux toutes les églises de la ville et le grand séminaire. On prenait possession immédiate de Saint-Vincent, des corridors et de la cuisine du lycée. Le 21, le magasin des vivres, situé à la Double-Couronne, était prêt à recevoir 800 malades; la caserne de la Basse-Seille, en trois jours, avait été disposée pour 600.

..... Il fallait encore créer des lits, trouver des couvertures, du linge, des aliments, organiser des services médicaux dont les chefs se rencontraient encore, mais dont les infirmiers étaient devenus impossibles. Heureusement la municipalité avait à sa tête un homme éminent, dont les qualités, comme administrateur, égalaient la valeur et l'expérience professionnelles. M. le baron Marchant pourvoyait à tout : les souscriptions volontaires, les dons en nature ou en argent, répondaient largement à son appel. Les habitants, dont il avait toute la confiance, rivalisaient entr'eux pour seconder des efforts dont ils sentaient toute l'importance [1].

M. Marchant qui, mieux que personne, était en situation d'apprécier les dangers du typhus et de sa contagion, n'avait pas négligé, dès le début, les mesures sanitaires les plus rationnelles.

Il avait fait imprimer et afficher (le 25 novembre) une instruction relative aux moyens à employer pour assainir les habitations occu-

---

[1] Substituez 1870-71 à 1813-14, le nom de Félix Maréchal à celui de baron Marchant, et ces lignes vous sembleront écrites d'hier, tant est grande l'analogie entre les situations.

typhus que lorsque le doute était devenu impossible ; il reconnut de même sa disparition. La contagion ne semblait pas douteuse, puisque la maladie a frappé plusieurs infirmiers attachés au service et que M. Cros lui-même a subi une légère atteinte d'état typhique. On a dit avec raison que le typhus est dans nos mains. Dissémination des hommes valides et des malades — point de typhus. Concentration, agglomération, respiration en commun d'un air vicié par les émanations animales, et le typhus paraît.

pées par des malades. Il recommandait surtout les fumigations avec le chlore, suivant les procédés de Guyton de Morveau, applicables non-seulement aux demeures, mais encore aux vêtements, aux couchages, au linge, qui avaient servi aux personnes atteintes du typhus ou de la dysenterie....

A la fin de décembre le nombre des habitants malades s'étant encore accru, il fut décidé que l'hôpital Bon-Secours serait rendu aux malades de la ville et que les militaires seraient évacués sur l'hôpital établi à l'église Saint-Vincent.

. . . .

Dans la soirée du 17 janvier 1814, nos communications avec Verdun furent interceptées, le blocus commença. A moins d'en avoir été témoin, on ne peut se faire une juste idée du spectacle qu'offraient les rues et les places de Metz, depuis le passage du Rhin. Notre ville était devenue le refuge d'une foule immense qui avait reflué dans son sein, non-seulement des villes ouvertes du département, mais de l'ancien Palatinat et des électorats de Trèves et de Mayence. Dans une seule journée il y était entré 1500 voitures de bagages, de provisions et de vins.... Le typhus multiplia ses coups et la mortalité devint effrayante....

On peut évaluer à 50 000 le nombre des malades, exténués de fatigue et de misère, qui avaient été dirigés sur Metz. Du commencement de novembre jusqu'à la levée du blocus (10 avril) on compta parmi ces malheureux 7752 décès. Le nombre des habitants qui succombèrent fut de 1294. L'épidémie n'enleva pas moins de 10 529 individus dans tout le département, indépendamment des soldats morts dans les hôpitaux.

Nul de nous ne l'ignorait, mais nous étions impuissants à opérer cette dissémination si désirable et si désirée. Dans les petites ambulances, les ambulances privées surtout, où l'espace était accordé avec moins de parcimonie, les affections typhoïdo-typhiques ont fait peu de victimes ; c'est dans les grands centres médicaux qu'elles ont surtout porté leurs ravages.

Quelques médecins allemands, parmi lesquels se trouvaient MM. Frierichs et Niemeyer, vinrent me voir quelques jours après la capitulation. M'ayant demandé si nous avions du typhus, je fis une réponse négative, et comme cette question présentait à leurs yeux une grande importance ils visitèrent, dans le but de s'en assurer personnellement, un grand nombre d'ambulances, où ils firent quelques autopsies. Ils n'y trouvèrent point de typhus.

Mais les maladies vraiment dominantes, celles qui ont surtout imprimé leur cachet à la constitution médicale, quoiqu'elles n'aient pas entraîné par elles-mêmes la plus forte mortalité, sont les affections intestinales, diarrhées et dysenteries. Tandis qu'on pouvait limiter les typhoïdes dans certaines salles de certaines ambulances, les flux intestinaux étaient partout, primitifs, consécutifs ou complication de lésions traumatiques. Quelle que fût la maladie qui amenait la mort, il était bien rare que la diarrhée n'intervînt parmi les phénomènes ultimes. Cette maladie régnait dans les camps, affaiblissait les hommes valides qui tous, loin de là, n'entraient point dans les ambulances ; il n'est pas douteux que, dans les derniers temps du blocus, des mouvements stratégiques n'eussent, de ce fait, rencontré de graves difficultés.

On connaît déjà les influences générales qui ont

donné naissance à ces affections. Mais ici nous pouvons préciser davantage.

L'affaire du 31 août, reprise le matin du 1ᵉʳ septembre, semble avoir préludé à ces atteintes des voies digestives, qui revêtirent bientôt le caractère épidémique. Les troupes avaient passé la nuit sur le champ de bataille. Cette nuit avait été fraîche; la température, descendue à Metz entre 7 et 8 degrés, avait certainement été inférieure sur le terrain. Les hommes n'avaient pas mangé depuis la veille au matin; couchés dans les vignes, ils avaient trompé la faim en mangeant des raisins à l'état de verjus. Quelques-uns, plus altérés, en écrasaient dans de l'eau, espérant ainsi mieux calmer leur faim et leur soif. Après cette nuit funeste les maladies des voies digestives commencèrent à manifester leur prépondérance.

Mais nous ne venons là que d'indiquer une cause déterminante. La prédisposition, due au mauvais régime et aux privations, existait déjà, pour s'accentuer chaque jour davantage. Il est manifeste que nos malheureux diarrhéiques étaient, pour la plupart, épuisés et ne demandaient qu'un air pur et un régime réparateur. « Si j'avais quelque chose de bon à manger, disaient-ils souvent, je sens que je guérirais. » Leur sens intime ne les trompait pas. Dans quelques maisons particulières et dans les ambulances entretenues ou au moins soutenues par la bienfaisance publique, ce rêve était plus facile à réaliser que dans les grands établissements. On y voyait renaître à la vie ces pauvres gens lorsqu'on pouvait leur donner une alimentation à la fois digestive et substantielle, des vins généreux, des toniques. La plupart auraient guéri si l'on avait pu les placer dans d'autres conditions de régime. Les conserves de viandes, les jus concentrés, les vins de Porto et autres, abondamment apportés par les sociétés internationales de secours, nous ont été d'une grande utilité, et sans ces précieuses ressources, qui sont cependant restées insuffisantes, nous aurions eu bien plus de victimes à déplorer.

Dans la population civile, les diarrhées, dysenteries, fièvres muqueuses, typhoïdes, succédant à un état excellent de la santé publique, avaient fait invasion vers le milieu du mois de septembre; mais c'est en octobre et novembre qu'elles se manifestèrent avec le plus d'intensité, alors qu'aux privations de toute nature vinrent se joindre les intempéries, froid et pluies.

Je dois la note suivante à l'obligeance de M. le docteur Michaux :

« Le premier cas de fièvre typhoïde observé par moi était chez un jeune homme qui en avait contracté le germe à la comptabilité de la lingerie du Polygone; il a guéri après avoir présenté des accidents cérébraux et une forme de délire qui m'avait frappé. Un de ses amis, qui travaillait avec lui, avait été pris en même temps et succomba promptement, m'a-t-on dit. — Le second cas observé était sur un jeune homme de la campagne. Il est à remarquer que les premiers malades observés ont été fréquemment des convoyeurs ou des personnes de la campagne retirées à Metz, dont le moral, profondément affecté, ne prêtait que trop à l'invasion de la maladie. Vers la même époque (fin septembre), quelques cas de variole et de dysenterie (cette dernière affection en plus petit nombre).

En octobre, la fièvre typhoïde prend un développement beaucoup plus considérable. Il y a aussi de très-nombreux cas de variole; vers la fin de ce mois l'affection prend un caractère beaucoup plus grave; l'empoisonnement miasmatique a franchi un degré de plus : c'est le typhus. Une jeune dame est enlevée en quarante-huit heures, avec des accidents ataxiques formidables. Vers la même époque, une véritable épidémie de typhus commença à se manifester à la Maison des orphelins [1]. Pour faire place à une ambulance de 50 blessés, on avait dû évacuer l'infirmerie et tout un quartier, et remettre dans les dortoirs communs les enfants qui, d'ordinaire, couchaient à l'infirmerie. De cette époque au commencement de décembre, une quarantaine d'enfants tombèrent malades : sur ce chiffre vingt succombèrent, la plupart dans la première semaine de l'affection. Le début paraissait assez bénin — fièvre, vomissements, céphalalgie, courbature, peu d'accidents abdominaux; vers le troisième ou quatrième jour, délire dont on parvenait à les tirer assez facilement, mais qui les portait le plus souvent à sortir de leur lit, et, sans accidents plus graves, ils mouraient quelquefois très-rapidement. Chez d'autres, vomissements tenaces, très-persistants, ne cédant à aucune médication et entraînant l'affaiblissement graduel des malades. Chez deux, pétéchies avec parotides; hémorrhagies diverses assez fréquentes.

Dès que le mal fut nettement déclaré, je sollicitai l'évacuation de l'ambulance militaire, mais quelques jours se passèrent avant l'adoption de cette mesure et huit jours ensuite furent nécessaires pour approprier et désinfecter les locaux. C'est pendant ces

---

[1] Rue Marchant, 6.

quinze jours que la mortalité fut la plus forte. — Il faut ajouter aussi qu'à la fin d'octobre la nourriture était pitoyable. Dès qu'il fut possible de replacer les enfants à l'infirmerie et de leur donner une meilleure nourriture, le mal s'arrêta court.

J'ai aussi perdu sept malades, dont une sœur, à l'orphelinat de Sainte-Constance. Là encore, encombrement. Au lieu de 60 enfants, chiffre normal, il y en avait 120, parce qu'on avait reçu les orphelines des Récollets, qui avaient aussi fait place à une ambulance. — De plus, tout le linge sale de la grande ambulance des tabacs était porté là pour y être lavé. L'affection commença le 18 novembre et dura environ un mois; une vingtaine d'enfants furent frappés; celles qui succombèrent furent atteintes d'accidents ataxiques formidables. Là aussi, peu de désordres abdominaux. La maladie cessa quand on put faire disparaître l'encombrement et renvoyer aux Récollets les soixante enfants qui appartiennent à cet établissement. »

Nous n'ajouterons à cette note si intéressante qu'une observation. C'est que les phénomènes propres au typhus, que nous avons trouvés aussi tranchés dans les ambulances militaires, y ont fait plus tôt leur apparition et ont aussi disparu plus tôt. Quand le typhus régnait dans ces deux orphelinats, il n'existait plus dans l'armée; il avait été déjà remplacé par l'état typhique et la fièvre typhoïde.

Après le départ des prisonniers pour l'Allemagne, Metz était resté sous l'influence de cette triple épidémie, variole, fièvre typhoïde, dysenterie; ses progrès étaient devenus assez inquiétants pour engager l'autorité allemande à adresser (23 novembre) une circulaire à tous les médecins de la ville, les invitant à signaler chaque jour les nouveaux cas de chacune de ces maladies qui pouvaient se présenter à leur observation. Cette mission intéressait à un trop haut degré la santé publique pour que chacun des praticiens ne s'empressât d'y concourir, et jusque vers le 25 mars, le bulletin, lorsqu'il y avait des cas nouveaux à signaler, était adressé à la Préfecture. Le dernier cas de fièvre typhoïde, entré à l'hôpital Bon-Secours, avait été signalé le 7 mars ; les derniers cas de dysenterie, le 5 du même mois.

Mais si ces différentes affections avaient perdu leur caractère épidémique, et en partie leur gravité, on en vit encore, en ville, quelques cas isolés. La fièvre typhoïde et la dysenterie, qui avaient surtout frappé les classes nécessiteuses, avaient imprimé, à un grand nombre de malades, un cachet de profonde débilité et d'extrême dépérissement; chez beaucoup de ces malheureux, la dysenterie devint chronique et finit par les faire succomber. Chez d'autres, trop nombreux aussi, cet état de dépression générale fut la cause occasionnelle de nouvelles maladies, également graves ; celles-ci trouvaient un organisme désormais incapable de réaction; toute activité vitale avait disparu, et une affection, bénigne dans d'autres conditions, devenait promptement mortelle.

Des accidents cholériques ont été observés, mais en nombre relativement peu considérable. Ces accidents n'ont jamais été primitifs, ne se sont jamais manifestés chez des hommes jouissant d'un bon état de santé au moment de l'invasion ; mais ils vinrent toujours compliquer les affections typhiques ou intestinales, et servir d'avant-coureurs à une terminaison prochainement funeste. M. le médecin-major Dexpers, il est vrai, a présenté, dans d'autres conditions, et d'une façon toute exceptionnelle, les symptômes d'un choléra de moyenne intensité, sans maladie préalable; mais il arrivait de Gravelotte, où il était resté pendant six jours, après la bataille, dans un état de misère absolue, mourant de faim; il accompagnait les blessés qu'on y avait retenus, et à peine entré à Metz, il était soumis à un travail des plus pénibles pour l'ouverture de l'ambulance du Saulcy, dont je lui avais confié la direction médico-chirurgicale. De bons soins ont suffi pour le rétablir, mais on fut moins heureux chez les autres, présentant le choléra enté sur une affection déjà grave par elle-même. Tous ceux, à ma connaissance, qui furent atteints, moururent.

Dès l'apparition de ces accidents, ne sachant encore où ils s'arrêteraient, et craignant d'être au début d'une véritable épidémie, j'avais demandé au commandement de provoquer une réunion du Conseil central d'hygiène et de salubrité publiques. Je voulais exposer la situation en ce qui touchait à l'armée, apprendre des médecins civils ce qui pouvait soulever des appréhensions pour la population, aviser en commun aux moyens à mettre en pratique pour conjurer la menace.

M. le Maréchal commandant en chef refusa d'autoriser cette réunion, qui aurait, peut-être sans motif sérieux, alarmé les habitants et fait croire à un mal qui n'existait pas. L'événement justifia cette réserve; les cas de choléra purent toujours être considérés comme sporadiques ou individuels.

Nous avons dû considérer isolément ces trois classes d'affections, typhus et typhoïdes, lésions intestinales, choléra; mais pour compléter ce tableau, il convient de dire que rarement l'une ou l'autre fut observée sous une forme typique et bien déterminée. Elles se compliquaient réciproquement, s'enchevêtraient en quelque sorte ; la maladie dominante, quelle qu'elle fût, prenait toujours de cette complication un surcroît de gravité qui la rendait promptement mortelle. Un lien de parenté plus étroit qu'on ne pense, unit la fièvre typhoïde au choléra. J'ai signalé ailleurs la terminaison bien remarquable de l'épidémie cholérique de Gallipoli, qui fut si meurtrière pour notre armée. Au déclin de la maladie on reconnut quelques formes typhoïdes s'alliant aux symptômes cholériques ; plus tard ces formes s'accentuèrent davantage, tandis que les caractères du choléra diminuaient progressivement. A la fin, le choléra avait disparu, il nous restait une épidémie de fièvre typhoïde franche, qui n'eut elle-même, heureusement, qu'une courte durée.

La pneumonie, bien que moins fréquente que les affections précédentes, a sévi avec une certaine intensité, surtout à titre de complication. Le tableau de la mortalité par maladies, est loin d'en donner le chiffre exact, la cause de la mort n'ayant point été, le plus souvent, désignée sous le nom de l'affection compliquant la maladie ou la lésion primitive.

J'ai peu de chose à dire du scorbut, dont on n'a observé que quelques cas dans nos ambulances. Mais les médecins des quartiers généraux en ont signalé un plus grand nombre et des cas mieux déterminés. Nul doute que si les misères du blocus avaient duré davantage, cette maladie ne se fût répandue dans les ambulances de Metz, et eût rappelé ce fléau de la guerre de Crimée. Je n'en parle que pour exposer une opinion que j'ai plusieurs fois émise, et que j'émets encore, sous forme de doute.

Le défaut de sel dans les aliments ne peut-il pas être invoqué comme cause occasionnelle ou déterminante du scorbut? On m'a objecté que les salaisons avaient été précisément considérées comme la cause la plus efficace de cette maladie. Mais l'erreur de cette vue théorique a été reconnue. Lind, en donnant de l'eau de mer pour boisson à quelques malades, et les préservant ainsi du scorbut, a prouvé que cette affection ne tenait pas, comme on le croyait jusqu'alors, à la nature salée des aliments, ce que la chimie physiologique ne tend pas moins à démontrer. MM. Delpech, Bucquoy, Bernutz, auteurs de monographies récentes sur le scorbut, ne soulèvent pas ce point d'étiologie, parce que le sel n'a jamais manqué à Paris. C'est donc une question intéressante à examiner lorsque l'occasion s'en présentera. Espérons que celle-ci se fera longtemps attendre.

BLESSURES.

V.

Les blessures par armes de guerre peuvent se ramener aux cinq chefs suivants :
1º Par boulets ou obus ;
2º Par éclats d'obus ;
3º Par mitraille ;
4º Par balles ;
5º Par armes blanches.

1º L'obus non éclaté et le boulet ont une action identique. En thèse générale, ces projectiles déterminent des désordres irrémédiables partout où ils frappent. Qu'une des grandes cavité splanchniques (tête, poitrine, abdomen) soit atteinte, la mort est immédiate, à moins que le projectile n'ait frappé que très-obliquement et touché, seulement, aux parois de ces cavités. Je ne connais, à Metz, dans cette grande multitude de blessés, aucune lésion qu'on puisse attribuer à ce choc latéral ; mais, comme je n'ai pu tout voir, en admettant qu'il s'en soit présenté quelques cas, on peut toujours en conclure à leur grande rareté. Je ne connais, par exemple, aucun cas de ces accidents mortels produits par ce qu'on appelait, par ce que le vulgaire appelle encore le *vent de boulet,* c'est-à-dire par un choc qui, sans léser les parois mobiles du ventre, refoule les viscères intérieures sur la colonne vertébrale et les broie contre cet obstacle... C'est parmi les morts du champ de bataille qu'il faut rechercher ces sortes de blessures.

Mais un boulet atteignant un membre enlève tout ce qui se trouve sur son passage, s'il frappe dans le plein du membre; s'il n'atteint qu'un des points de sa circonférence, il détermine d'énormes dilacérations, sans hémorrhagie immédiate, et *presque* toujours exige l'amputation, que les os aient, ou non, été compris dans la lésion. Si le projectile est près du terme de sa course, les désordres sont moins grands, mais causent encore une contusion violente, qui peut entraîner la mortification des parties lésées; au bout de sa course, arrivé au degré de vitesse qui a reçu le nom de *boulet mort,* il peut se borner à exercer une contusion plus ou moins violente, sans autres accidents graves. J'en ai vu deux exemples remarquables, un entr'autres chez un officier détenu par mesure disciplinaire, qui présentait à chaque cuisse une immense ecchymose, due à un choc de cette nature.

A part de rares exceptions, le boulet traverse les membres sans s'y arrêter; on ne trouve que les désordres qu'il a commis. Qu'on me permette, à ce sujet, de citer un fait des plus extraordinaires, bien qu'il ne touche pas à la guerre de Metz. A la campagne d'Italie, le général d'artillerie Auger a un bras presqu'emporté par un projectile. A l'examen attentif de la plaie, on ne découvre aucun corps étranger; mais pendant la désarticulation de l'épaule, le couteau est arrêté par un corps solide : c'était un boulet de quatre logé dans l'aisselle !

2º Les blessures par éclat d'obus sont, en général, fort sérieuses; mais leur degré de gravité se déduit du volume de l'éclat, de la force de projection résultant de l'éloignement du projectile éclaté, enfin du siége de la lésion. Les gros fragments d'un obus rapproché déterminent des lésions aussi graves, plus graves même, que l'obus entier, suivant le point qu'ils frappent; cette aggravation résulte des déchirures moins nettes qu'ils occasionnent, en raison de l'irrégularité de leurs formes, et, plus souvent aussi, de la présence du fragment lui-même dans la plaie. Cependant ces plaies aux membres, lorsqu'elles sont sans lésions des os, des vaisseaux ou des nerfs, guérissent facilement, quel que soit le degré d'attrition des tissus atteints. Une suppuration éliminatrice ne tarde pas à régulariser la solution de continuité.

Les petits éclats produisent des effets analogues aux effets des balles, sinon qu'ayant une moindre force d'impulsion, ils séjournent plus souvent dans la plaie et déterminent une plus grande déchirure des tissus.

3º La mitraille, contenant des balles, du fer sous toutes les formes, régulières ou irrégulières, produit les blessures les plus diverses, comme aspect, comme siége, comme gravité; simulant tantôt l'action d'un fragment d'obus, tantôt celle d'un projectile de mousqueterie.

Elle détermine parfois des blessures multiples chez le même sujet. Nous en avons vu quelques exemples à Metz ; cependant ils sont rares, parce que, dans le long trajet qu'elle parcourt, la mitraille a le temps de se disséminer ; c'est même le résultat qu'on cherche à obtenir.

4º Ce serait une erreur de croire que les fusils modernes, en raison de leurs perfectionnements, causent des blessures plus graves que les armes anciennes, si l'on fait abstraction des fractures osseuses, réellement plus communes. La balle conique, en vertu de sa force de projection plus grande, en vertu surtout de sa pointe dirigée en avant et faisant flèche, n'est pas déviée comme la balle ancienne ; elle court droit devant elle, rien ne lui fait obstacle, elle brise les os et les traverse. Mais aussi, à égale distance de tir, séjourne-t-elle plus rarement dans les tissus, et, si nous avons dû, après chaque bataille, opérer un grand nombre d'extractions de balles, c'était le résultat de la distance considérable qui, presque toujours, séparait les combattants. Dans ces cas le projectile, ayant beaucoup perdu de sa vitesse initiale, trouve, dans le membre, une résistance qui diminue graduellement sa force d'impulsion et, près du point de sortie, les tissus, manquant d'appui, se laissent refouler, la peau s'allonge en forme de doigt de gant et retient le projectile. Revenue sur elle-même, en vertu de son élasticité, elle ramène avec elle la balle, qu'on perçoit au toucher direct ou dont on constate la présence à une grande profondeur par l'introduction, dans la plaie, du doigt ou d'un stylet mousse [1].

---

[1] La mousqueterie bien nourrie fait beaucoup plus de victimes que l'artillerie, et si nous avons fait éprouver à nos ennemis des pertes considérables, de leur propre aveu, c'est que nos chassepots

Le nombre est immense d'éclats d'obus, grands et petits, et de balles retirées des plaies dans nos ambulances. C'est une consolation, pour les blessés, de conserver comme un trophée ce souvenir de la guerre. Le plus souvent ils le demandent; quelquefois cependant ils disent, quand on le leur offre : « Qu'en ferais-je ? »

5° Nous ne parlerons guère, que pour mémoire, des blessures par armes blanches. Il y a eu peu d'engagements corps à corps, et ces blessures ont été rares. M. le médecin-major Beurdy a été tué, à Gravelotte, d'un coup de lance; j'ai soigné, à l'École d'application, un capitaine de cavalerie porteur de sept coups de sabre sur la tête, mais sans aucune gravité. En un mot, rien ne m'a été signalé par les médecins traitants au sujet de ces blessures; je n'ai, par moi-même, rien vu qui puisse appeler et fixer l'attention.

Les blessures aux membres inférieurs sont les plus communes de celles qu'on observe dans les ambulances, parce que ces parties sont, comme toutes les autres, exposées au choc direct des projectiles et que, de plus, elles reçoivent presque toujours les chocs par ricochet. Cependant les blessures des membres supérieurs sont presqu'aussi fréquentes, quoiqu'elles échappent généralement à cette dernière action; mais le moindre abri, le moindre pli de terrain suffit pour protéger les membres inférieurs, tandis que les mains et les bras sont toujours exposés.

---

sont des armes tout à fait supérieures et que leur portée est encore beaucoup plus grande que nous ne le supposions. Nous avons constaté que la balle du fusil chassepot a encore une grande force de pénétration à la distance où le bruit de la détonation n'atteint pas. (QUESNOY. *Armée du Rhin,* p. 87.)

Les blessures de la face sont nombreuses aussi, parce que, dans certaines circonstances de la bataille, l'homme se défile derrière un arbre, un mur, mais la tête reste toujours exposée. C'est ce qu'on observe surtout chez les tirailleurs, qui font feu accroupis ou couchés. Les blessures de la tête proprement dite sont, de fait, aussi fréquentes que celles de la face, proportionnellement au développement relatif de ces deux parties contiguës; mais ces blessures entraînant bien plus souvent une mort immédiate, s'observent moins dans les ambulances. Il en est ainsi des plaies de l'abdomen et de la poitrine, qui constituent le plus fort contingent des morts du champ de bataille.

Il nous a été démontré, à la suite des engagements sous Metz, combien il importe que les blessés soient pansés le plus tôt possible après la blessure. Nous n'entendons pas parler de ces pansements incompétents qui consistent à couvrir la plaie de cérat, de charpie, de linge; ils n'ont, le plus souvent, d'autres résultats que de soustraire le blessé à l'examen du médecin qui, voyant un bandage bien appliqué, croit pouvoir tout d'abord passer outre, d'autres blessés, non pansés, exigeant ses soins. Le premier pansement doit être tout chirurgical; il faut enlever les petites esquilles qui peuvent exister dans la plaie ou maintenir les grandes esquilles susceptibles de consolidation; il faut détacher des tissus mous, peau, muscles, nerfs, etc., les lambeaux meurtris et tendant à la gangrène; donner à la plaie, si c'est nécessaire ou possible, une surface régulière qui facilite la réunion des lèvres juxtaposées; s'assurer s'il n'y a point, au voisinage, de vaisseaux qui puissent être lésés et déterminer une hémorrhagie consécutive; faire sur-le-champ, s'il y a lieu, la ligature des artères compromises; quelquefois décider soit l'amputation du membre, soit la résection des surfaces osseuses. C'est seulement après cet examen approfondi que le pansement peut être confié à des aides officieux, mais surtout officiels.

La décision à prendre pour une amputation, sur sur le champ de bataille ou sur un point éloigné du lieu d'évacuation, est excessivement grave et difficile. Les moyens de transport sont toujours défectueux, et un membre fracturé, malgré les moyens contentifs très-imparfaits qu'on peut sur-le-champ mettre en usage, est soumis à mille éventualités douloureuses et pleines de périls. Qui n'a entendu de vieux militaires dire et répéter qu'après telle bataille on a voulu leur couper le bras, la jambe; qu'ils s'y sont refusés et ont conservé leur membre. Ils ont raison et ils ont fort bien fait, puisque le résultat leur a été si favorable; mais on ne peut point interroger les innombrables victimes de cette trop légitime appréhension. Ce qui est incontestable c'est qu'un grand nombre de membres sacrifiés, en vue d'un transport lointain et difficile, auraient pu être conservés dans les conditions de calme et de repos que rencontre le blessé à l'ambulance après son transport. L'opérateur, non moins que le blessé, se trouve en ces cas placé dans la plus cruelle alternative.

On a reconnu, depuis quelques années, que l'ancienne chirurgie ne tenait pas assez compte des efforts réparateurs de la nature, et la *chirurgie conservatrice,* à laquelle aujourd'hui s'appliquent surtout les médecins militaires, enregistre des succès nombreux et inespérés[1]. Nous en avons eu plus d'un

---

[1] Je comprends peu l'opinion qu'exprime M. Després *(Rapport*

exemple à Metz ; mais nous étions dans de mauvaises conditions, et tels blessés qui seraient morts des suites d'une amputation, sont morts sans être amputés, par les complications qui envahissaient la plaie, comme elles auraient envahi le moignon. Quoi qu'il en soit, si nous sortons du cercle limité *et peu scientifique* de l'observation à Metz, si nous nous adressons à l'expérience chirurgicale des diverses armées de France pendant la dernière guerre, nul doute que la chirurgie conservatrice n'ait à enregistrer d'incontestables succès. Mais l'espoir de conserver un membre fracturé par un projectile d'arme à feu ne peut se réaliser que par une attention soutenue, de tous les instants, du médecin au blessé. Qui ne voit que je signale ici l'un des grands dangers des pansements officieux, incompétents ?

L'opportunité du temps auquel doit se faire une amputation a soulevé, autrefois, de grandes discussions. Ce n'est plus une question aujourd'hui. Il faut opérer au moment le plus voisin de la blessure, avant que les premiers accidents se soient déclarés, c'est-à-dire dans les vingt-quatre heures. Amputer sur le champ de bataille serait assurément plus avantageux ; mais les conditions difficiles et

sur les travaux de la septième ambulance) au sujet de l'opportunité des amputations. « Je diffère, dit-il, sur ce point entièrement d'avis avec les chirurgiens des armées ; sauf les cas de mutilation des membres, je ne crois pas à l'utilité des amputations pour le bras, la jambe et le genou. » Mais c'est précisément ainsi que pense la grande majorité des médecins militaires. M. Després, chirurgien des hôpitaux de Paris, doit comprendre aussi combien diffèrent les conditions dans lesquelles sont placés ses blessés, dans son hôpital, et les blessés aux armées. La chirurgie conservatrice, tentée pour ceux-ci dans la limite du possible, est loin de donner des résultats aussi avantageux que chez les premiers.

mauvaises dans lesquelles on se trouverait presque toujours, nuiraient certainement au succès de l'opération. Celle-ci se fait, quand c'est possible, au poste de premiers secours, d'où les opérés sont dirigés sur les ambulances. Mais le grand nombre d'opérations à faire après une bataille le permet rarement ; les médecins doivent se contenter de poser un premier appareil contentif pour éviter, autant que possible, les mouvements du membre blessé et les douleurs, souvent atroces, qui en sont la conséquence ; parfois même, dans les combats sous Metz, les blessés arrivaient directement dans nos ambulances, vierges de tout pansement. C'était pour eux un malheur ; ils nous ont fourni une grande proportion de décès.

Mais quand l'opération n'a pas été immédiate, *primitive*, suivant le langage technique, il faut se garder de la faire pendant la période d'inflammation inévitable ; il faut attendre un apaisement des symptômes qui permette l'amputation *consécutive*, si la gravité de l'accident ne laisse aucun espoir de conservation du membre.

Les personnes étrangères à la médecine qui liront ces réflexions y trouveront le secret de bien des réussites, de bien des insuccès, y trouveront une base pour le jugement qu'elles ont souvent porté sur la conduite du médecin dont elles suivaient les actes avec anxiété et dévouement. Qu'elles se gardent, d'ailleurs, de conclure des résultats obtenus à Metz à ceux qui l'eussent été dans des conditions plus favorables.

Parmi les complications des plaies nous signalerons surtout la pourriture d'hôpital, parce qu'elle a fait d'affreux ravages chez les blessés en général, notamment chez les amputés. Dès qu'on fut obligé d'entasser les malades, en quelque sorte côte à côte, dès qu'on fut réduit à la dure extrémité de mêler les fiévreux aux blessés, on vit surgir cette funeste complication. Dès lors on ne sauva presque plus un amputé et il vint un moment où, malgré les indications les plus précises, on n'amputa plus. Les plaies s'étendaient par la mortification des tissus voisins, et lorsqu'elles guérissaient elles laissaient à leur place de larges cicatrices, qui ne s'organisaient qu'avec lenteur. Cependant la pourriture n'avait pas attendu cette période avancée du blocus pour se manifester, çà et là, par cas isolés. Dès les premiers jours on en vit, même chez des blessés placés dans de bonnes conditions. Le fait suivant en est un exemple remarquable. J'avais amputé de la jambe un capitaine des zouaves de la garde, M. Mamalet, blessé à la bataille de Borny. L'opération n'avait rien présenté de particulier; le blessé était un homme de courage et de résolution; il occupait *seul* une chambre de l'École d'application; la saison était belle, sa croisée et sa porte restaient ouvertes tout le jour et une partie de la nuit; les soins nécessaires lui étaient prodigués avec la plus grande sollicitude. Bientôt la cicatrisation commençait sur plusieurs points, lorsque tout à coup l'appétit se perd, la fièvre s'allume, les tissus du moignon se décolorent, se boursouflent; la suppuration, qui était abondante et de bonne nature, tarit et la plaie n'exhale plus qu'une sanie sanguinolente; la gangrène s'empare du lambeau circulaire et le détruit, en commençant par les tissus avoisinant la crête du tibia. Grâce à l'emploi de vins généreux, d'une alimentation modérée et choisie, grâce à des pansements méthodiques à l'aide d'eau phéniquée, grâce surtout à sa bonne constitution et à son bon moral, le blessé, qui nous avait inspiré de vives inquiétudes, finit par guérir. La plaie redevint rosée, la suppuration se rétablit, les bourgeons charnus se développèrent en abondance et remplacèrent les tissus destinés à garnir le moignon.

A quelle cause attribuer l'explosion de ces symptômes graves? N'en trouvant aucune dans les circonstances propres au malade, sinon peut-être une prédisposition individuelle inappréciable, nous voyons encore deux explications possibles :

On sait que certaines affections ont pour agent de transmission le médecin lui-même, soit par ses vêtements, soit par les instruments et autres objets dont il fait usage près des malades. La pince qui sert à détacher les pièces d'un pansement, si elle n'est pas lavée avec soin, l'éponge destinée à laver la plaie, les mains mêmes, sont autant de voies de transmission des agents infectieux. Qui ne sait les graves accidents auxquels sont exposées, de ce fait, les femmes en couche dans les maternités, accidents dont on a longtemps méconnu l'origine.

Cette cause d'infection est puissante et exige des précautions infinies dans les pansements successifs de plaies dont quelques-unes présentent des caractères de mauvaise nature. Il est à peine besoin, aujourd'hui, d'appeler l'attention des médecins sur ce point important; tous le connaissent, et rarement ils négligent les soins que la prudence réclame. Mais les gens du monde, appelés à faire des pansements, doivent être avertis de ces cruelles éventualités.

Nous pourrions invoquer aussi comme cause possible des accidents de M. Mamalet, une influence déjà répandue dans l'air, et n'agissant encore que sporadiquement. Cependant, malgré ma tendance à croire à une telle influence, il est difficile de l'admettre à cette époque, à laquelle les miasmes morbides n'avaient pas pu encore infecter l'atmosphère, tandis que, plus tard, on ne pouvait plus en douter. C'est cette infection générale qui répandit, dans la population et dans l'armée, les affections typhoïdes et qui vint en aide à l'infection locale déterminée par l'encombrement pour engendrer la pourriture d'hôpital. Cela est si vrai qu'on vit cette complication envahir de petites réunions de blessés jouissant de tout l'espace nécessaire et nullement encombrés. L'infection était dans l'air, sur les murs des chambres, sur les planches des baraques, sur la toile et le sol des tentes ; elle était partout. Une dissémination sur place des blessés, si elle eût été possible, était dès lors devenue insuffisante ; ce qu'il fallait, c'était la dissémination au loin, et la pourriture d'hôpital n'a disparu qu'après de larges évacuations.

L'infection purulente, dont nous avons observé des cas nombreux, vers le dix-huitième ou vingtième jour de la blessure ou de l'opération, est due, plus encore que la pourriture d'hôpital, à des conditions générales, et la plupart des considérations précédentes lui sont appliquables.

Bien que le tétanos ait frappé quelques blessés dès l'origine, ce n'est cependant qu'à une époque plus avancée qu'il a sévi chez un grand nombre, lorsque les pluies d'automne eurent succédé aux chaleurs de l'été. On devait s'y attendre, ainsi que le démontre le passage suivant :

« La chaleur n'est pas, ainsi qu'on l'a répété si souvent, la condition atmosphérique la plus favorable au développement du tétanos. Ce sont bien plutôt les variations considérables, rapides et journalières de la température, ainsi que l'état hygrométrique de l'air, qui jouissent de cette funeste propriété. Après la bataille de la Moskowa, au milieu des plus vives chaleurs, nous n'eûmes que peu de tétaniques; nos blessés de Dresde, par un temps humide et froid, succédant à une grande élévation de température, furent décimés, au contraire, par cette affection, qui n'épargna pas même nos amputés. L'expérience si étendue de Larrey, aussi bien que celle de tous les chirurgiens militaires modernes, a multiplié à l'infini les faits de ce genre, et rendu incontestables les conséquences qui en découlent. Il n'est pas jusqu'aux fatigues, aux privations, aux bivouacs prolongés, durant lesquels les hommes ont supporté le froid, la chaleur ou l'humidité, qui ne prédisposent ensuite les blessés au tétanos »[1]. Cette citation nous dispense de toute autre observation.

Signalons l'existence d'érysipèles comme complications assez fréquentes des plaies; ils parurent indistinctement dans tous les établissements, mais n'acquirent jamais une haute gravité.

L'héméralopie devint fréquente dans les commencements d'octobre, mais surtout chez les malades couchés sous la tente, les plus exposés, par conséquent, à l'humidité nocturne. On sait que cette maladie règne fréquemment dans l'armée, et notamment en automne.

Vers le milieu de novembre, le froid devint si vif sous la tente et dans les magasins-ambulances, qu'on observa quelques cas de congélation des pieds,

---

[1] L. J. BÉGIN, *Dict. de méd. et de chirurgie pratiques*, 1839.

surtout des orteils. C'étaient de simples engelures d'abord, puis de véritables gangrènes, limitées à une petite surface et peu étendues en profondeur.

ENLÈVEMENT ET TRANSPORT DES BLESSÉS.

VI.

L'artillerie à longue portée ne permet guère, aujourd'hui, de placer les ambulances de premiers secours au voisinage immédiat du champ de bataille; les blessés seraient trop exposés à l'atteinte des projectiles, et c'est ce qu'on a vu plusieurs fois dans les batailles des environs de Metz. Il faut donc les établir sur un point plus éloigné de l'action; il faut, par conséquent, des moyens de transport plus nombreux et organisés sur de nouvelles bases; il faut surtout affecter un personnel spécial à ces fonctions, ainsi que l'avait proposé l'illustre Percy, sous le nom de *brancardiers* ou *despotats,* ainsi que le font les Prussiens. On sait trop tout le zèle qu'apportent les voisins d'un blessé à le transporter immédiatement à l'ambulance, et les mesures les plus sévères sont souvent inefficaces pour le refréner.

Les moyens usités dans l'armée française pour l'enlèvement et le transport des blessés ont toujours été défectueux et le sont aujourd'hui plus que jamais. Cette partie du matériel d'ambulance demande une révision complète [1].

La voiture *Masson* est bonne, légère et peut se prêter à presque tous les accidents de terrain. Les cacolets et litières, fauteuils ou lits portés à dos de mulets, devraient être réservés aux pays de montagnes, inaccessibles aux voitures; ils ont rendu de grands services en Algérie, mais les blessés y sont soumis à des secousses pénibles; ils sont exposés à être heurtés, renversés même par les obstacles qui se présentent à chaque pas, voitures, caissons, chevaux, etc.; le mulet peut être blessé ou tué, et les malades qu'il porte tombent avec lui. Le brancard est préférable, mais il a l'énorme inconvénient d'exiger au moins trois hommes pour le transport d'un blessé; porté sur les épaules, qu'un des porteurs soit blessé et tombe, nous avons pour le blessé les mêmes dangers qu'avec le cacolet. Mais on pourrait augmenter notablement les avantages du brancard en adoptant une disposition dont la Société française de secours a pu constater l'utilité. Cette disposition consiste en trains de voiture légers, et suspendus à deux, trois et quatre roues, sur lesquels on peut déposer un ou deux brancards, reposant par les

---

[1] Croirait-on que le règlement confère à l'intendance la direction de ce double service, enlèvement et transport des blessés du champ de bataille au poste de secours, comme si ce rôle n'était pas entièrement chirurgical? C'est un droit dont elle use rarement; ou plutôt c'est un devoir qu'elle accomplit peu, parce qu'après une bataille le sous-intendant a de tout autres préoccupations et qu'il se repose avec raison de ce soin sur les hommes compétents. Mais alors, pourquoi avoir inséré dans nos règlements une disposition qui, rigoureusement exécutée, ne pourrait être que préjudiciable aux blessés et une source de conflits; qui, non exécutée, est lettre morte?

extrémités. Par ce mode de transport le blessé n'est point exposé aux chutes ni aux secousses violentes. Dans les terrains faciles, un *brancardier* suffit pour traîner cette sorte de voiture à bras; sur n'importe quel terrain il n'en faut pas plus de deux.

La Société de secours possède aussi de grandes voitures bien installées, combinées de manière à rendre le transport le plus doux possible [1], qui nous ont été fort utiles après les batailles sous Metz. Le matériel de cette Société a permis d'enlever le reste des blessés qui se trouvaient encore, le 17, sur le champ de bataille de Gravelotte.

L'administration de la guerre et le service de santé pourraient puiser de bonnes idées pratiques dans le matériel de cette association.

Cependant, les moyens de transport que nous venons d'indiquer furent loin d'être suffisants, et l'on dut mettre en réquisition toutes les voitures particulières et tous les chariots des villages voisins, qui firent le gros de la besogne, dans des conditions fâcheuses pour les blessés, quoiqu'ils y fussent couchés sur une paille abondante.

Aussitôt après la capitulation, M. Eloin (de Bruxelles) vint de Sarrebruck à Metz avec MM. les docteurs Coomans, Barbier et Vilhems, emmenant tout un matériel d'ambulance, renfermé dans une grande voiture attelée de quatre chevaux. Ce véhicule contenait huit hamacs et cinq siéges; quatre cacolets étaient accrochés à l'extérieur, l'impériale, recouverte

---

[1] De plus, elle possède des supports élastiques qui, amortissant les secousses et les trépidations, améliorent les conditions où se trouvent les blessés sur les chemins de fer et permettent d'utiliser même des voitures non suspendues.

d'une haute bâche, pouvait recevoir seize hommes couchés et abrités. Cette voiture nous a été fort utile pour l'évacuation d'un certain nombre de malades d'une ambulance sur une autre; pendant deux jours elle transporta de différents établissements à la gare, environ 100 blessés dirigés sur Neuwied (v. plus loin). Les services rendus par M. Eloin peuvent se résumer ainsi : transport, sur différents points de la ville, d'environ 350 malades et blessés, auxquels il a pu distribuer, entr'autres secours, 6000 cigares, 65 bouteilles de vin, 8 bouteilles de cognac.

Cette voiture est admirablement agencée, mais sa complication, son poids énorme, la nécessité d'un attelage à quatre chevaux, l'impossibilité de quitter les grandes routes, diminuent notablement les avantages qu'on pourrait en attendre pour le transport des blessés relevés sur le champ de bataille.

On peut voir, par ce qui précède, quelle importance on doit attacher au mode de transport des blessés; je ne saurais, cependant, lui accorder toute l'influence que lui attribue M. le professeur Jossel dans la mortalité. La mort d'un quart des blessés français serait due, suivant ce professeur, aux moyens de transport défectueux et au manque d'un premier pansement. — Dans ce quart, la part prépondérante appartient, sans nul doute, au manque d'un premier pansement fait avec méthode et en temps opportun. La plupart des blessés amenés de Gravelotte à l'ambulance du Saulcy, blessés depuis six jours, n'avaient encore reçu aucun pansement, ou avaient été mal pansés. Une grande mortalité sévit sur ces malheureux.

DOCUMENTS STATISTIQUES, MORTALITÉ, INHUMATIONS.

VII.

État des pertes des cinq corps d'armée et de la Garde, du 14 août au 7 octobre 1870

EFFECTIF DE L'ARMÉE AU 15 AOUT, 168 000 RATIONNAIRES [1].

	OFFICIERS				SOUS-OFFICIERS ET SOLDATS			
	Tués.	Blessés.	Disparus.	TOTAL.	Tués.	Blessés.	Disparus.	TOTAL.
Borny, 14 août, 3ᵉ corps.	23	122	1	146	260	2014	428	2702
4ᵉ —	19	35	»	54	75	470	161	706
Total.......	42	157	1	200	335	2484	589	3408
Rezonville et Gravelotte, 16 août, 2ᵉ corps.....	50	134	17	201	323	2282	2480	5085
3ᵉ —	14	35	»	49	73	548	127	748
4ᵉ —	59	131	30	200	152	1579	527	2258
6ᵉ —	44	135	21	200	482	3231	1745	5458
Garde.......	18	117	25	160	170	1768	443	2381
Cavalerie de réserve.	»	21	»	21	7	43	38	88
Artillerie —	2	4	»	6	13	72	19	104
Total........	147	597	93	837	1220	9523	5379	16122
St-Privat, 18 août, 2ᵉ corps	3	24	»	27	57	342	195	594
3ᵉ —	16	79	15	110	206	1399	445	2050
4ᵉ —	45	184	17	246	450	3095	1016	4561
6ᵉ —	24	109	79	212	343	1477	2653	4473
Total........	88	396	111	595	1056	6313	4309	11678

[1] On sait que le chiffre des rationnaires est notablement supérieur à celui des combattants.

	OFFICIERS				SOUS-OFFICIERS ET SOLDATS			
	Tués.	Blessés.	Disparus.	TOTAL.	Tués.	Blessés.	Disparus.	TOTAL.
Servigny, 31 août, 1er septembre, Garde	»	»	»	»	»	2	»	2
2e corps	»	4	»	4	8	96	22	126
3e —	20	67	2	89	164	1448	422	2054
4e —	6	25	1	32	71	610	186	867
6e —	3	16	1	20	42	223	105	368
Total	29	112	4	145	285	2379	735	3397
Lauvallières, 22 sept., 3e corps	1	7	»	8	12	96	1	112
Peltre et Ladonchamps, 27 septembre, 2e corps.	1	3	»	4	28	158	18	204
3e —	»	6	»	6	8	82	»	90
6e —	1	»	»	1	7	66	1	74
Total	2	9	»	11	43	306	19	368
Bellevue, 7 octobre, 3e corps	»	4	»	4	12	99	1	112
4e —	»	4	»	4	10	136	16	162
6e —	2	15	»	17	13	206	53	272
Garde	9	30	»	39	55	540	52	647
Total	11	53	»	64	90	981	122	1193
Total général	320	1331	209	1860	3041	22082	11155	36278

Pertes de l'armée de Metz jusqu'à la capitulation : 25 généraux, 2099 officiers, 40 339 hommes.

Les blessés de ces différentes affaires ont été répartis dans les ambulances des corps d'armée, dans les ambulances de la place, chez les particuliers à Metz et dans les villages voisins.

La statistique journalière des ambulances nous conduirait bien loin, sans offrir d'utilité réelle. Cependant il peut être intéressant de jeter un coup d'œil d'ensemble sur la répartition des malades dans les principaux établissements, à un jour donné, que nous prendrons vers le milieu de la durée du blocus.

Voici la situation au 15 septembre :

	Officier	Sous-officiers	Brigadiers, caporx, soldats.	Fiévreux.	Blessés.	Affections spécifiques.	Galeux.
Hôpital militaire....	86	53	650	69	485	169	26
Tabacs	5	40	733	490	284	2	»
Quartier d'artillerie (Fort-Moselle)....	5	54	826	195	655	13	»
Chambière.........	»	58	1095	463	639	51	»
Coislin............	5	55	1028	91	975	»	»
Génie	17	45	889	156	795	»	»
Esplanade.........	»	14	1247	108	1153	»	»
Saulcy.............	»	18	712	577	155	»	»
Jardin Boufflers.....	»	16	572	»	588	»	»
Magasin d'artillerie..	»	17	517	554	»	»	»
Polygone	57	»	1494	246	1885	»	»
Wagons	»	56	1135	»	1191	»	»
Grand séminaire....	55	»	5	»	60	»	»
Petit séminaire.....	62	5	15	17	63	»	»
Sacré-Cœur........	»	»	95	61	54	»	»
Lycée.............	»	11	139	»	150	»	»
École d'artillerie....	1	8	92	2	99	»	»
Palais de justice....	5	8	52	»	65	»	»
Bon-Secours	7	12	112	5	128	»	»
Saint-Clément......	29	4	77	»	110	»	»
École d'application..	81	5	5	3	86	»	»
Écoles municipales..	»	»	65	»	65	»	»
Écoles Mazelle......	»	7	93	»	100	»	»
Jardin Fabert.......	»	7	102	»	109	»	»
Divers établissements	»	»	1100	»	1100	»	»
	391	369	12650	3015	10172	217	26
			15450		15450		

Mouvement général des malades depuis la capitulation. Le lendemain du jour néfaste, le 29 octobre, il restait dans Metz 15,811 malades et blessés, mais cet effectif augmenta progressivement par suite de l'évacuation sur la place des ambulances extérieures, dépendant jusqu'alors des corps d'armée, jusqu'au 7 novembre où il atteignit son maximum, 19,546. Mais, à chacun de ces deux chiffres, il convient d'ajouter le nombre indéterminé de blessés soignés chez les habitants, qui n'étaient point inscrits pour l'indemnité journalière de 2 francs. Cette addition doit élever, en chiffre rond, le maximum total à 21,500. L'effectif total des blessés et malades entrés à Metz pendant toute la durée de la campagne est évalué à 43,000.

Depuis cette époque, l'effectif subit un décroissement constant, mais fort irrégulier, puisqu'il était subordonné au départ, irrégulier lui-même, des malades rapatriés ou envoyés en Allemagne.

Les évacuations les plus importantes se sont faites :

Le 7 novembre, 1126.	Le 19 novembre, 1166.
8 — 1206.	22 — 1028.
11 — 1701.	24 — 1882.
13 — 2738.	29 — 1164.
16 — 1150.	7 décembre, 1487.
17 — 1030.	

Celle-ci fut la dernière évacuation considérable.

Les officiers traités dans les ambulances ont atteint le chiffre maximum de 424 (le 3 septembre); mais un grand nombre étaient, en outre, traités chez les habitants.

A la même date, le chiffre des sous-officiers, relativement bien moins nombreux chez les habitants, s'élevait à 448, et celui des soldats à 13,414.

On voit que les officiers, presque tous blessés, atteignent la proportion relative la plus élevée.

Jusqu'au 19 octobre, le chiffre des fiévreux est resté constamment inférieur à celui des blessés; à cette date, ils présentent les chiffres respectifs suivants : 7481 — 7515. Le lendemain, la proportion était inverse, 7461 — 7340. La différence a été constamment en progression. Il ne pouvait en être autrement: on n'a plus aucun fait de guerre, et les conditions hygiéniques s'aggravent chaque jour, jusqu'à la capitulation.

Le chiffre des affections spécifiques est allé aussi en augmentant. De 150 à peine, à l'origine du rassemblement, il s'est élevé à 470 le 28 octobre. — Les galeux sont montés de 22 à 79; c'est peu en raison d'une telle masse d'hommes agglomérés.

Pertes de l'armée allemande.

	OFFICIERS.			SOUS-OFFICIERS ET SOLDATS.		
	Tués.	Blessés.	Disparus.	Tués.	Blessés.	Disparus.
Borny, 14 août 1870............	47	142	»	676	3422	529
		189			4627	
			4816			
Gravelotte et Rezonville, 16 août.	175	463	5	2568	9663	2293
		641			14524	
			15165			
Saint-Privat, 18 août...........	205	549	1	2919	12936	1377
		755			19232	
			19987 non compris les divisions saxonnes et wurtembergeoises, qui ont perdu peu de monde.			
Ladonchamps, 31 août, 1er sept..	21	99	1	440	2227	332
		121			2999	
			3120			
— 27 septembre.....	2	6	»	49	189	47
		8			285	
			293			
— 7 octobre........	13	44	5	179	928	429
		60			1536	
			1596			

Pertes officielles totales de l'armée allemande, d'après la Gazette de Cologne du 30 novembre 1871.

	OFFICIERS			HOMMES		
	Tués.	Blessés.	Disparus.	Tués.	Blessés.	Disparus.
Armée prussienne	918	2972	30	14859	71792	5902
Badois	22	152	»	423	2578	265
Hessois	44	65	»	681	1467	»
Bavarois	267	463	»	1939	9538	»
Total	1251	5650	30	17902	85375	6165
Saxons						
Würtembergeois	Petit nombre.					

Effectif des blessés et malades dans les ambulances [1].

	Malades	Dépôt des conva-lescents	Totaux.	MORTALITÉ.			Décès pour 1000 malades
				Morts dans la quinzaine.			
				Officiers	Soldats.	Totaux.	
1er sept.	12415	500	12915	75	773	848	65,7
15 —	12748	794	13542	49	1187	1236	91,2
1er oct..	19910	1240	21150	23	797	820	38,8
15 —	15293	1162	16455	25	773	798	48,5
1er nov.	16615	»	»	10	834	844	50,8
15 —	13024	»	»	9	660	669	51,4
1er déc.	6159	»	»	9	413	422	68,5
15 —	2535	»	»	3	282	285	124,0
1er janv.	1228	»	»	»	213	213	173,0
15 —	597	»	»	»	77	77	129,0
1er fév..	615	»	»	»	44	44	71,5
15 —	460	»	»	»	25	25	54,4
1er mars	406	»	»	»	15	14	32,0
15 —	146	»	»	»	8	8	54,8
1er avril	82	»	»	»	5	5	61,0
15 —	29	»	»	»	3	3	103,4
1er mai.	26	»	»	»	8	8	317,6
15 —	17	»	»	»	1	1	58,9
27 juin..	10	»	»	»	»	»	»
				202	6120	6322	

[1] Indépendamment des malades recueillis chez les habitants. Le recensement de ceux-ci a toujours laissé beaucoup d'incertitude. L'allocation de 2 francs par jour, soldée par l'intendance, a donné pour résultat 5083 ; mais les blessés reçus chez des personnes qui n'ont pas réclamé l'indemnité sont nombreux ; aussi je pense être près de la vérité en admettant un chiffre total de 8000.

Décès militaires par genre de mort pendant et après le blocus.

MALADIES.	Du 15 au 31 AOUT.	SEPTEMBRE.	OCTOBRE.	NOVEMBRE.	DÉCEMBRE.	TOTAUX.	PROPORTION sur 1 000 décès.
Blessures................	425	1552	616	195	85	2851	516
Dysenterie et Diarrhée.....	15	140	166	256	149	726	131
Fièvre typhoïde..........	19	282	510	441	112	1364	247
Variole	6	40	51	58	21	176	32
Fièvre continue..........	1	42	105	20	9	177	32
Pneumonie et Bronchite...	2	13	29	24	13	81	15
Phthisie.................	»	5	6	19	5	35	6
Autres maladies	2	25	39	25	23	114	21
	468	2079	1522	1058	417	5524	1000

En 1871 on a inscrit........................ 5524
144 venant pour la plupart du dehors.
─────
5668

Nota. — Le chiffre des militaires français inhumés au cimetière Chambière s'élève à 7 205.
Cette différence provient sans doute, en majeure partie, de ce que l'on a inhumé au même lieu les militaires décédés dans les communes suburbaines, et aussi les soldats tués dont on n'avait pas les noms.

La mortalite indiquée dans le tableau précédent, pour la même période de 1870, est plus élevée que celle donnée par ce dernier tableau (différence 546). C'est que, dans ces jours de trouble, la mention du genre de mort n'a pas toujours été jointe à la déclaration du décès.

La mortalité comparative, dans chaque ambulance, ne saurait être établie sur aucune base sérieuse, en raison du grand nombre de données qu'il faudrait comprendre dans l'appréciation. Elle a atteint son maximum, presqu'également réparti, dans les grands établissements ; dans les petites ambulances et les maisons particulières, elle a été moindre, parce que les cas ont été généralement moins graves, et que les malades, moins encombrés, y ont trouvé plus de bien-être.

Inhumations et enfouissements. Les fâcheuses conditions dans lesquelles vivait la population de Metz, l'influence miasmatique régnant sur toute la ville par l'accumulation, dans ses murs, d'une quantité considérable de malades et de blessés, avaient notablement augmenté la mortalité ; les hôpitaux et ambulances fournissaient, chaque jour, de nombreux décès ; les combats meurtriers livrés autour de la place avaient laissé sur le terrain un grand nombre de morts ; enfin, des cadavres de chevaux encombraient les camps et la ville.

Le service des inhumations et des enfouissements fut une des sérieuses préoccupations des autorités militaire et municipale.

Après quelques études de terrain on choisit, pour l'inhumation des morts des ambulances, un espace triangulaire situé à l'extrémité du cimetière Chambière. On y creusa d'abord une fosse de 50 mètres de longueur, sur 5 mètres de profondeur et 2 mètres de largeur au fond, avec des parois latérales légèrement inclinées. Plus tard, on y creusa deux fosses semblables, parallèles à la première. Douze à quinze rangs de corps étaient superposés dans cette fosse commune, de sorte que, sur une longueur de 2 mètres, on plaçait de 90 à 100 cadavres, formant une hauteur de 2^m,80 à 3 mètres. — La profondeur étant de 5 mètres, il restait au moins 2 mètres de terre au-dessus du dernier corps. Mais après peu de temps un tassement prévu s'était opéré. On le combla en mêlant à la terre une grande quantité de chaux en poudre, et l'on éleva même le sol de 70 centimètres au-dessus de son niveau, par une sorte de tertre qui fut gazonné. Par ce procédé, aucune émanation ne s'échappa de ces fosses immenses, même pendant les plus grandes chaleurs. C'est sur ce tertre qu'un monument commémoratif a été élevé par la piété et le patriotisme des habitants de Metz.

« Entre tous les tristes tableaux que la guerre a fait passer sous nos yeux, dit M. Demoget[1], il en est un plus horrible encore que tous les autres, c'est celui de la fosse commune; ce trou où venaient s'amonceler, dans une espèce de symétrie, ces masses de corps mutilés, hier encore pleins de vie, de jeunesse et de santé.

» Dans les premiers jours qui suivirent les grandes batailles livrées sous les murs de Metz, la mortalité, dans les soixante-cinq ambulances que renfermait alors la ville, fut fort grande ; elle variait entre 80 et

---

[1] *Étude sur la construction des ambulances temporaires*, 1871, in-8°.

100 soldats par jour [1], et on se trouva, par suite de l'encombrement, dans la dure nécessité d'envoyer en terre tous ces pauvres gens sans suaires ; alors c'était un de ces spectales que l'on ne saurait oublier, et qui laissent dans l'âme une impression forte et terrible, dont rien ne peut effacer la trace. Ces pauvres corps, couverts de blessures affreuses, conservaient sur le visage la trace de la dernière pensée que la mort était venue suspendre. Chez la plupart l'expression était calme ou triste, mais chez d'autres elle était menaçante ou souriante, de ce sourire étrange de la mort, accompagné de ce regard vide plus étrange encore [2]. »

Les soldats prussiens étaient inhumés avec les Français, dans la fosse commune ; mais un ordre ultérieur du maréchal commandant en chef prescrivit la séparation.

On évalue à 8 400 le chiffre des inhumations faites dans ce cimetière depuis le 15 août 1870 jusqu'au 1er avril 1871. Ce total comprend 1197 soldats allemands 7 203 militaires français. Ce dernier chiffre est supérieur à celui de la mortalité réelle des ambulances ; mais il faut tenir compte des décès à domicile et dans les ambulances privées. Il est certain aussi que des morts ont été apportés directement des champs de bataille voisins, notamment

---

[1] La mortalité journalière n'a atteint ou dépassé le chiffre 100 que deux fois. (Le 2 septembre, 103 soldats, 2 officiers, et le 11 du même mois, 104 soldats, 5 officiers.) Elle a atteint ou dépassé 80 une fois en août, sept fois en septembre.

[2] M. Armand, médecin-major de première classe, a publié dans le *Recueil de mémoires de médecine militaire* (t. III, 3e sér. 1860), un article remarquable sur l'attitude des morts sur les champs de bataille.

de Ladonchamps et de quelques communes suburbaines.

Pour la population civile, les inhumations se firent dans les conditions habituelles, malgré le surcroît notable de mortalité.

Les pertes s'élevèrent aux chiffres suivants, pendant les cinq derniers mois de l'année 1870 :

	Hommes.	Femmes.	Totaux.
Août........	127	91	218
Septembre...	177	199	376
Octobre.....	294	333	627
Novembre...	277	324	601
Décembre ...	189	246	435
	1064	1193	2257

L'accroissement de mortalité a donc été remarquable du premier au troisième mois ; elle a diminué, mais d'une manière moins sensible, dans les deux derniers. Les misères et les privations du siége rendent raison de cette marche, mais il faut compter aussi que les plus faibles, les plus disposés à mourir ayant été d'abord enlevés, la mortalité se trouvait en quelque sorte arrêtée dans sa source.

Les indigents figurent dans ces chiffres pour une proportion bien supérieure à leur nombre relatif. Comptant pour un cinquième dans la population totale, ils sont pour plus d'un quart dans la léthalité.

Les inhumations des officiers morts sur les champs de bataille ont été, autant que possible, faites dans les cimetières des villages voisins, où ils ont pu échapper à un oubli complet. Les soldats de l'une et de l'autre armée ont été généralement inhumés sur place, soit isolément, soit par groupes; certaines fosses communes en renferment jusqu'à trois et quatre cents. Ces inhumations avaient été d'abord, pour la plupart, faites à la hâte, trop près de la surface du sol. Ça et là le cadavre même, à peine recouvert, laissait paraître ou soupçonner la forme du corps et des membres. Les populations s'émurent d'une telle situation qui les menaçait, au retour des chaleurs, de graves épidémies.

L'autorité allemande s'en émut aussi, et M. d'Arrest, médecin en chef de la garnison de Metz, reçut l'ordre d'étudier avec soin cette grave question, d'appliquer ou provoquer toutes les mesures réclamées par l'hygiène. Il comprit toute l'importance de sa mission et l'accomplit avec un zèle digne d'éloges. Des fosses plus profondes furent creusées partout où c'était nécessaire, en faisant usage des désinfectants les plus énergiques; des tertres semés de gazon furent élevés sur chaque fosse, isolée ou commune. Grâce à ces précautions on a pu, cet été, parcourir impunément les champs de bataille sans y ressentir aucune odeur caractéristique, et il s'est si peu manifesté d'épidémies que, dans les villages voisins des engagements, les chiffres de mortalité n'accusèrent, cette année, aucune augmentation sur les chiffres des années précédentes. M. d'Arrest a rédigé à ce sujet un mémoire étendu, qui sera sans doute publié par les soins du gouvernement prussien.

Aujourd'hui, les environs de Borny, Gravelotte, Rezonville, Saint-Privat sont couverts au loin de tertres funéraires surmontés de croix blanches donnant au paysage un aspect profondément triste. Dans cette foule inconnue, reposant sous ces gazons verdoyants et fleuris, que de héros ! que d'espérances ravies ! que d'hommes appelés à soutenir leurs vieux parents, à protéger leurs jeunes sœurs, à fournir des citoyens utiles au pays, des grands hommes peut-être ! Ces gazons ne représentent que le deuil pour une grande partie de l'Europe. Ils recouvrent les victimes d'une cause dont peu se souciaient et sans qu'il eût régné entre ces victimes et leurs meurtriers le plus léger motif d'animosité personnelle [1].

Le 21 septembre, je recevais la lettre suivante de M. le Maréchal commandant en chef :

« La question de l'enfouissement des chevaux, dont la mortalité commence à être considérable, me préoccupe vivement. Nous avons cherché les moyens de nous débarrasser le mieux possible de ce foyer d'infection qui ne peut qu'ajouter des germes de maladie à ceux que crée déjà la situation de la place de Metz. On a parlé de l'incinération des cadavres de chevaux dans des fours à chaux, mais cette opération n'a pas paru praticable. On a parlé de jeter à la Moselle les cadavres de ces animaux, mais la crainte d'empoisonner Thionville nous a arrêtés.

» J'ai décidé, en attendant mieux, que les cadavres des chevaux seraient enfouis dans de grandes fosses de 4 mètres de profondeur, dans lesquelles on jetterait de la chaux vive. Mais ces fosses ne peuvent être creusées qu'en dehors de nos lignes, sur nos fronts de bandière. J'ai pensé que pour éviter une

---

[1] M. Mussot, ex-dessinateur à l'École d'application, a fait le relevé graphique des champs de bataille voisins de Metz, avec l'indication de tous les *tumulus* et tombeaux particuliers qui circonscrivent l'emplacement et l'étendue de chacun d'eux. Que de familles consulteront ce document avec un douloureux intérêt !

contagion imminente, il était nécessaire de ne creuser ces fosses que sur des points déterminés à l'avance.

» Je viens donc, mon cher docteur, vous demander de me renseigner sur la direction des vents qui règnent le plus généralement dans les régions occupées par nos troupes et dans la saison actuelle.

» Vous devez être très au courant de cette question qui intéresse trop la santé publique et l'hygiène de l'armée pour que je ne prenne pas votre avis et votre conseil.

» Il est évident qu'en mettant nos lignes à l'abri des miasmes qu'exhaleront ces immenses débris de chevaux enfouis, nous créerons en même temps à l'ennemi une situation mauvaise dont nous devons profiter. »

Le tableau ci-joint indique suffisamment le sens de la réponse que je m'empressai de faire :

	VENTS		Différence.	VENTS		Différence.
	Septentrionaux.	Méridionaux.		d'Est.	d'Ouest.	
Hiver....	106	134	28	90	155	65
Printemps	86	144	58	92	146	54
Été......	93	151	58	82	169	87
Automne.	87	155	68	85	149	64
Année....	372	564	192	349	619	
	Les vents est et ouest sont négligés.			Les vents nord et sud sont négligés.		

Les vents dominants soufflent en toute saison du sud-ouest ; c'est vers le front de bandière nord-est que furent creusées les fosses d'enfouissement. Elles ont été, de la part de l'administration prussienne, l'objet des mêmes soins hygiéniques que les tombelles et tumulus des champs de bataille.

APPROVISIONNEMENTS

PHARMACEUTIQUES ET CHIRURGICAUX.

VIII.

Les médicaments les plus essentiels firent défaut peu de temps après l'ouverture du blocus. On était même sur le point de manquer de chloroforme; l'hôpital militaire était épuisé; les pharmacies civiles étaient sur le point de l'être. Heureusement, l'armée d'investissement autorisa l'entrée dans la place de ce précieux agent, qui put, grâce aux étrangers, satisfaire à tous nos besoins.

Le pharmacien en chef de l'hôpital militaire, M. Leprieur, avait adressé, avant qu'on prévît la guerre, sa demande annuelle de médicaments à la pharmacie centrale, et cette demande était faite avec ampleur. On crut quelque temps que le blocus n'avait pas permis l'arrivée de cet approvisionnement; mais un jour on trouva à la gare, parmi les marchandises amoncelées, le wagon qui le contenait. Ce fut une heureuse découverte, quoiqu'elle fût encore insuffisante pour nous mener jusqu'à l'issue de la situation.

Cependant, au milieu de cette pénurie croissant chaque jour et qui amenait quelques médecins à déclarer leur service impossible, un certain nombre de fourgons de pharmacie restaient à l'armée *intacts*, et, plus tard, étaient ramenés en France *intacts*. Ignorait-on leur existence? A qui la faute, à qui la responsabilité? De par les règlements, cette responsabilité incombe à l'intendance seule. Mais, dans le cas actuel, il serait peu difficile, je crois, de l'exonérer, du moins pour une grande part. Toujours l'absence d'une direction unique, effective.

Au début de la guerre, un brasseur de la ville (M. Sée) avait offert de livrer, dans des conditions avantageuses, de grandes quantités de *malt*, pour le service des hôpitaux et ambulances. On sait que le malt est de l'orge incomplétement germée, la germination ayant été arrêtée dès que le développement de la diastase est arrivé à son maximum ; c'est à lui surtout que sont dues les propriétés nutritives et toniques de la bière. Cette substance, employée en tisane, nous aurait donc rendu des services, mais, malgré l'avis favorable émis par M. le sous-intendant et par moi, le malt ne figurant pas dans la nomenclature du formulaire des hôpitaux militaires, il ne put être donné suite à cette demande.

Les transports étaient tellement difficiles après la capitulation, que cette situation précaire dura quelque temps encore. Les Allemands devaient fournir les médicaments à nos ambulances, puisque nous avions cessé d'être en relations avec la France, incapable d'ailleurs de venir à notre aide. Mais pour eux aussi, les embarras étaient grands. Le 23 novembre, j'écrivais à ce sujet la lettre suivante à M. le médecin en chef prussien :

« Le service pharmaceutique est en souffrance; les médicaments les plus indispensables manquent dans toutes les ambulances et, sans la générosité de certaines sociétés internationales, ils manqueraient depuis longtemps déjà. La liste de nos besoins vous a été remise dans les commencements de ce mois, et j'appelle de nouveau votre attention sur cet objet, digne de toute votre sollicitude. »

Le même jour je recevais une réponse que je faisais, en ces termes, connaître à M. Jeannel, pharmacien en chef de nos ambulances :

« MM. les pharmaciens militaires sont autorisés à se pourvoir, par la voie du commerce, de tous les médicaments qui leur sont utiles. Le remboursement en sera fait aux fournisseurs par l'intendance prussienne. Beaucoup de médicaments portés sur la liste remise à M. d'Arrest sont inconnus ou inusités en Prusse, où le formulaire militaire diffère beaucoup du nôtre. »

Mais cette ressource fut presqu'illusoire, et notre position ne s'améliora que lorsque les transports furent devenus plus faciles. L'administration prussienne fournit alors amplement à toutes nos nécessités.

Les désinfectants, dont on avait un si grand besoin et dont on usait si largement partout, notamment l'acide phénique, les chlorures et le sulfate de fer, ne nous manquèrent pas, heureusement. Le service du génie put nous procurer de grandes quantités de coaltar, et la Société britannique de secours mit en abondance à notre disposition une substance connue en Angleterre sous le nom de *mudie's town agricul-*

tural and marine desinfectant, dont nous ignorons la composition, mais dont l'action paraît fort énergique pour la désinfection des matières organiques. Le camphre (poudre, solution alcoolique) fut souvent employé dans les pansements, avec des résultats douteux.

M. Jeannel a fait, dans la salle des manœuvres de l'École d'application, une conférence fort appréciée par son nombreux auditoire, sur les désinfectants, leur mode d'action et leur emploi. Les médecins et les personnes consacrées, par esprit de bienfaisance, aux soins des blessés, ont pu puiser, près de l'éloquent conférencier, d'utiles et pratiques enseignements [1].

---

[1] M. Jeannel s'est acquis des droits particuliers à la reconnaissance de la population, en organisant, à Metz, une poste aéronautique. Bien que ce genre de service soit étranger à l'objet de mes recherches, je ne puis résister au désir de reproduire un extrait du rapport adressé par cet officier de santé au ministre de la guerre, le 4 janvier 1871 :

Monsieur le Ministre,

« Le 2 septembre j'ai obtenu de M. le général Jarras, chef d'état-major général, l'autorisation de construire et de lancer un nombre illimité de petits aérostats destinés à emporter des correspondances. Après différents essais infructueux j'ai réussi à fabriquer, au moyen de papier à calquer (dit papier végétal), des ballons de 500 litres de capacité environ. Le papier était soigneusement enduit sur les deux faces d'un vernis de collodion riciné.

Le poids de chaque lettre ayant été réduit à 1 décigramme environ, j'ai envoyé, du 5 au 15 septembre, quatorze petits aérostats qui ont emporté en tout trois mille dépêches; lorsque le temps était favorable, j'en lançais jusqu'à trois par jour.

Chaque paquet, enveloppé de papier collodionné, portait l'avis suivant : *La personne qui trouvera le présent paquet est instamment priée de mettre à la poste les dépêches qu'il contient.*

Le prix de revient de chaque petit aérostat n'était que de 12 à

Les instruments de chirurgie n'ont pas fait entièrement défaut, mais il eût été bien désirable qu'on pût donner à chaque grande ambulance deux boîtes à amputation et une à chaque établissement de moindre importance. Beaucoup d'opérations, remises au lendemain et même au surlendemain, eussent pu être faites en temps opportun et sauver la vie à plus d'un blessé. Mais la plupart des grandes ambulances n'en avait qu'une; les moyennes et petites en manquaient. Il fallait, de la sorte, ou transporter d'un établissement à un autre les blessés à opérer, ou se transporter près d'eux avec l'appareil instrumental. Dans le premier cas, dérangement fâcheux pour le patient; dans le second, perte de temps fort préjudiciable pendant les jours qui suivaient une bataille.

Cependant, l'arsenal chirurgical de l'hôpital militaire avait été vidé [1]; les ressources, bien bornées,

---

14 francs. La somme totale des dépenses, en comprenant les frais d'expériences préliminaires, ne s'est élevée qu'à 550 francs.

Le génie militaire s'étant occupé d'organiser en grand, à partir du 16 septembre, un service de poste aéronautique, celui que j'avais organisé, avec des moyens fort restreints, est devenu inutile. D'ailleurs, la provision de papier végétal que j'avais pu faire chez les papetiers de Metz était épuisée et il m'aurait fallu inventer, sur de nouveaux frais, de nouveaux moyens de contention pour l'hydrogène.

J'ai été aidé, dans toute cette opération, par M. Vidau, pharmacien aide-major, et par M. le capitaine de l'ex-garde impériale Marchant, qui m'a prêté le plus utile concours. Enfin, je dois à la justice de dire que l'idée de ce mode de correspondance m'a été suggéré, dans une conversation familière, par M. Papillon, médecin aide-major de première classe.

D'après des renseignements certains, sept de mes petits aérostats au moins, sur le nombre total de quatorze, ont porté à destination les lettres dont ils étaient chargés. »

[1] Une ambulance de l'armée avait fait la demande d'une boîte n° 16

du commerce avaient été mises en réquisition ; enfin, on avait usé des boîtes des caissons et disposé d'un certain nombre de trousses régimentaires.

La Compagnie des chemins de fer de l'Est avait offert une trentaine de boîtes de secours ; mais elles ne renfermaient pas de couteaux à amputation et ne nous rendirent que de faibles services.

Le linge n'a jamais manqué, grâce au travail incessant des femmes ; mais on a éprouvé, pour le lavage, des difficultés insurmontables. Le linge lavé, draps, chemises, etc., restait d'une malpropreté écœurante ; il fallait, cependant, le distribuer aux malades.

La charpie, sans faire absolument défaut, a cependant demandé quelqu'économie dans son emploi.

La note suivante m'a été, à ce sujet, communiquée par M. le médecin-major Vézien ; elle est susceptible d'utiles applications :

« On peut économiser une très-grande quantité de charpie en appliquant simplement, comme le font les Anglais, une *éponge* sur certaines plaies qui donnent une suppuration très-abondante. Il suffit d'enlever assez fréquemment l'éponge, de la laver, de la presser et de la remettre en place. Ce mode de pansement a été employé avec succès à l'École d'artillerie, particulièrement pour des plaies de poitrine

---

de la nomenclature et d'une boîte à résection. M. l'intendant en chef répondit qu'il ne pouvait songer à pourvoir chaque ambulance d'instruments de chirurgie autres que ceux des caissons, mais que MM. les médecins pourraient s'entendre avec ceux de l'hôpital de Metz pour des *prêts* d'instruments, en vue des opérations, et que toutes facilités seraient accordées à cet égard.

Toujours l'incompétence administrative dans les questions techniques. Ces prêts de l'hôpital étaient simplement impossibles.

et du genou qui donnaient une quantité énorme de suppuration. Non-seulement il économise la charpie, mais encore le linge, et, ce qui est souvent précieux, le temps du chirurgien ».

On peut aussi remplacer la charpie par l'*étoupe,* pas au contact des plaies, mais pour *matelasser* les grands pansements qui consomment d'énormes quantités de charpie. Ce mode de pansement avait été employé avec avantage à l'armée d'Orient; il l'a été dans quelques ambulances, à Metz.

SECOURS DUS AUX ASSOCIATIONS INTERNATIONALES.

IX.

Association luxembourgeoise. Dans les derniers jours du blocus, les magasins publics étaient vides, on le sait, et transformés en ambulances. On craignait, avec quelque raison, que la capitulation, trop tardive, ne nous permît pas d'attendre l'arrivée des premiers secours que le vainqueur nous devait. Mais à peine les communications étaient-elles rétablies avec l'extérieur, qu'on vit arriver un immense chariot sous la conduite d'un prêtre luxembourgeois, qui nous apportait des secours dont les ambulances devaient surtout profiter. Arrivé dans la soirée, après la fermeture des portes, ce digne ecclésiastique coucha au poste extérieur, afin de pouvoir pénétrer en ville dès leur ouverture. D'autres envois suivirent, mais j'ai le regret de n'avoir aucun renseignement sur la manière dont ces envois se sont organisés et effectués [1].

---

[1] J'avais écris au consul de France à Luxembourg pour obtenir de lui les renseignements que je désirais. Je n'en ai reçu aucune

Association belge. La Belgique nous fit de fréquents envois. Le 2 novembre, M. L. Geelhand, l'un des vice-présidents de l'Association, venu de Bruxelles, accompagné d'une dame dont je regrette d'ignorer le nom, se rendait avec moi à la gare pour reconnaître et faire décharger un wagon arrivé depuis deux jours et égaré au milieu de la multitude de wagons encombrant la voie. Le 20 du même mois, cet honorable philanthrope m'écrivait pour m'annoncer de nouveaux colis, expédiés à mon adresse du dépôt central du jardin botanique de Bruxelles. C'était toujours une grosse et laborieuse affaire que de retrouver les colis et d'obtenir leur délivrance au milieu de ces marchandises affluant de toutes parts et s'élevant en monceaux sur les quais.

Cette Association avait envoyé à Metz un de ses membres pour la représenter, et le nom de M. Van Hinsbergh est destiné à laisser, parmi nous, de longs et sympathiques souvenirs. C'est lui qui, depuis son arrivée, reçut, conserva et distribua les envois; mais la Belgique ayant ouvert elle-même une ambulance, ses dons furent désormais exclusivement réservés à celle-ci.

Les membres du Comité de Liége n'ont pas voulu laisser à la métropole tout le mérite des bonnes œuvres. Ils nous ont fait aussi de nombreux envois, sous la direction active de MM. Heuschling et Thuillier. Leurs secours se sont portés, de préférence, sur les habitants nécessiteux des villages ruinés par la guerre et sur les blessés se rendant en captivité.

---

réponse, ce qui me fait supposer que ce poste est vacant ou que ma lettre n'est pas parvenue.

Association néerlandaise. Les Pays-Bas ont largement aussi payé leur tribut de bienfaisance, en mettant à la disposition de nos ambulances un magasin bien pourvu. La Société ayant elle-même, sous la direction de son commissaire, l'excellent colonel Mascheck, ouvert deux ambulances à ses frais, les secours qu'elle apportait leur furent naturellement réservés.

Association britannique. L'opulente Angleterre ne se fit pas non plus longtemps attendre. C'est par millions qu'elle jeta ses bienfaits sur notre place. Tout ce que la sollicitude la plus tendre et la plus éclairée avait pu prévoir était réalisé, le nécessaire, l'utile, et même le superflu. Sous l'habile direction de son représentant, M. le capitaine Backenbury [1], (de l'artillerie royale), de vastes magasins s'emplissaient de produits incessamment renouvelés, vêtements, objets de couchage, vivres et boissons de qualités irréprochables. M. Ramsay-Bushnan [2], agent de l'association, dont malades et médecins ont eu tant à se louer, semblait se multiplier pour faire face à tout. Mais il reconnut bientôt qu'il fallait mettre un frein au gaspillage, qui menaçait de prendre de vastes proportions; chacun, dans les ambulances, se croyait en droit de lui présenter des bons à acquitter, en faveur de certaines salles, de tels ou tels malades privilégiés. Il n'accepta plus que des bons signés par moi; je ne les visais moi-même que sur la signature du médecin en chef de l'établissement. En même

---

[1] Cet officier fut, plus tard, remplacé par M. Thyler dont nous n'avons pas conservé un moins bon souvenir.

[2] Secondé par M. Hamilton, sujet britannique habitant Metz en qualité de professeur de langue anglaise.

temps il supprimait, autant que possible, les intermédiaires entre le médecin et le malade, pour la répartition des dons de la Société; ces dons étaient directement déposés dans le cabinet du médecin en chef (qui en était souvent encombré), non par défiance des comptables, ils étaient assurément à l'abri de tout soupçon, mais pour éviter une filière dans le trajet de laquelle bien des choses pouvaient s'égarer, en passant, par l'intermédiaire d'infirmiers, du comptable au médecin, de celui-ci aux malades.

M. Lelorrain, de l'Association belge, m'adressait de Sarrebruck, le 3 novembre, M. Anderson, de la Société anglaise, qui arrivait à Metz avec des vivres, que nous fîmes ensemble distribuer à diverses ambulances.

Une dame anglaise, habitant momentanément Manheim, n'appartenant, je crois, à aucune Société internationale, et dont j'ai le vif regret d'avoir oublié le nom, vint aussi mettre à ma disposition plusieurs caisses de vivres, couvertures et objets de vêtements pour nos blessés. Si ce livre tombe sous ses yeux, qu'elle sache, du moins, que si j'ai perdu la mémoire de son nom, je n'ai pas oublié ses bienfaits, et surtout la noble expression de ses sentiments élevés et sympathiques.

Deux dames anglo-américaines, bien connues dans le monde philanthropique, miss Sarah Burton et miss Cockburn Campbell, vinrent, peu de jours après notre désastre, nous annoncer le départ, des Etats-Unis, de navires frétés par une compagnie pour apporter des secours destinés surtout à la classe indigente des campagnes. Je ne cite en quelque sorte ces dames que pour mémoire, leur œuvre, évidemment bien méritoire et d'une haute bienfaisance, ne s'adressant qu'incidemment aux blessés.

Association allemande dite des Johannites ou chevaliers de Saint-Jean de Jérusalem. Les Allemands eux-mêmes ont fait, à notre égard, acte de bienfaisance internationale, et les représentants à Metz de l'ordre des chevaliers de Saint-Jean, M. le baron d'Ompteda ainsi que M. le comte de Beust, son secrétaire, méritent, de notre part, une mention de bon souvenir. Leur cœur a su s'élever au-dessus des graves dissentiments qui divisaient les deux nations voisines; nous ne leur en devons que plus de reconnaissance.

La Société britannique s'était installée à Metz avant celle des Johannites, et l'on avait pris l'habitude d'y recourir sans autre motif de préférence. Un jour, le jeune et bienveillant comte de Beust s'en plaignit fort obligeamment à moi, exprimant la crainte qu'on ne s'adressât pas à sa Société par sentiment national, par éloignement pour le nom Prussien. Je le rassurai, en lui faisant entendre que si la guerre divise les hommes, la bienfaisance les rapproche. J'eus soin, dès lors, de diriger vers les Johannites un certain nombre de bons apportés à mon visa pour la Société britannique. Voici pourtant ce qui arriva un jour. La distribution de la viande pour le dîner des malades n'avait pas été faite par l'administration prussienne à l'ambulance de Coislin. J'en ignore le motif. L'heure du repas approchait et les pauvres malades étaient en grand danger de se passer de bouillon et de viande. On court en toute hâte chez les Johannites, leur demander de réparer l'omission de leurs compatriotes; mais ils s'excusent et répondent que si les ressources dont ils disposent leur permettent d'assurer un complément ou une amélioration de régime, ils ne sont point en mesure de fournir la subsistance à 1200 malades. On s'adresse ensuite à la Société britannique, et deux heures après les malades avaient leur repas accoutumé. Le mérite de la bonne volonté était égal de part et d'autre, mais les moyens d'action ne l'étaient pas.

Association française. Le comité central de cette société siégeant à Paris, ne put nous venir en aide à cause du blocus de Metz, d'abord, et ensuite à cause de l'investissement de la capitale. Mais sa délégation, à Bruxelles, nous fit un envoi considérable d'objets variés, aliments, médicaments, vêtements, literie, qui fut confié à l'administration et aux magasins de la Société britannique.

La 7e ambulance volontaire, dirigée par M. le docteur Desprès, venue de Thionville à Metz après la capitulation, n'y fonctionna point et partit immédiatement pour la Suisse. Cependant, elle distribua à l'ambulance du Polygone tout ce qu'elle avait de bouillon conservé, du riz, du café, du laudanum, du sulfate de quinine, de la farine de graine de lin, des couvertures, et 20 kilos de sel [1].

---

[1] Le comité central avait organisé dans les départements des comités auxiliaires. Voici, pour le département de la Moselle, l'indication de ces comités et les noms de leurs présidents :

Metz	MM. de Perceval.
Thionville	— Gustave Gand.
Rumelange.....................	— Lamotte.
Sarreguemines	....
— (Comité de dames)..	Mme veuve Schmidt.
Rohrbach......................	M. Caron.
Forbach	Le Maire.

Délégué du comité central pour le département de la Moselle (et autres du N. E.), M. Monnier.

Secours particuliers. M. Justin Worms, banquier à Metz, me fit connaître, le 29 septembre, qu'un membre de sa famille, M. . . . . Worms, de Paris, avait mis à sa disposition une somme importante « pour soulager quelques-unes des misères dont nous sommes entourés ». Désirant appliquer un millier de francs aux malades, il me demandait l'emploi le plus utile à faire de cette somme. — Elle fut affectée à des secours en espèces aux convalescents partant pour l'Allemagne comme prisonniers de guerre.

BIENFAISANCE DE LA POPULATION.

X.

De nombreuses offrandes étaient annoncées à Metz de divers points de la France : dons en nature, comprenant tout ce qui peut être utile aux ambulances, vivres et conserves, vins généreux, sucre, confitures, objets de pansement ; nous savions aussi que nos voisins du Luxembourg s'apprêtaient à nous apporter leur généreux concours. Mais l'investissement de la place ne permit point à ces précieuses ressources d'arriver à temps jusqu'à nous. L'intendance, prise au dépourvu, et il n'en pouvait être autrement, n'avait que ses approvisionnements normaux, suffisant tout au plus à satisfaire aux nécessités de la première heure. La ville n'avait donc à compter que sur elle, mais la municipalité savait qu'elle pouvait, sans crainte, s'adresser à une cité qui tiendrait à justifier, une fois encore, son surnom de *Metz la charitable*. Une souscription fut ouverte par ses soins, un comité s'organisa pour recevoir les fonds et rendre compte de leur emploi. En peu de jours, il lui fut versé la somme de 87899 fr. 65 c., représentant l'offrande du riche et le sou du pauvre, le superflu et les privations imposées à la famille.

Un comité de dames se formait en même temps, pour recevoir et administrer les dons en nature, qui, arrivant de toutes parts, nécessitèrent bientôt l'ouverture de magasins spéciaux, placés sous la surveillance et la gestion des femmes ; toutes, à quelque niveau social qu'elles appartinssent, s'acquittèrent de cette tâche avec un entrain et un dévouement admirables. Le commerçant offrait des produits de son négoce ; substances alimentaires, vins, linge ; les ménages ouvraient et dépouillaient leurs armoires et plus d'un se priva de réserves qui lui eussent été bien utiles dans les rigueurs du blocus; l'humble ouvrière puisait dans sa modeste garde-robe, sans songer aux atteintes du prochain hiver. Ces dons devinrent, en peu de jours, tellement abondants que les ateliers organisés dans ce but arrivaient à peine à mettre en œuvre le linge qui leur était apporté pour la confection des bandes, compresses, charpie, suivant les indications du médecin. Les magasins de la bienfaisance regorgeaient, il semblait qu'on eût apporté en tout une folle prodigalité, et cependant ils furent encore insuffisants pour les immenses besoins à satisfaire et qui dépassèrent de si loin les prévisions.

Ces ateliers fonctionnaient d'un travail incessant, sans trêve ni repos, parce que le temps pressait, les événements marchaient, les blessés affluaient. Aussi, les magasins à peine emplis étaient-ils vides, pour s'emplir de nouveau et se vider encore [1] ; mais

---

[1] L'empressement et le zèle des dames ouvrières furent si grands,

un jour ils se vidèrent pour ne plus se remplir, et la charité patriotique étant épuisée, Metz n'eut plus de soutien que dans la charité étrangère, qui ne lui fit pas défaut, nous l'avons vu, dès le rétablissement des communications.

Tandis que des femmes, oubliant le soin de leur intérieur, consacraient leurs journées à l'œuvre des magasins et des ateliers, d'autres, organisées en comités dans chacune des cinq sections, sous la direction d'une présidente nommée par elles, parcouraient la ville en quête de secours, qu'elles répartissaient, avec une touchante sollicitude, entre les nécessiteux des ambulances.

De nombreuses distributrices portaient ainsi aux blessés le bien-être sous toutes les formes : objets de couchage, amélioration de régime, tabac, moyens de distraction, non moins précieux aux convalescents, tels que livres moraux et amusants, cartes à jouer,

qu'il sortit, en moins de six semaines, de l'ouvroir-magasin de l'hôtel de ville, 70 000 compresses, 20 000 bandes, etc. L'ambulance du Polygone, qui, dans le principe, devait seule exister, reçut, bien avant qu'aucun blessé y fût transporté, c'est-à-dire avant le 14 août, 1 666 chemises, 50 775 compresses, 12 821 bandes, 1 018 serviettes, 1 517 bandages de corps, 1 212 mouchoirs, 501 draps, 567 coussins pour les amputés, 1 000 taies d'oreiller et 12 grandes caisses de charpie. Tous ces objets, confectionnés par les dames des sections, sous la surveillance des cinq dames présidentes, étaient envoyés à l'ouvroir de l'hôtel de ville, sous la responsabilité d'une dame garde-magasin, qui en faisait tenir un compte exact par ses deux aides, qui procédaient aussi à l'emballage de caisses assorties de bandes, compresses, charpie, chemises, mouchoirs, etc. Ces caisses étaient immédiatement expédiées, suivant les besoins, dans les différentes ambulances. C'est à l'initiative de ces dames qu'on dut l'organisation des lingeries particulières des ambulances de la caserne du génie, de Coislin, du Fort-Moselle et du Saulcy, etc. (Note communiquée par Mlle Polonus.)

jeux de dames, de lotos ¹, etc. Tous les magasins de la ville furent, dans ce but, fouillés et dévalisés.

Une œuvre dont l'utilité fut appréciée par un grand nombre de blessés avant et après l'investissement, était celle des *secrétaires :* des femmes, surtout des jeunes filles, quelques jeunes gens, couraient les ambulances, munis de papier, de plumes et d'encre, et recevaient les confidences de ces malheureux pour leurs familles inquiètes d'un long silence. Souvent l'expression élégante du secrétaire ne faisait que rendre une pensée confusément exprimée, et la pauvre mère, tremblante d'émotion à la réception de cette lettre, s'étonnait que son *garçon* eût acquis tant d'esprit au régiment... — Que de fois, hélas,

---

¹ Qui n'a vu les soldats réunis autour du loto ne saurait comprendre tout le charme qu'ils trouvent à ce jeu, qui trône sans rival dans les hôpitaux militaires. Par un beau soleil d'été vous manquerez rarement de voir, dans l'angle ombragé de la cour, un cercle attentif à la parole vibrante d'une sorte d'*impresario,* vieux soldat souvent affublé d'un sobriquet malsonnant : c'est le loto, son banquier, ses joueurs, sa galerie. A chaque numéro répond une qualification que n'avouerait pas toujours l'Académie française et dont une mère permettrait rarement l'audition à sa fille. De ces appellations, les unes sont traditionnellement connues, et nul n'oserait y toucher; d'autres sont dues à l'imagination fertile et vagabonde du crieur; mais rien n'est plus étrange que le contraste entre ces expressions burlesques et l'attention digne et calme du banquier et de l'auditoire. *Thérèse ma sœur* (15), *les deux bossus* (55), *bout-ci bout-là* (69), excitent sans doute l'admiration, mais ne provoquent pas, parmi les joueurs, l'ombre d'un sourire. Ils restent graves et austères, car la situation est poignante d'émotions, le jeu est intéressé. La galerie seule, subjuguée par tant de verve, rit et applaudit. — On me pardonnera, j'espère, d'avoir un instant quitté le ton sérieux pour soulever ce petit coin des mœurs militaires ; mais le loto est vraiment un auxiliaire du médecin ; en occupant agréablement de longues et misérables journées, il est le souverain préservatif de la nostalgie d'hôpital.

ces tristes missives furent-elles les dernières nouvelles d'un être bien-aimé !

Et cette œuvre, organisée par un petit nombre de femmes après la capitulation, que j'appellerai *Œuvre des prisonniers,* je ne saurais la passer sous silence, quoiqu'elle ne touche qu'indirectement au service des ambulances. Quelques personnes, que chacun a remarquées ; assistaient religieusement à chaque départ de convois de prisonniers de guerre, leur apportant du pain, du vin, un peu d'argent, des vêtements, des couvertures, tout, en un mot, ce qu'elles pouvaient obtenir de la bienfaisance publique ou des sociétés internationales de secours.

Mais là ne s'arrêtait point le dévouement des femmes. La force et l'énergie jointes, chez ce sexe, à une exquise sensibilité, n'ont jamais paru avec plus d'éclat qu'en ces terribles circonstances. Chez les femmes, le cœur a opéré des miracles et transformé, en quelque sorte, leur nature. Des mains, habituées à chiffonner le velours et la soie, ne craignaient pas le contact des plaies les plus hideuses, les plus repoussantes ; la délicatesse de l'odorat se révoltait à peine des fétides et malsaines odeurs de la suppuration et de la gangrène. Émues, désolées par les cris ou les déchirantes expressions de la douleur, elles ne cédaient point à cette trop légitime émotion, et savaient la dompter pour se livrer tout entières à leur œuvre sublime de sœurs de charité. Telle femme qui, dans sa vie privée, ne saurait, sans défaillance, assister à la mort du plus humble animal, vivait, avec un calme apparent, au milieu des plus atroces scènes de douleur.

La grande dame, l'ouvrière, la femme âgée, la jeune fille se coudoyaient dans cette œuvre de haute bienfaisance, et le sourire de l'une apprenait à l'autre qu'elles étaient égales dans la tâche qu'elles se partageaient.

Au premier bruit d'un engagement, au premier grondement d'un canon lointain; alors qu'on pressentait, à bon droit, l'insuffisance immédiate des secours officiels et avant l'arrivée des premiers blessés, les anges gardiens étaient à leur poste, apportant bouillon, vins généreux et cordiaux, linge et charpie, et ces mille douceurs que ne dédaigne pas le plus rude soldat. L'insuffisance numérique des médecins, à quelque degré que s'élevât leur zèle, n'aurait pu permettre, après les grandes affaires, d'assurer à tous les blessés les secours nécessaires; mais les femmes leur prêtèrent un concours efficace et bien souvent le médecin arrivant près d'un blessé qu'il voyait pour la première fois, trouvait tout disposé pour l'examen préalable de la blessure, les vêtements enlevés, les plaies lavées, des aides intelligents et attentifs pour les pansements simples. Quelques femmes, habituées aux travaux délicats des mains, acquirent bientôt, dans cet art, une remarquable habileté et plus d'une, aujourd'hui, ne le céderait point au praticien le plus exercé, pour ces menus soins dont l'importance est si grande.

Dans les ambulances, les femmes se divisaient entr'elles les chambres, les tentes, de telle sorte qu'elles fussent généralement deux à donner leurs soins à un nombre déterminé de malades, qu'elles connaissaient, auxquels elles s'attachaient, et qui s'attachaient à elles.

Si, chez beaucoup, ce zèle fut éphémère, s'il se ralentit insensiblement, soit à l'approche du mauvais temps, soit en présence de maladies réputées contagieuses, chez quelques femmes, d'un courage à toute épreuve, cet ardent amour de l'humanité n'eut d'autre terme que la mort ou la guérison des blessés qu'elles suivaient encore, avec l'intérêt de la pensée, jusqu'au sein de leurs familles.

Cette inconstance des secours officieux est-elle signalée par moi comme un reproche à l'adresse de la population? Non, certes. Elle est dans l'ordre des choses; partout et toujours il en a été ainsi dans cette horrible guerre; partout et toujours il en sera de même. Un brave, blessé en présentant noblement son front à l'ennemi, inspire de l'intérêt, éveille un sentiment chevaleresque qui peut s'élever jusqu'à l'enthousiasme. Un malheureux dysentérique n'appelle que la pitié, pourquoi ne dirais-je pas le dégoût? Il est d'un réalisme en vérité peu séduisant.

Ce mot de *réalisme* me ramène tout naturellement aux réalités de la vie. Ces femmes, qui prodiguaient leur temps aux ambulances, étaient des mères de famille, dont le ménage restait en souffrance pendant leurs longues heures d'éloignement; c'étaient aussi des ouvrières, qui pouvaient bien acheter par quelques privations le bonheur de faire du bien, mais qui avaient besoin de leur travail pour échapper à la misère, à la faim.

Nous devons, enfin, rappeler que la population a compté plus d'une victime du dévouement. En faut-il davantage pour ralentir le zèle des personnes qui ne sont point retenues par le devoir professionnel?

Les femmes qui ont, jusqu'au bout, poursuivi leur tâche bénévole, furent les plus méritantes, sans doute, mais il faut admettre qu'elles pouvaient, à leur gré, disposer d'un temps dont elles étaient maitresses.

Après avoir payé un juste tribut d'éloges au dévouement des femmes, celles qui se sont le plus particulièrement consacrées au soin des blessés, me permettront bien, j'espère, quelques conseils dictés par une vieille expérience et par mon désir de voir tant de zèle porter tous ses fruits.

L'amour des pansements, si j'ose m'exprimer ainsi, fut poussé trop loin, et, chez quelques personnes, il dégénéra en une sorte de fanatisme irréfléchi et nuisible. Une tache de sang, de suppuration, sur un bandage d'ailleurs irréprochablement établi, une douleur, même légère, accusée vers le siége de la blessure, constituaient, pour ces personnes, l'urgente indication d'un pansement, qu'elles s'empressaient de faire par esprit de compassion. Cela s'est passé non-seulement à Metz, mais sur tous les points où la bienfaisance publique s'est appliquée à nos pauvres blessés. Partout le même excès de zèle a produit quelques accidents regrettables.

Il est un principe qu'on ne saurait trop répéter aux gens du monde, que les circonstances amènent à partager les travaux de notre métier, c'est que les pansements les plus rares sont, *en général,* les meilleurs. Les plaies souffrent toujours beaucoup au contact de l'air; il faut donc, le plus possible, leur épargner ce contact. Quand un pansement a été bien fait, après une blessure, une opération, qu'il est solidement établi et qu'il ne se présente pas d'indication que le médecin seul peut apprécier, il doit rester en place sans être renouvelé, deux, trois jours et même davantage. Loin de là, les blessés étaient indistinctement pansés deux et plusieurs fois dans la journée, le plus souvent par des mains différentes, les dernières personnes ignorant ce qui avait été fait avant elles. Nous savons que les malades se prêtent volontiers à ces manipulations fréquentes, pendant lesquelles on les plaint, on leur adresse des paroles de consolation, utiles au moral, peut-être, mais assurément fort inutiles au physique, après lesquelles, enfin, on leur laisse parfois des marques palpables de l'intérêt qu'ils inspirent.

Qui de nous n'a souvent entendu des plaintes de cette nature ? « Docteur, tel blessé n'a pas été pansé aujourd'hui ! » Plainte à laquelle je manquais rarement de répondre : « Tant mieux, madame. » Plus d'une fois, alors, on m'accusait d'inhumanité, accusation que, d'ailleurs, je ne pouvais accepter comme sérieuse. Les gens du monde, hommes ou femmes, ne sont vraiment aptes à faire que les pansements simples, et toujours sous la direction du médecin. Comment une personne étrangère à l'art de guérir saura-t-elle apprécier si cette plaie, blafarde et sanieuse, a besoin d'être stimulée, si l'inflammation qui envahit celle-là a besoin d'être modérée ou activée, car un certain degré d'inflammation est nécessaire à la guérison ? Qui peut, sinon le médecin, décider si une plaie doit être pansée à sec (avec de la charpie seulement), et c'est le cas le plus fréquent, ou s'il faut y ajouter soit du cérat, soit tel autre médicament topique ? A propos de cérat, dirai-je l'incroyable abus qui en a été fait, notamment à l'Esplanade, où une personne était occupée, du matin au soir, à préparer des compresses enduites de ce *précieux* agent. Eh bien, l'usage du cérat est le plus souvent nuisible ; en tous cas il ne doit être employé qu'en couche extrêmement mince, et non en couche épaisse, comme on ne manquait pas de le faire. Le cérat n'a guère d'autre fonction à remplir que celle d'un corps gras s'opposant à l'adhérence de la charpie ou des linges à la plaie. Il peut être, à ce titre, utile sur une plaie fraîche qu'on aurait intérêt à voir souvent ; mais lorsque celle-ci est en pleine suppuration, le cérat est au moins inutile, car l'adhérence n'est point à craindre ; d'ailleurs on la rompt facilement à l'aide de quelques lotions ou irrigations d'eau tiède. Il n'a d'autre résultat que d'obliger à renouveler plus souvent le pansement, parce que du jour au lendemain, surtout pendant les chaleurs, il contracte des propriétés irritantes, il *rancit*.

En thèse générale, un blessé ne doit point être pansé avant la visite du médecin ; pour éviter des pertes de temps, si regrettables dans les instants de presse, la personne chargée du pansement doit se borner, en attendant la visite, à découvrir la plaie, la laver, puis la recouvrir d'un linge sec et propre, pour éviter le contact prolongé de l'air. Un rapide coup d'œil suffit alors au médecin pour prescrire le mode de pansement et son degré de fréquence. Tel est, dans les hôpitaux, le rôle des aides.

Rappelons qu'un bandage bien fait doit présenter deux qualités indispensables : la légèreté et la solidité.

Un pansement lourd, chargé de plus de linge et de charpie qu'il n'est nécessaire, fatigue le blessé, échauffe la plaie et la dispose à l'inflammation. Un pansement non solide se dérange aisément et oblige à de fréquents renouvellements, toujours fâcheux, ainsi que nous l'avons établi. Il faut, pour arriver à ces deux conditions, une main exercée, et les femmes y sont parfaitement aptes ; mais ces qualités exigent une habitude qui rend les premiers essais dangereux, quand ils se font sans méthode.

C'est seulement en se conformant à ces simples préceptes que plusieurs femmes nous ont rendu de véritables services. Mais combien aussi ne s'y conformaient pas! Combien croyaient que plus elles entassaient fréquemment de linge, de charpie et de cérat sur une plaie, mieux celle-ci devait guérir. Aussi que de mécomptes de ce seul fait!

En résumé, nous ne saurions, sans ingratitude, méconnaître les services que les femmes ont rendus à nos blessés. Mais aussi nous ne pouvons que déplorer, chez un trop grand nombre, l'absence de toute règle, de tout principe, dans ces soins prodigués d'ailleurs avec un dévouement si absolu.

Les lignes suivantes, empruntées à un livre écrit par une femme, quelques jours avant notre funeste guerre, complète avec éloquence les considérations dans lesquelles nous venons d'entrer :

« La place des femmes est marquée partout où il y a des victimes à soulager; elle est donc marquée sur le théâtre de la guerre. Il faut auprès des soldats malades des hommes capables, robustes, énergiques et dévoués; mais des gardes-malades femmes sont nécessaires aussi. Dans un hôpital bien dirigé, leur activité se développe sous toutes ses faces et toutes leurs aptitudes sont mises en jeu. Leur présence met un frein à la grossièreté, elles entretiennent la propreté mieux que personne, supportent les veilles mieux que les infirmiers. Un auteur bien connu dit que les femmes donnent, quand il le faut, l'exemple du courage et l'exemple plus difficile de la résignation.

» A l'homme de courir bravement jusque sous le canon ennemi pour ramasser le blessé; au chirurgien, fidèle à son poste d'honneur, de bander les plaies; aux femmes de veiller avec une tendre et active sollicitude sur les patients, pendant des jours, des semaines, peut-être des mois de souffrances ; à elles de préparer des objets destinés à leur soulagement ; à elles de les encourager par de bonnes paroles et de donner à leurs familles les nouvelles si impatiemment attendues.

» Ainsi, l'activité spéciale de la femme vient compléter celle de l'homme, sans la remplacer ni la gêner en rien, chacun reste dans son rôle...[1] »

Oui, ce sont bien là les véritables attributions de la femme, et des milliers de voix béniront son nom si elle sait en comprendre toute la grandeur et se renfermer dans les limites qu'elles lui imposent.

Le 17 août, après la journée de Gravelotte, le commandant supérieur faisait, par affiche, appel au patriotisme des habitants, réclamant leur concours pour l'organisation immédiate de nombreuses ambulances, les engageant même à recevoir chez eux des blessés. Pour diminuer aux gens peu aisés la charge qui allait leur incomber, il accordait une indemnité de 2 francs par jour à qui la réclamerait, pour chaque blessé recueilli et entretenu.

Conformément à cet avis, de nombreux habitants s'étaient rendus aux portes par lesquelles pouvaient arriver les blessés. N'écoutant que la voix de l'humanité, sans calculer leurs ressources et leurs moyens d'action, ils s'emparaient indistinctement des premiers qui se présentaient, ou choisissaient ceux qui leur semblaient le plus gravement atteints, comme étant les plus dignes d'intérêt.

---

[1] *La mission des femmes en temps de guerre,* par Mme William Monod. Paris, 1870, in-12.

Cette hospitalité devait, cependant, entraîner de graves désordres, causer des embarras sérieux aux habitants trop zélés et nuire aux blessés eux-mêmes. Le maire, en sa double qualité de magistrat et de médecin, ne s'y était pas trompé et, lorsque, le jour même, il communiquait au Conseil municipal cette affiche, justifiée par l'imminence des besoins, il faisait ressortir les inconvénients qui résulteraient de la dissémination des blessés. « C'est une mesure, disait-il, à laquelle il ne faut recourir que lorsque tous les moyens de concentration seront épuisés. » Il proposait, en conséquence, de rechercher par la ville tous les locaux dans lesquels on pourrait organiser des ambulances. Pour obvier, autant que possible, à l'abandon médical dans lequel bon nombre de ces malheureux allaient se trouver en raison de leur dissémination, il engageait, par une nouvelle affiche, les personnes qui voulaient recevoir des blessés, à les choisir dans les hôpitaux et ambulances, *sur l'avis des médecins traitants*, au lieu d'aller les ramasser à l'aventure. Il est certain que les médecins, civils ou militaires, retenus par les obligations d'un service régulier extrêmement lourd, ne pouvaient se livrer à cette clientèle morcelée. La difficulté était bientôt arrivée à ce point que les médecins de l'armée, trahis par leur uniforme, étaient à chaque pas arrêtés dans les rues et invariablement taxés d'inhumanité lorsqu'ils refusaient de se rendre à ces demandes multipliées, auxquelles ils ne pouvaient accéder qu'au détriment de leur service d'ambulance. Mais, insensiblement, cette situation se régularisa. Beaucoup d'habitants, comprenant que leurs blessés manquaient des soins nécessaires, les firent admettre dans les ambulances en échange d'hommes moins gravement atteints et pouvant se contenter de soins légers, pouvant même aller se faire panser à la plus voisine ambulance. Cette régularisation ne fut cependant jamais que partielle, habitants et blessés s'attachaient souvent l'un à l'autre, et ces considérations de sympathie prévalaient sur toute autre. Indépendamment du point de vue médical, qui ne comprend aussi l'inconvénient militaire et administratif de cette dissémination des blessés échappant à tout contrôle ? C'est en vain que leurs corps les cherchent et les réclament ; *ils sont bien chez le bourgeois*, ils y restent, et, quel qu'en soit le motif, le *bourgeois* les garde.

Peu à peu les substances alimentaires subirent un enchérissement tel que l'indemnité journalière de 2 francs devint de beaucoup insuffisante. Alors surgirent de toutes parts les demandes de réintégration des malades dans les ambulances ; mais les places y devenaient de plus en plus rares, et l'on ne pouvait accueillir ces légitimes réclamations qu'avec mesure, seulement en faveur des plus nécessiteux. C'était une nouvelle source d'embarras.

N'oublions pas d'accorder au corps enseignant, aux corporations religieuses, au clergé, la part qui leur revient dans ce mouvement de haute bienfaisance, à quelque communion qu'ils appartiennent.

Le personnel du lycée, sous l'impulsion de son chef, fut admirable. Toutes les écoles s'ouvrirent aux malades, tandis que les instituteurs, privés de locaux disponibles, payaient de leur personne, en offrant aux médecins un concours aussi dévoué qu'intelligent. Toutes les maisons religieuses, *même les maisons cloîtrées de femmes*, étaient transformées en ambulances où la charité chrétienne se manifestait avec ampleur. Les prêtres, non contents d'exercer près des blessés leur saint ministère, ne reculaient pas devant le rôle subalterne d'infirmiers [1], qu'ils partageaient souvent avec des laïques de distinction, comme avec de simples ouvriers. Ces humbles, mais utiles fonctions, étaient ainsi relevées aux yeux de ceux qui les exerçaient par profession.

[1] Le service des infirmiers a toujours laissé beaucoup à désirer. Les infirmiers militaires, retenus pendant le siége par les liens de la discipline, firent généralement un bon service; après la capitulation, ils désertèrent à l'envi l'un de l'autre, pour rentrer en France ; on put à peine en conserver quelques-uns. Mais, dès l'origine, ils étaient en nombre insuffisant et l'on avait dû recourir à des auxiliaires, pris au hasard dans les bas-fonds de la population et qui songeaient plus à l'intérêt de leurs familles qu'à l'intérêt de leurs malades. Les femmes mercenaires valaient mieux, sans être, cependant, à l'abri de tout reproche. Les gardes mobiles, employés comme infirmiers, ne connaissaient rien à ce métier et s'en acquittaient avec une répugnance marquée.

SERVICE MÉDICAL MILITAIRE

OFFICIEL ET OFFICIEUX.

XI.

Les guerres modernes, avec leurs grands moyens de destruction, ont démontré l'insuffisance numérique du personnel de santé militaire dans toutes les armées. Le blocus de Metz l'a surabondamment établi, quoique le tiers de l'effectif du corps fût réuni dans la place ou dans l'enceinte du camp retranché. Mais il faut reconnaître qu'il n'est guère affecté normalement au traitement des malades et blessés que la moitié du personnel, l'autre moitié, dans le service régimentaire, étant plutôt destiné à constater les maladies qu'à les traiter. Les médecins militaires furent donc insuffisants pendant le blocus, mais ils furent exubérants après la capitulation, alors que l'effectif médical des corps de troupes était devenu disponible pour les ambulances.

Établissons nettement la situation. Les médecins attachés à l'hôpital militaire et quelques médecins de régiments, restés dans la place, ne pouvaient assurer le service dès que l'armée envoya sur Metz ses malades et blessés, et qu'il fallut ouvrir les premières ambulances. L'investissement ne permettant point de renforcer ce personnel par des appels du dehors, il fallut, avec l'effectif médical de l'armée du Rhin, satisfaire, autant que possible, aux exigences croissant chaque jour; le service de la place dut réclamer, près du commandant en chef, l'envoi de médecins appartenant aux ambulances divisionnaires. Celles-ci furent supprimées et le personnel en fut versé aux hôpitaux de Metz, moins une partie laissée à chaque corps d'armée pour y constituer une ambulance de quartier général. Cette mesure était excellente, mais elle fut parcimonieuse pour la place et laissa trop de médecins aux quartiers généraux, où ils n'avaient guère d'autre utilité que celle qui pouvait naître des événements, utilité qui ne devint jamais effective, du moins pour la plupart.

Aussi, malgré ce renfort, les services ne furent bientôt plus assurés. Chaque médecin avait jusqu'à 250 à 300 blessés à traiter, souvent sans aides ; la matinée tout entière était consacrée aux visites et pansements, l'après-midi aux opérations, et combien de malheureux ne purent subir, en temps opportun, une opération qui, seule, pouvait les sauver.

Dans les corps de ligne il y avait un ou deux médecins, dans les corps de la garde ils étaient deux ou trois. Il est évident que, partout, un seul suffisait, sans être extrêmement chargé de besogne. On verra, dans ma correspondance, combien j'ai demandé, avec instances et prières, l'adoption de cette mesure. Accordée en principe, elle n'a été que très-imparfaitement exécutée, et plusieurs régiments ont conservé leurs trois médecins.

L'ordre fut donné, un jour, de renforcer le personnel de la place par des médecins empruntés aux quartiers généraux et aux corps de troupes. Lorsque le service fut bien installé sur cette nouvelle base, un contre-ordre, en vue d'un mouvement possible, nous retira ce secours qui nous était si nécessaire et nous désorganisa de nouveau.

Cependant de nombreux médecins venaient des camps m'offrir leurs services que j'acceptais d'abord, que je dus refuser ensuite, un colonel de la garde ayant défendu à un médecin-major placé sous ses ordres de cumuler un service aux ambulances avec son service régimentaire.

J'avais demandé qu'au moins on envoyât, entre midi et cinq heures, un certain nombre de médecins pour venir en aide à leurs camarades dans le service des pansements. Ce fut accordé, mais je n'eus pas lieu de m'en féliciter. Ces médecins, pleins de zèle et d'entrain, ne demandaient qu'à être utiles ; mais à l'heure qui leur était assignée les médecins traitants avaient terminé le service du matin ; ils tombaient donc au milieu de blessés à eux inconnus, ne savaient qui voir, ni par où commencer. Ils étaient obligés d'employer des infirmiers déjà fatigués et qui devaient se réserver pour le service du soir. C'était un vrai désordre, sans utilité réelle ; je dus reconnaître moi-même que cette mesure était inefficace et prier le commandement de la rapporter.

Cependant la population de Metz, voyant de tous côtés l'uniforme des médecins militaires, pendant une partie de la journée, ne comprenait pas qu'on pût se plaindre de leur pénurie, et portait, contre le corps entier, des accusations aussi désobligeantes qu'injustes. — « Vous vous plaignez de manquer de médecins, me disait-on chaque jour, les rues en sont pleines; les cafés en regorgent; pourquoi ne les employez-vous pas? » Et moi de répondre : « C'est vrai, mais la plus grande partie de ces médecins ne sont point sous mes ordres; ils appartiennent à l'armée, dont le personnel est distinct de celui de la place; je ne puis en disposer. D'ailleurs, ils n'entrent en ville qu'après avoir accompli leurs obligations au camp; leur service terminé rien ne ne les y retient; ils viennent ici, non chercher des distractions, mais se réunir et, comme tous les autres officiers, échapper aux misères de la tente. Isolés, sans famille, sans abris, que voulez-vous qu'ils fassent, qu'ils deviennent, en dehors du temps consacré au soin de leurs malades? Et puis, il importe de faire observer que sous le titre de médecins on comprend beaucoup de pharmaciens dont l'uniforme n'en diffère que par une nuance inconnue du plus grand nombre, et dont les attributions sont, malheureusement, entièrement distinctes. En ce qui concerne les médecins attachés à la place, on les voit *battre la ville,* fréquenter les lieux publics, dans le temps qui n'est pas consacré à leur laborieux service, de onze heures à deux heures et dans la soirée; heureux qu'ils sont d'échapper quelques instants à l'infection de l'hôpital. Aux autres heures de la journée, pas un n'est aperçu. » Ces explications étaient toujours bien saisies et bien acceptées, mais je ne pouvais les donner à chacun et ces pauvres médecins militaires étaient accusés de paresse et de mauvais vouloir, alors qu'ils succombaient à la tâche.

Il était donc possible de renforcer le service médical de Metz; que fallait-il pour cela? L'unité d'action. Un chef médical unique pour l'armée et la place, libre, responsable de ses actes envers le commandement seul, connaissant de tous les besoins, pouvant de la sorte équilibrer les secours.

Cependant, l'obligation de laisser encore un nombreux personnel aux corps d'armée n'aurait pas permis de couvrir entièrement le déficit, et des secours étrangers eussent toujours été nécessaires jusqu'au moment de la capitulation, qui fit entrer à Metz des médecins militaires bien au delà des besoins.

Les médecins civils, dont plusieurs étaient venus de divers points du département, et même de l'étranger, offrirent avec empressement leur concours, sans que ceux de la ville attendissent qu'on le leur imposât, suivant le droit de l'état de siége. Le service de prescriptions était dès lors assuré, mais celui de l'exécution ne l'était pas ; la population, les femmes surtout, y pourvurent avec ardeur, on le sait. Nous pûmes ainsi faire face à tout, si nous ne tenons compte de quelques irrégularités, de quelques retards.

Mais cet exposé rapide fait voir la nécessité d'organiser le service de santé militaire de telle sorte qu'il puisse se suffire à lui-même dans toutes les situations de paix et de guerre, sans avoir rien à emprunter aux éventualités de la charité publique. L'État a contracté envers le soldat blessé et infirme une dette de conscience ; ce n'est point à la charité à l'acquitter ; c'est à lui, à lui seul qu'appartient ce soin. Le mot *charité* que je viens de prononcer et qu'on a si souvent employé dans cette guerre, est inacceptable. C'est un droit formel pour le soldat malade ou blessé, de recevoir largement tous les soins que comporte sa situation. En les lui accordant personne ne lui fait charité, et le gouvernement qui n'a pas su prévoir cet ordre de besoins, et a réduit ses défenseurs à l'assistance publique, assume sur lui la plus lourde responsabilité. Eh bien! l'insuffisance du service de santé, conséquence d'une organisation vicieuse signalée depuis longtemps, sous toutes les formes et par les voies les plus autorisées, constatée partout durant la dernière guerre, constitue l'une des fautes qu'on est en droit de reprocher au régime déchu. Espérons que cette dure leçon portera ses fruits.

Que serions-nous devenus si la guerre s'était portée sur le sol étranger, où nous n'aurions pu recourir à l'élément civil, femmes et médecins? Que deviendrions-nous dans toute guerre lointaine?

Il faut donc, je le répète, que le corps de santé militaire trouve en lui tous ses moyens d'action; il ne doit compter que comme un accessoire, un appoint, sur la bienfaisance privée, qui peut faire défaut et, de sa nature même, est inconstante.

Le personnel médico-militaire à Metz n'a pu suffire à sa tâche; cependant le tiers de son cadre d'effectif était dans l'enceinte de la ville ou sous ses murs. Que restait-il donc pour les autres armées, si l'on en déduit les médecins attachés à l'Algérie et ceux que le service retenait dans certains postes éloignés des mouvements militaires, dans tout le Midi, par exemple? Insuffisance partout! Partout nécessité de recourir à l'élément civil bénévole.

Cette situation, chacun le reconnaît aujourd'hui, quoiqu'un peu tard, appelle d'urgentes réformes. Mais je reconnais aussi qu'en temps de paix, c'est-à-dire en temps normal, on ne peut entretenir des légions de médecins militaires, dont l'instruction et l'intelligence, restant sans emploi, ne pourraient que s'affaiblir. Quand deux ou trois médecins suffisent au service d'un régiment, on ne saurait en mettre six et même davantage pour arriver au nombreux personnel réclamé par l'état de guerre. Ce serait grever le trésor, sans bénéfice pour l'armée, sans bénéfice pour le corps de santé, qui verrait ses forces vives s'atrophier dans l'inaction. A chaque position dans l'armée doit correspondre une fonction effective; les non-valeurs n'y peuvent être tolérées.

Le personnel sanitaire de l'armée, dont le cadre complet compte 1147 médecins et 159 pharmaciens, est suffisant pour le temps de paix, y eût-il même des lacunes dans l'effectif, ainsi qu'il arrive presque toujours. Il faut donc trouver une combinaison qui vienne, en temps de guerre, renforcer ce personnel, sans difficultés de recrutement, sans secousses, sans embarras à craindre après le retour à la paix. Ce problème a toujours été facile à résoudre, si l'on avait bien voulu en chercher la solution, mais il le serait surtout par le service obligatoire. Il suffit pour cela qu'une disposition législative astreigne chaque médecin civil, éventuellement et suivant les besoins, au service médical de l'armée, *à titre auxiliaire,* pendant un nombre d'années indéterminé après sa réception au grade de docteur (Je dis *indéterminé* parce qu'il reste naturellement soumis à des conditions dont on ne peut prévoir ni fixer le retour). Telle guerre forcerait *à lever* tous les jeunes praticiens ayant un an d'exercice, telle autre, deux ou trois ans. Mais cette obligation serait certainement allégée par le concours de médecins civils plus anciens, qui viendraient en certain nombre offrir leurs services, en se soumettant temporairement aux exigences de la vie militaire [1].

Les uns et les autres seraient admis dans le grade occupé par la moyenne de leurs contemporains au doctorat.

L'ancienneté de réception me semble une base plus équitable que l'âge ; ce serait, d'ailleurs, un stimulant : les élèves travailleraient mieux pour arriver plus vite et être plus tôt exonérés du service.

Mais on ne saurait imposer à la médecine civile cette lourde charge du service médical des armées en temps de guerre, sans lui concéder quelques avantages en échange. Accordez aux médecins, par exemple, l'exemption de la patente [2] tant qu'ils sont virtuellement soumis au service militaire ; qu'ils soient définitivement exemptés de cet impôt lorsqu'ils auraient rendu des services effectifs; que les positions médicales dont le gouvernement dispose dans l'ordre civil leur soient réservées.

Quelles attributions pourraient être confiées aux médecins civils que recommande un grand nom ou une situation médicale élevée, professeurs des écoles, par exemple, et qui offriraient leurs services ? Voici à ce sujet une note empruntée à M. L. Lefort [3] :

---

[1] Dans la guerre entre la Saxe et la Prusse les médecins civils qui offraient leur concours d'*hospitaliers volontaires* prenaient l'engagement, vis-à-vis du médecin en chef de l'armée, de servir pendant toute la durée de la guerre. Ils recevaient ses ordres et touchaient la même solde que les médecins militaires.

[2] La patente des médecins est un impôt prélevé sur le travail du cœur et de l'intelligence, travail qui, bien souvent, s'applique gratuitement au bénéfice de la société. Cet impôt est subi plutôt qu'accepté et soulève les plaintes les plus fondées.

[3] *Du service de santé dans les armées nouvelles (Revue des Deux-Mondes,* 1er novembre 1871).

« Il est des médecins civils dont la présence aux armées est d'une incontestable utilité, mais qu'il serait impossible de placer sous les ordres des médecins militaires; nous voulons parler des illustrations de la médecine civile. La Prusse seule, jusqu'à présent, l'a compris, et a su résoudre d'une manière heureuse la difficulté de leur incorporation en temps de guerre. Les célébrités chirurgicales de la Prusse, MM. Langenbeck, Bardeleben, Wilms, Middeldorpff, Wagner, etc., figurent avec le grade de médecin général, et sous le titre de chirurgiens consultants, dans l'état-major des armées en campagne; leur rôle consiste à éclairer de leurs conseils les médecins militaires qui croient devoir recourir à leur expérience dans les cas difficiles, si fréquents à la guerre ».

Je ne sais, en vérité, si ces attributions peuvent avoir un sens pratique bien rigoureux. Un tel consultant, à Metz, serait resté presque sans emploi, malgré le grand nombre, à cause peut-être, du grand nombre de cas graves et difficiles. Ces cas exigeant, le plus souvent, une détermination immédiate, le temps aurait manqué d'avertir le chirurgien consultant, qui, d'ailleurs, n'aurait pu donner ses avis où ils eussent pu être utiles à un même instant et sur des points différents.

Mais voici où la grande expérience de ces hommes éminents trouverait d'utiles applications.

Dans les camps et ambulances improvisés, les conditions hygiéniques laissent partout à désirer, et une inspection hygiénique permanente pourrait conjurer ou du moins atténuer les épidémies, toujours menaçantes dans ces grands rassemblements d'hommes et d'animaux. Chaque médecin de corps de troupes peut assurément veiller à l'hygiène de son propre cantonnement, mais leur mobilité est un obstacle, et, d'ailleurs, il importerait de soumettre cette partie du service à une vue d'ensemble qu'un médecin centralisateur peut seul embrasser ; connaissant les besoins généraux et particuliers, lui seul est en mesure de soumettre au commandement les moyens les plus efficaces pour satisfaire aux exigences nées de situations diverses. La notoriété d'un médecin illustre et, jusqu'à un certain point, son indépendance au point de vue militaire, assureraient toujours à sa personne et à ses avis un accueil favorable.

Plusieurs armées ont, comme institution permanente, des médecins inspecteurs de l'hygiène des camps et se félicitent des résultats dus à cette institution. Citons particulièrement l'armée anglaise et les Etats-Unis d'Amérique qui lui durent, en grande partie, d'échapper à toute influence épidémique, dans le cours de la guerre de sécession.

Tous les médecins de l'armée étant docteurs peuvent être, sans exception, considérés comme médecins traitants. Il en serait de même de tous les docteurs auxiliaires. En ce qui concerne le service d'exécution, il serait tout entier aux mains d'étrangers à la médecine militaire proprement dite [1].

Les élèves des facultés, des écoles préparatoires, et, dans un ordre inférieur, les infirmiers de visite fourniraient amplement à tous les besoins pour une guerre lointaine, aussi bien que pour une guerre

---

[1] Il serait désirable que les jeunes pharmaciens militaires reçussent une éducation professionnelle qui leur permît de concourir au service des pansements après une bataille, au lieu de rester dans une inaction qui leur pèse.

intérieure. Le service obligatoire serait, pour les étudiants, plus agréable dans les rangs subalternes de la médecine militaire que dans les rangs des soldats; tous accepteraient, rechercheraient même cette différence de position avec d'autant plus d'empressement qu'ils ne perdraient pas de vue leurs études médicales ; ce qui leur manquerait en théorie serait compensé par la pratique.

Le service obligatoire rendrait inutile la création d'une nouvelle école de médecine militaire [1]; l'école d'application du Val-de-Grâce serait seule nécessaire, pour la connaissance plus approfondie de l'hygiène et des maladies spécialement militaires, ainsi que pour l'étude des dispositions administratives qui nous régissent et qu'aucun de nous ne doit ignorer.

Le recrutement du corps de santé se ferait dans de bonnes conditions, parmi ces élèves qu'on aurait le temps d'étudier à loisir durant leur stage de conscription. On n'admettrait, à titre définitif, que des sujets connus et bien appréciés.

« N'est-il point remarquable, dit M. Lefort, qu'à une époque où toutes les carrières sont encombrées, où les candidats se pressent en foule aux concours de Saint-Cyr et de l'École polytechnique, la chirurgie militaire ne parvienne pas à compléter ses cadres, même en admettant tous les candidats admissibles,

---

[1] En considérant les beaux résultats obtenus à l'école du service de santé de Strasbourg, je verrais cette suppression avec regret. Il n'a été possible que depuis la guerre d'apprécier par comparaison la valeur scientifique de nos jeunes médecins. Aux examens pour le doctorat, qu'ils soutiennent maintenant devant la faculté de médecine de Paris, on a pu constater que les élèves militaires soutiennent toute comparaison avec les élèves civils les plus distingués de cette faculté.

même en faisant appel à la besoigneuse anxiété des parents pauvres, même en donnant des bourses et demi-bourses aux quatre cinquièmes des élèves ? »

Quoi qu'en dise ce médecin distingué, ce ne sont pas seulement les déshérités de la fortune qui tournent leurs yeux vers la médecine militaire; pour beaucoup aussi c'est une carrière de prédilection. L'exemple qu'il emprunte aux écoles est peu concluant. Ainsi à Saint-Cyr et à l'École polytechnique on n'exige qu'un baccalauréat; pour la médecine en général, et pour la médecine militaire en particulier, on exige les deux diplômes, chez des sujets de dix-huit à vingt ans. Il faut donc exclure des candidats possibles tous les jeunes gens qui ne présentent pas ce double titre académique. Supprimez l'un des deux baccalauréats et le nombre des concurrents s'accroîtra notablement. En ce qui concerne les bourses, ce n'est pas plus fondé. A ces deux écoles on concède largement des bourses et demi-bourses à tous les élèves dont les parents ne peuvent acquitter le prix de la pension. Dans un État démocratique comme le nôtre il est évident que les questions de fortune ne doivent interdire les carrières publiques à aucun de ceux qui ont l'intelligence nécessaire pour y arriver.

Notons encore que dans ces écoles la durée des études est de deux ans; qu'elle était de quatre ans à l'école de Strasbourg. Quatre ans de casernement pour des jeunes gens qui viennent de subir neuf ans de collége!

Ensuite il n'est pas juste de dire qu'on prend tout ce qui se présente, ni même tout ce qui est admissible. Depuis quelques années moitié environ des candidats est refusée. J'en prends à témoins tous les professeurs du Val-de-Grâce chargés, à tour de rôle, de procéder, à Paris et en province, aux examens d'admission. Qu'une meilleure organisation, donnant une plus large satisfaction à la dignité de l'homme, soit accordée au personnel de santé, il n'est pas douteux que le recrutement n'y gagne encore en élévation, ce qui est désirable ; mais tel qu'il est, il suffit aux besoins normaux du corps.

Je n'ignore pas que les vides qui se forment chaque année ne sont jamais entièrement comblés. Comme on vient de le voir, ils pourraient l'être. Mais il se présentait, jusqu'ici, un obstacle d'une autre nature : c'est que les locaux et les moyens d'instruction de l'école de Strasbourg ne permettaient pas d'y admettre un nombre d'élèves plus considérable, le chiffre habituel, qui dépasse 300, étant déjà trop élevé.

Le dégoût s'empare d'un grand nombre de médecins militaires dans le cours de leur carrière ; c'est vrai, et il importerait qu'une organisation, basée sur nos aspirations et sur les nécessités de la guerre, imprimât à chacun l'amour d'un métier qui aura toujours, quoi qu'il arrive, plus à donner au dévouement qu'à demander à l'ambition. Mais s'ensuit-il que les démissions y fassent, chaque année, des lacunes nombreuses ? Non. Bien que plus fréquentes que dans d'autres carrières, ce qui s'expliquerait par la double voie ouverte à l'activité médicale, — civile et militaire, — elles n'atteignent pas, cependant, des proportions inquiétantes et elles portent, presqu'exclusivement, sur les grades inférieurs [1], c'est-à-dire

---

[1] Depuis le 1er janvier 1870 le corps de santé a eu les démissions suivantes :
Médecins aides-majors de 1re classe, 7, ⎫ d'après l'Annuaire spécial
— — de 2e — 4, ⎭ de ce corps.
Ce chiffre est certes peu élevé, si l'on considère les sujets de mécontentement du corps.

sur des hommes qu'il est facile de remplacer. Ce sont, le plus souvent, je le sais, des têtes de promotion, des jeunes gens promettant des hommes distingués, éminents peut-être, que perd sans retour la médecine militaire. Tout en regrettant ces sujets d'élite qui s'éloignent de nous, je dois dire que le service y perd moins qu'on ne pense. Ce qu'il faut surtout, dans notre carrière comme dans beaucoup d'autres, c'est une moyenne d'intelligence élevée, sans un *caput mortuum* d'incapacité. Il n'est pas de services qui ne puissent être accomplis par cette bonne moyenne, et l'on ne trouverait pas assez de hauts emplois pour satisfaire à un grand nombre d'intelligences d'élite. De là naîtraient des embarras, des hommes se croyant déclassés, jetant autour d'eux leurs doléances, semant l'insubordination. A quelques supériorités ouvrons les bras, mais ne désirons pas qu'elles nous encombrent.

Dira-t-on que le corps s'affaiblit par les retraites anticipées? Ce n'est guère plus juste. La grande majorité des médecins ne quittent l'armée que par limite d'âge.

Il n'en est pas moins un point dominant : c'est qu'on reste sans goût, après quelques années de service, dans une carrière où l'on ne trouve aucune des satisfactions que réclament l'intelligence, le travail et le dévouement.

Le plan d'organisation du service médical de l'armée, que nous venons d'esquisser à grands traits, élèverait ce service au-dessus des éventualités qui le laissent à la merci d'un bon vouloir qui, je le reconnais, fait rarement défaut dans les grandes circonstances, mais qui se ralentit avec le calme des situations et ne peut inspirer qu'une confiance réservée.

Les médecins civils posent des conditions, veulent servir à leur lieu et à leur heure; de chefs, il n'en reconnaissent pas, sinon parfois un chef à leur choix, aussi indépendant qu'eux. Avec un tel esprit, point de centralisation possible, point de vue d'ensemble, connaissance imparfaite des besoins généraux. Chacun, je le sais, fait de son mieux, mais chacun se refuse à rendre compte de ses actes. Peut-on reprocher cette manière d'être aux médecins civils? Non certes, ils ont le droit d'agir ainsi, puisqu'aucune disposition légale ou réglementaire ne fixe leurs devoirs et leurs attributions, ou plutôt, puisqu'ils n'ont généralement de devoirs que ceux qu'ils s'imposent; mais le service en souffre.

Le zèle officieux des médecins n'est pas moins inconstant que l'élan des populations. Quand ils sont restés quelque temps éloignés des soins de leurs intérêts, que la famille en souffre, ils éprouvent le besoin de rentrer en eux-mêmes, dans la régularité de leur vie, et les en faire sortir n'est plus chose facile; et puis les épidémies qui frappent les armées n'épargnent pas non plus leurs clients, et l'on ne saurait demander aux médecins l'abandon volontaire de leurs propres malades pour donner leurs soins à des malades que doit couvrir la sollicitude de l'État. Aussi, que de nouveaux besoins surgissent, le vide se fait; ceux qui ont quitté la place n'y reviennent plus; ceux qui y sont à demeure sont absorbés par d'autres soins. Ceci n'est point une stérile généralité. Lorsqu'il ne restait plus à Metz qu'un millier de malades, dont moitié recevaient les soins des ambulance internationales, j'avais un grand désir de rapatrier tous les médecins militaires, dont la présence pouvait être si utile aux armées de l'intérieur. Je fis un nouvel appel aux médecins civils : deux y répondirent. Partout il en sera de même tant que la situation ne sera pas fixée sur des bases légales, tant qu'il ne s'agira pas, non d'un service à rendre, mais d'un service à accomplir.

HOPITAUX ET AMBULANCES [1].

XII.

« Les travaux récents entrepris autour de la place de Metz et sa situation près de la frontière où allait se porter le premier effort de la guerre, désignaient à l'avance notre ville comme un centre important d'opérations. La question des ambulances devait, naturellement, y tenir une grande place. C'est à elle, en effet, que se rapportent les premiers rapports de l'administration militaire avec la municipalité messine. Prise au dépourvu, cette administration chercha, dès le début, à se décharger, sur la ville, de la responsabilité que lui imposait une tâche dont elle était loin, cependant, de prévoir alors l'étendue et la gravité.

---

[1] Ces considérations générales sont textuellement empruntées à la publication du Conseil municipal de Metz, 2ᵉ édition, page 71 et suivantes.

» Le 23 juillet, M. le Maire annonçait au Conseil municipal que, peu de jours avant, l'intendant général de l'armée avait proposé à l'administration des hospices civils de Metz de prendre sous sa direction l'hôpital militaire et les services hospitaliers qu'il pourrait être nécessaire d'organiser. Malgré son vif désir de venir en aide à l'administration militaire, et après lui avoir fait toutes les offres qui pouvaient témoigner de ce désir, la commission des hospices avait déclaré qu'il lui était impossible de suffire à une pareille entreprise. Sur son refus, l'intendant général s'adressait à l'Administration municipale, et demandait à la ville de se charger de l'organisation et de la gestion des hôpitaux temporaires nécessaires aux malades et aux blessés de l'armée, et de la gestion de l'hôpital militaire, dont le personnel actuel serait retiré. La ville choisirait les médecins, les sœurs (si elle désirait en avoir), le personnel, l'administration, les infirmiers; elle fournirait les locaux, les médicaments, les aliments, elle entrerait en jouissance de tout le matériel de l'hôpital militaire; l'administration de la guerre lui procurerait, en totalité ou en partie, le matériel nécessaire à ces hôpitaux temporaires. Le but principal de cette mesure était de rendre disponible le personnel attaché à l'hôpital militaire de Metz, afin de le porter sur les points où l'appelle l'intérêt de l'armée.

» Telle était la situation proposée à notre ville. Le Maire ajoutait qu'afin d'éclairer le Conseil et avant de provoquer à ce sujet une délibération, il jugeait utile de lui communiquer les conclusions auxquelles s'était arrêté le Conseil central d'hygiène, devant lequel la question avait été posée et mûrement étudiée, en s'appuyant de l'autorité de toutes les personnes compétentes que ce Conseil avait pensé convenable de s'adjoindre [1].

» La délibération du Conseil municipal manifeste le bon vouloir le plus empressé de prêter à l'administration militaire tout le concours possible, mais en même temps l'intention bien arrêtée de ne pas s'engager dans des voies complétement inconnues. Accepter la direction absolue des services hospitaliers avec le personnel restreint de médecins civils dont on pouvait disposer, c'était, comme on le faisait observer, se substituer à l'administration militaire pour une mission qui, en raison des connaissances spéciales qu'elle exige et de l'autorité qu'elle suppose, ne peut être remplie que par elle; c'était désorganiser, au moment même des plus pressants besoins, l'hôpital militaire qui est un centre tout créé, et, en exposant les malades à de graves dangers, assumer sur soi la plus lourde des responsabilités [2].

» Pour sortir de l'ordre des généralités et définir nettement l'action que la ville entendait exercer, le Conseil adoptait, à l'unanimité, les résolutions suivantes :

» 1º La ville ne peut consentir à prendre la direc-

---

[1] Voir plus loin le procès-verbal de cette séance, 22 juillet.

[2] On ne saurait rien ajouter à cet exposé si pratique et si lucide pour montrer combien la proposition de M. l'intendant général de l'armée était, non-seulement inacceptable, mais encore en opposition avec les besoins réels ou présumables de la situation. C'était un expédient pour se tirer d'affaire, rien de plus, car il est évident que quelques officiers de santé et d'administration attachés à l'hôpital militaire n'étaient qu'un appoint numérique bien insignifiant au nombreux personnel attaché à l'armée du Rhin, et qui pouvait s'accroître, suivant les besoins, d'envois de l'intérieur, pris dans le personnel d'hôpitaux éloignés du théâtre de la guerre.

tion de l'hôpital militaire, à entreprendre la création et la gestion des hôpitaux temporaires, en un mot, à se substituer d'une manière absolue à l'administration militaire pour l'organisation du service administratif et médical de ces hôpitaux.

» 2º Ne pouvant accepter cette substitution, à raison de la responsabilité qui pèserait sur elle, sans avoir les ressources nécessaires pour y faire face et dans l'intérêt même des malades, la cité offre, d'ailleurs, à l'administration militaire tout son concours.

» 3º A cet effet, et préalablement à toute autre mesure, d'après l'avis exprimé par le chef du service médical militaire, au sein du Conseil central d'hygiène, le Conseil municipal propose, au nom de la ville, de faire immédiatement construire, à l'extérieur, un baraquement pour 2000 lits, si ce système a l'approbation de l'autorité militaire et sous la réserve du compte ultérieur à établir avec l'État pour cette avance, dont l'évaluation approximative s'élève au chiffre de 160000 francs. Pour la réalisation éventuelle de ce projet, le Conseil ouvre un crédit de 160000 francs, à inscrire au budget supplémentaire de l'exercice 1870.

» 4º Le Conseil municipal déclare qu'il y a lieu de nommer une commission qui devra, de concert avec l'Administration municipale, rechercher d'urgence les divers moyens de donner à l'administration militaire le concours le plus efficace.

. . . .

» Les suggestions de l'administration militaire ne manquèrent pas pour faire revenir le Conseil des conclusions qu'il venait de voter et pour obtenir de lui que la ville se chargeât, sous sa responsabilité, de l'ensemble des services hospitaliers. Le Conseil sut garder, jusqu'au bout, l'attitude qu'il avait prise dès la séance du 23 juillet, et que les événements ne devaient que trop tôt justifier. Déçue dans ses espérances, mais conservant encore quelque pensée de les voir se réaliser, l'intendance opposait un silence prolongé aux propositions réitérées que lui adressait la ville d'organiser une ambulance dans un baraquement extérieur. Vainement on objectait que le temps pressait, qu'il était indispensable de faire sur-le-champ les acquisitions nécessaires pour les divers services de cette ambulance; qu'il fallait la pourvoir d'un personnel suffisant et s'occuper immédiatement des constructions : les lettres restaient sans réponse. Enfin, dans la séance du 27 juillet, le Conseil municipal, après avoir convoqué et consulté les médecins et pharmaciens civils de la ville, qui avaient tous promis leur concours, confirmait sa première délibération et persistait dans sa résolution de ne prendre à sa charge que la création et l'administration d'une ambulance qui pourrait recevoir 2050 malades et qui serait construite en dehors de la ville. L'intendance militaire, ainsi mise en demeure, dut accepter cette proposition, qu'elle consacra par un traité formel passé avec la ville de Metz, l'État se portant garant des avances faites par la ville pour l'établissement et la gestion de l'hôpital temporaire du Polygone.

» L'intendance militaire, grâce à l'arrangement qu'elle venait de prendre, et aux diverses installations que, de son côté, elle avait pu réaliser, allait disposer à Metz de 4000 lits environ, nombre qui lui paraissait suffisant [1], puisqu'elle comptait répartir à l'in-

---

[1] C'était aussi l'impression de M. le docteur Oulmont, médecin des

térieur du pays et dans différents centres tous les blessés qui pourraient être transportés au dehors. Dans le seul département de la Moselle, les offres dont elle pensait profiter et qui lui étaient venues d'un grand nombre de communes, atteignaient le chiffre de 5000 lits, sans comprendre ceux que pourraient fournir les villes de Sarreguemines, de Longwy, de Bitche, de Thionville et de Metz. »

L'investissement de la place ne permit point d'utiliser ces offres, qui tournèrent au bénéfice de nos ennemis, et les événements rendirent tout à fait insuffisantes les prévisions de l'administration militaire. Toutes les casernes durent être converties en ambulances, chacune d'elles renfermant de 1000 à 2000 blessés. Les magasins de l'État, les établissements publics, palais de justice, séminaires, lycée, etc., furent occupés par des malades, jusqu'à quelques centaines. Des associations privées, telles que la loge maçonnique, la société de Saint-Vincent-de-Paul, les congrégations religieuses, l'école protestante, l'école israélite, renfermaient 10, 20, 100 malades; enfin, la plupart des maisons particulières donnèrent asile à des blessés, par unités ou en faible nombre. Metz ne fut plus, en un mot, qu'une vaste ambulance.

chemins de fer de l'Est, chargé à ce titre par le ministre des travaux publics d'organiser des ambulances dans notre région. Après s'être rendu compte des dispositions prises à Metz et avoir visité les premières baraques construites au Polygone, M. Oulmont disait au Maire que sa présence dans notre ville était désormais inutile, et que tout y avait été prévu. (Les événements ont prouvé que la présence d'un médecin organisateur était loin d'y être inutile.)

Établissements régis gratuitement.

Maison de Bouteiller (rue Marchant). M. de Bouteiller, membre du Conseil municipal, a libéralement entretenu, du 25 août jusqu'au 15 novembre, de 10 à 17 blessés, presque tous officiers. Une sœur de la maternité était adjointe, pour les soins à donner, aux personnes de la famille.

Hôtel de la Préfecture. Ambulance organisée par les soins de M. Paul Odent, préfet, et de Mme Odent; placée sous la direction administrative de M. Provost, secrétaire général. On n'admit dans cette ambulance que des officiers, qui y trouvèrent des conditions exceptionnelles d'installation, les salons ayant été convertis en salles de malades. Du 20 août au 25 octobre elle en reçut de 15 à 18. Gérée d'abord gratuitement, elle le fut pour le compte de l'intendance pendant les quinze derniers jours.

Évêché. Organisée par les soins de Mgr Dupont-des-Loges, dans deux salles de l'évêché, sous la direction de M. l'abbé Germain, vicaire général, secondé par des ecclésiastiques et des sœurs de l'Espérance. Le matériel fut, en partie, fourni par des personnes du voisinage. Cette ambulance reçut, du 20 août au mois de novembre, de 27 à 33 malades. « Ils y étaient pourvus de tout aux frais de Mgr l'Évêque, qui ne consentit à recevoir de l'intendance que les rations de pain et de viande, plus de quinze jours après la création de l'ambulance ».

Maison A. Geisler. Organisée par les soins de M. Geisler et de sa famille, qui ont pourvu, à leurs frais, à l'entretien de 15 à 17 malades, du commencement de septembre à la fin de décembre. Les soins ont été surtout donnés et les pansements faits par une domestique de la maison qui, bien que prussienne, a montré le plus grand dévouement à nos blessés. Une sœur de l'Espérance venait à son aide dans les cas difficiles. — Ce qui distingue surtout cette ambulance, c'est qu'étant placée sur le chemin de la gare, elle a pu servir d'asile à quelques blessés trop malades au moment du départ, ou aux malheureux amputés qui, n'ayant pu trouver de place au chemin de fer, auraient été souvent forcés, sans cet hospitalier refuge, de faire un long trajet, par les temps rigoureux, pour retourner à l'ambulance qu'ils venaient de quitter.

Établissements gérés par le commandement.

Caserne d'infanterie du fort Moselle. Un médecin. Long bâtiment isolé, à deux étages, à une bonne exposition (S. O.), s'ouvrant, par sa façade principale, sur une vaste place aboutissant à la Moselle et, par l'autre façade, sur un large chemin de ronde longeant le rempart. Cette caserne n'a point été convertie en ambulance proprement dite; on en a fait le dépôt des convalescents. Le chiffre maximum de ceux-ci s'est élevé jusqu'à 1391 (le 10 octobre).

Les hommes y étaient aussi mal installés que possible, sans lits, le plus souvent même sans paille ni couvertures; ce fut un sujet constant de réclamations. Le médecin traitant y organisa une petite infirmerie de vingt-trois lits, dans laquelle étaient admis les convalescents tombant accidentellement malades. On n'y eut aucun décès à déplorer quoique, trop souvent, la destination de ce *dépôt* étant mal comprise, on y eût envoyé non des convalescents, mais de véritables malades qui ne pouvaient y trouver les soins nécessaires et qu'on devait évacuer aussitôt sur une ambulance. Le commandement et l'administration des hommes du dépôt étaient exercés par un capitaine retraité.

Ouvert du 27 août au mois de novembre.

Magasins de la gare. Deux médecins. Le 1er septembre M. le Commandant supérieur mit à la disposition des bataillons de Metz les différentes salles et magasins de la gare Serpenoise pour y recevoir leurs malades et surtout leurs malingres. La destination de cette ambulance était analogue à celle du dépôt des convalescents du fort Moselle; on y reçut cependant, en général, des cas plus graves, surtout des rechutes parmi les hommes qui, sortis des hôpitaux, étaient aux bataillons de Metz. Des officiers étaient chargés spécialement de la surveillance et un poste y assurait le maintien de l'ordre. Quant aux infirmiers, devant l'impossibilité de s'en procurer du dehors, on dut les choisir dans l'établissement même, parmi les hommes les plus valides.

Cette ambulance fut plusieurs fois bouleversée par l'arrivée de trains de marchandises, qu'on remisait dans les hangars où les malades étaient couchés sur la paille. Le 31 octobre, notamment, on a dû les réunir tous à la hâte dans un seul hangar trop étroit pour les contenir et rendant le service médical désormais impossible.

Établissements administrés directement par l'intendance militaire.

Hôpital militaire. Dix-huit médecins d'abord, douze ensuite. Ce grand et bel établissement, trop connu pour qu'il soit utile d'en faire la description, offrait, pour les malades d'une garnison de 8 à 10 000 hommes, les conditions hygiéniques les plus favorables : salles vastes et élevées, ventilation facile, large espacement des lits ; personnel médical et administratif nombreux ; pharmacie abondamment pourvue, prescriptions de l'hygiène spéciale des hôpitaux rigoureusement observées. Six cents lits y étaient disposés de telle sorte que chaque malade y jouissait d'un cube d'air en rapport avec ses besoins physiologiques, bien au delà des mesquines proportions fixées par d'anciens règlements, fort heureusement tombés en désuétude. Mais il ne pouvait, évidemment, suffire aux éventualités d'une guerre redoutable. Il fallut, dès les premiers événements, augmenter, dans chaque salle, le nombre des lits ; on les porta au chiffre de 830. Les malades s'y trouvaient naturellement dans des conditions moins bonnes, mais encore convenables. On dut, de plus, élever des tentes[1] dans les cours et préaux. Dès lors l'établissement se trouva dans des conditions de salubrité médiocres ; les miasmes du dehors se mêlant aux miasmes du dedans, il devint impossible de soumettre l'aération à un calcul même approximatif. Ces conditions étaient, cependant, et restèrent meilleures que

---

[1] Le chiffre des malades sous tente a été partout variable, parce qu'on en mettait de un à quatre ou même six sous chacune d'elles, suivant la gravité de leur état et les exigences du moment.

HÔPITAUX ET AMBULANCES.

dans tous les établissements temporaires ouverts dans le cours de la campagne et qui, pour la plupart, n'avaient pas été créés dans un but hospitalier. C'est à l'hôpital militaire que les résultats ont été, en général, le plus satisfaisants, mais avec une moindre différence qu'on aurait pu l'espérer.

Le médecin en chef, M. Ehrmann, lutta de tout son pouvoir contre l'extension donnée à l'hôpital, extension qui le menaçait des suites funestes de l'encombrement, et l'on tint compte, dans une certaine mesure, de son énergique résistance ; mais partout les chefs de service faisaient entendre de pareilles et légitimes doléances, et l'inexorable nécessité forçait à passer outre. Mieux valait ouvrir à nos blessés un asile défectueux que leur refuser tout asile.

Quoi qu'il en soit, l'hôpital militaire fut un des points sur lesquels on dirigea de préférence les blessés le plus gravement atteints, en raison des ressources plus grandes qu'il offrait pour un bon traitement.

Le 25 août, cet établissement renfermait :

Dans ses bâtiments . . 759 malades ou blessés.
Sous les tentes . . . . 277 —

Répartis ainsi :

Blessés { Officiers 99 / Soldats 835 }   Fiévreux { Officiers 0 / Soldats 102 }

934 102

1036

Ce chiffre varia peu durant toute la campagne, les lits vacants étant immédiatement occupés.

Fermé comme hôpital français le 27 décembre, les malades restant à cette époque furent évacués et il ne fonctionna plus que comme *lazareth* prussien.

Aucune personne étrangère au service militaire ne prêta son concours à cet établissement.

Caserne d'artillerie du fort Moselle. De dix à douze et jusqu'à dix-huit médecins.

Vieux bâtiment quadrilataire, dont un des grands côtés s'étend le long de la Moselle ; l'autre, contigu aux magasins dont nous allons parler. Fort mal disposé pour un établissement hospitalier. Escaliers étroits et roides, conduisant aux chambres des deux étages. Celles-ci, dont les murs auraient besoin d'être rafraîchis, sont médiocrement aérées. Le rez-de-chaussée est occupé par des écuries. Cependant, l'emplacement de cette caserne, près d'un grand cours d'eau, loin des centres d'habitation, contre-balance les inconvénients de sa disposition intérieure.

Le chiffre de lits disponibles, d'abord de 1100 (déjà trop rapprochés), a été porté successivement à 1800, en y comprenant deux rangées de tentes dans la cour et l'installation de lits aux greniers. Là, plus qu'ailleurs peut-être, il a été difficile, à un moment donné, d'éviter le mélange des blessés et des fiévreux, les premiers dominant d'abord, les seconds ensuite. Les effets de cette promiscuité et de l'encombrement s'y sont fait douloureusement sentir. On n'y a traité que deux officiers.

Les médecins militaires y ont fait presqu'exclusivement le service. Il n'y a eu d'exception que pour deux médecins de l'ambulance internationale retenue prisonnière à Gravelotte.

Les dames de Metz y ont été plus rares que sur d'autres points, ce qu'il faut attribuer surtout à l'éloignement du centre de la ville; mais quelques femmes de diverses sociétés internationales y ont donné des soins aux malades.

Magasins d'artillerie du fort Moselle. Sept et huit médecins. Ces magasins ne sont que de vastes hangars quadrilatères, ouverts par leur face interne sur une cour de médiocre dimension. On a dû les clore à la hâte par des planches mal jointes et faire, sur les faces extérieures, des ouvertures nécessaires à l'éclairage et à la circulation de l'air. Ils sont surmontés de greniers dont on a percé la toiture dans le même but. Comme installation d'été c'eût été passable, mais dès les premiers froids, la position des malades y devint intolérable. Cet établissement ne reçut que des fiévreux, point d'officiers. Les typhoïques et typhiques y étaient réunis dans un compartiment distinct.

On y dressa successivement, au fur et à mesure des progrès de l'installation, de 600 à 1020 lits, qui furent occupés, au maximum, par 1000 malades (le 16 octobre).

Les femmes n'y firent que de rares apparitions. Il est vrai qu'il n'y avait point de pansements à faire.

La mortalité y a été assez élevée; ce que l'on peut attribuer: 1° à la destination spéciale de cet établissement (fiévreux et notamment typhoïques); 2° au froid dû à l'insuffisance des abris.

Magasin à blé du fort Moselle. Trois médecins. Vaste magasin composé d'un rez-de-chaussée élevé et d'un étage, formant chacun une salle unique, sans cloisons ni compartiments. La situation de ce bâtiment est favorable, près de la Moselle; exposé au nord-est et sud-ouest par ses deux faces principales, l'une d'elles ouvrant sur une rue peu fréquentée, l'autre sur les remparts et la campagne. Les fenêtres, fort nombreuses, manquaient de croisées, et, par conséquent, de vitres. Il fallut condamner quelques-unes de ces ouvertures, garnir les autres en prévision des froids qui arrivaient, car cette ambulance ne fut ouverte que dans les premiers jours d'octobre, alors que la diminution rapide des approvisionnements en blé laissait disponible ce magasin et celui de la Citadelle.

On y disposa 500 lits, improvisés avec des brancards et des paillasses. Cette ambulance ne reçut que des fiévreux et compta jusqu'à 491 malades (le 31 octobre). Le 23 novembre il en restait 97, qui furent évacués ce même jour, et l'ambulance fut supprimée. Il en était temps : les malades y souffraient beaucoup du froid. Elle ne reçut pas d'officiers. — Quelques femmes dévouées y prêtèrent leur concours.

Caserne d'artillerie de Chambière. De six à douze médecins. De toutes nos casernes-ambulances, celle-ci est, assurément, la plus mauvaise. Elle se compose de deux bâtiments allongés, à deux étages, séparés par une cour ouverte à ses deux extrémités. Chacun d'eux prend jour sur la cour par l'une de ses faces ; les deux faces opposées s'ouvrent, l'une sur une seconde cour qui s'étend entre le bâtiment et le rempart ; l'autre sur une rue étroite, mal tenue, encombrée de fumiers. Les rez-de-chaussée sont occupés par des écuries et quelques dépendances. La disposition intérieure est analogue à celle du quartier d'artillerie du fort Moselle, par conséquent mauvaise.

Sur la cour voisine du rempart, s'élève un troisième bâtiment isolé, non symétrique aux précédents, et d'une capacité bien moindre. Un des grands bâtiments et ce dernier ont été d'abord employés pour des malades; ils renfermaient ensemble 1300 lits. Le bâtiment intermédiaire était occupé par des troupes de garde mobile. Mauvais voisinage pour les uns et les autres.

Les malades ont oscillé entre 800 et un maximum de 1221 (le 5 septembre), dont 910 blessés et 311 fiévreux. La proportion respective de ces deux catégories a été, jusqu'au 26 septembre, en faveur des blessés; à partir de cette époque les seconds l'ont emporté.

Le 8 novembre, le troisième bâtiment (côté A) fut accordé à l'administration, et l'on put y installer 800 lits, qui ne reçurent guère que des fiévreux.

Le chiffre maximum des malades réunis dans les trois bâtiments de Chambière s'est élevé à 1634 (le 12 octobre). On n'y a point traité d'officiers. Les femmes de la ville y sont venues en petit nombre. Cette ambulance, par sa mauvaise installation, est celle qui a provoqué le plus de plaintes de la part des médecins traitants.

Ambulance du Saulcy. Huit et dix médecins. Nous aurons tant à dire plus loin sur cette ambulance, que nous ne toucherons ici que les points principaux la concernant.

Quelques jours après la bataille de Gravelotte, l'intendance de Metz est prévenue que 800 blessés environ, retenus jusqu'alors chez l'ennemi, vont arriver dans la journée même, et qu'il faut immédiatement pourvoir à leur installation. L'île du Saulcy, en raison de son éloignement de la ville, parut le lieu le plus convenable pour abriter ces blessés, qui n'avaient reçu que des soins insuffisants et arrivaient dans le plus fâcheux état; le commandement donna l'ordre d'y disposer une ambulance. La rapidité avec laquelle cette mesure dut être exécutée ne permit pas, dès l'abord, d'y apporter tous les soins nécessaires; beaucoup de choses utiles, indispensables même, firent défaut pendant les premiers jours; mais tout s'organisa, et bientôt les blessés ne furent pas moins bien au Saulcy que dans les autres ambulances. Celle-ci n'en eut pas moins, pendant toute sa durée, une réputation aussi mauvaise qu'imméritée. Ce discrédit trouve plusieurs explications. D'abord, l'état désolant des blessés, dont les plaies présentaient, chez tous, un aspect hideux, et faisaient craindre au public l'invasion d'affections épidémiques; la direction, mal appréciée, des vents dominants; le bruit sans fondement que le Saulcy devait recevoir surtout les affections contagieuses; de là ces craintes exagérées dont l'expression eut de longs échos dans la ville [1].

Cette ambulance comprenait: 1° deux baraques en mauvais état, à la partie la plus élevée de l'île. La pluie y pénétrait de tous côtés, jusqu'à ce qu'on les eut couvertes de larges toiles ou *prélarts* empruntés au magasin de fourrages situé à peu de distance; 2° une série de tentes irrégulièrement placées sur le sol incliné de l'île; cette irrégularité était due, en partie, à la présence de nombreux bois de construction, en partie aussi à la rapidité avec laquelle on les avait élevées; 3° enfin un terrain plan, drainé, servant de manége à l'École d'application.

On a reproché cet emplacement sans songer qu'on

---

[1] L'emplacement du Saulcy n'a point été choisi par moi; je n'ai même pas été consulté sur ce choix. Mais si l'on m'avait demandé mon avis, je l'aurais certainement donné favorable.

n'avait pas le choix. « Pourquoi, a-t-on dit, n'avoir pas donné la préférence aux jardins situés au voisinage et dépendant de la poudrerie ? » Par la raison bien simple que le sol d'un jardin est un sol défoncé, presque toujours humide, boueux aux moindres pluies; que le terrain en question n'est point incliné, comme celui qui recevait une partie des tentes, ni drainé, comme celui du manége. Il est vraiment trop facile de trouver mal ce que l'on n'a pas fait.

Cet ensemble contenait de 1000 à 1100 places. Le premier jour on ne reçut que 230 blessés au lieu de 800 annoncés, mais le nombre s'en éleva chaque jour pour arriver, le 7 octobre, à un maximum de 1047 malades, 130 blessés, 917 fiévreux. Les premiers fiévreux y sont arrivés le 7 septembre et, depuis, ils l'ont toujours emporté de beaucoup sur le chiffre des blessés.

Cette ambulance, devenue inhabitable par la mauvaise saison, fut fermée le 20 novembre, sans avoir cessé, pendant toute sa durée, d'être l'objet d'ardentes polémiques entre ses détracteurs et ses défenseurs.

Manufacture de tabacs. Six et sept médecins militaires, deux médecins civils. Grand et magnifique bâtiment, neuf, à peine terminé ; dans un quartier isolé, loin de toute industrie insalubre. Peu de travaux d'appropriation suffiraient pour en faire un fort bon hôpital, avec toutes ses dépendances. Les salles du premier et du deuxième étage sont spacieuses, bien aérées, pouvant contenir chacune jusqu'à 30 et 40 malades. Il n'en est point ainsi du rez-de-chaussée, qui n'avait été construit que pour servir de magasins ; fenêtres fort élevées au-dessus du sol, éclairant mal, aérant plus mal encore.

On y reçut indistinctement des blessés et des fiévreux; cependant le chiffre des premiers l'emporta sur celui des seconds jusqu'au 15 septembre. Dès le lendemain, 16, on comptait 306 blessés, 443 fiévreux; la différence, dès lors, s'est accentuée chaque jour davantage, le rez-de-chaussée fut exclusivement réservé à ceux-ci. Lorsque les salles de l'hôpital militaire, destinées aux varioleux, furent pleines, on ouvrit ici deux salles pour cette catégorie de malades.

L'ensemble de ces salles contenait, pendant le mois d'août et le commencement de septembre, entre 600 et 800 malades. Plus tard on fut successivement obligé de resserrer les lits et l'on arriva au chiffre de 1000. Puis on construisit un baraquement (fort médiocre) dans une cour extérieure et l'on éleva des tentes dans la cour intérieure, tout cela au grand désespoir et en dépit des réclamations incessantes du médecin en chef de l'établissement qui dut, comme chacun, subir la loi de nécessité. Toutes ces ressources permirent d'abriter un maximum de 1400 malades. On y traita quelques officiers, qui ne dépassèrent jamais le chiffre 7.

Les malades n'y reçurent guère que les soins du personnel officiel : médecins, administrateurs, sœurs de Saint-Vincent-de-Paul; l'établissement étant clos, à l'instar de tous les hôpitaux militaires, les femmes du dehors et les étrangers n'y parurent que rarement. Leurs soins y étaient, du reste, moins utiles qu'ailleurs, en raison de l'organisation, relativement bonne, de cette ambulance.

Des établissements gérés par l'administration de la guerre, celui-ci resta le dernier ouvert; depuis le milieu d'août 1870 il fonctionna jusqu'à la fin de mars 1871. Au fur et à mesure de la fermeture des autres ambulances, par suite de la diminution des malades, les restants étaient dirigés sur celle-ci.

Caserne du Génie. Chiffre variable, mais relativement élevé, de médecins civils et militaires.

De toutes les casernes, celle du Génie présentait les conditions les plus favorables pour l'installation d'une ambulance. Située sur un point dominant, à l'une des extrémités de la ville, isolée de toutes constructions étrangères, bien exposée à tous les vents, sinon ceux d'ouest, dont elle est abritée, elle offre, en outre, une excellente disposition intérieure, et peu de travaux d'appropriation seraient nécessaires pour en faire un bon hôpital. Cette caserne se compose d'une vaste cour quadrilatère, occupée par des bâtiments sur trois de ses côtés; le quatrième, regardant la ville, est fermé par une grille en fer; les bâtiments formant ailes sont à deux étages et un rez-de-chaussée, occupés chacun par une série de chambres, s'ouvrant par deux croisées à l'opposite l'une de l'autre, et séparées entr'elles par des murs incomplets qui permettent à l'air de circuler librement dans toutes les directions.

J'avais, dès l'origine, demandé la cession de cette caserne au service des ambulances. Le commandement fit quelque résistance, se basant sur la nécessité de conserver un abri casematé aux troupes qui auraient le plus à souffrir d'un siège, et, par suite, auraient le plus besoin de repos. Ce motif, quelque respectable fût-il, ne prévalut pas, cependant, et le 24 août, sur 969 lits disponibles, 947 étaient occupés par des malades, dont 13 officiers.

Depuis quelques jours la 1re ambulance volontaire française s'était installée dans le bâtiment central, mais elle le quitta bientôt pour prendre possession d'un nouveau local, où nous la retrouverons. Après la capitulation, ce même bâtiment central fut de nouveau abandonné par nous et cédé à l'ambulance internationale anglaise.

L'espacement des lits, d'abord convenable, fut défavorablement modifié; comme ailleurs, on s'encombra, et on dressa quelques tentes dans la cour. Le nombre de lits fut élevé de 969 à 1299, et le chiffre des malades atteignit un maximum de 1222 (le 31 août).

D'importantes annexes furent rattachées à cette ambulance : 1° le magasin à blé de la Citadelle, placé dans des conditions analogues au magasin à blé du Fort-Moselle, dont nous avons déjà parlé ; 2° deux vastes salles du rez-de-chaussée de l'arsenal d'artillerie, mal éclairées, fort mal aérées, difficiles à chauffer, d'une contenance de 600 lits. La contenance totale de ces divers locaux, la caserne comprise, s'éleva à 1844 lits occupés.

L'ambulance du Génie fut une de celles où le service médical fut toujours le plus largement assuré. Cette apparente préférence mérite explication. Plusieurs médecins civils, formant entr'eux une sorte d'association, s'étaient réservé le service de l'aile droite, et comme la plupart avaient d'autres occupations nécessitant l'emploi de la plus grande partie de leur temps, chacun ne se chargeait que d'un nombre fort restreint de blessés. Quant à l'aile gauche, servie par des médecins militaires, elle dut se suffire avec un personnel plus limité; d'ailleurs, dans les instants de besoin, les uns et les autres se prêtaient un mutuel secours. Il est, cependant, une circonstance qui fit penser qu'un bien plus grand nombre de médecins militaires était effectivement attaché à cette ambulance. Après la capitulation, les médecins désignés pour rentrer en France étaient de préférence placés *pour ordre* [1] à la caserne du génie, depuis le moment où ils avaient quitté leur service jusqu'à celui du départ.

Le dévouement des femmes vint largement en aide dans cette ambulance.

Esplanade et jardin de Boufflers. De six à huit médecins.

Le 15 août, notre belle promenade de l'Esplanade se couvrait de tentes et présentait l'aspect d'un camp. Le 1er septembre on les étendait au jardin de Boufflers. Ces deux ambulances n'en formaient en réalité qu'une, par leur contiguïté ; cependant, en raison du grand nombre de malades qui y étaient rassemblés, et pour faciliter l'exécution du service, on avait attribué à chacune d'elles un personnel et un matériel distincts, tant au point de vue médical qu'au point de vue administratif. Deux cuisines sous abris en planches avaient été élevées ; les pharmacies, magasins et autres dépendances étaient sous tentes.

L'Esplanade proprement dite eut une importance numérique bien supérieure à celle du jardin de Boufflers, puisqu'elle compta jusqu'à 1673 malades (le 26 août), tandis qu'ils ne dépassèrent pas 535 dans cette dernière (le 6 octobre). A l'Esplanade, depuis la date indiquée, les malades diminuèrent successivement, mais avec lenteur et quelques alternatives d'augmentation.

Ces deux ambulances étaient surtout destinées

---

[1] Disposition nécessaire pour toucher leurs rations de vivres, celles des ordonnances et les rations de fourrages.

aux blessés; on reçut, cependant, à l'Esplanade, des fiévreux dès le premier jour. Le chiffre de ceux-ci atteignit 160 (le 2 septembre) et tomba graduellement à 48, pour se relever tout à coup à 210, par une évacuation qu'elle reçut en commun avec sa voisine (le 6 octobre). Dans celle-ci, les malades, jusqu'à cette date, n'avaient pas dépassé 434 (8 septembre); c'est alors qu'ils atteignirent le chiffre déjà indiqué de 535, qui baissa rapidement sans se relever.

A l'Esplanade, les malades étaient d'abord couchés sur la paille, deux, quatre et jusqu'à six sous chaque tente, suivant leur degré de maladie, et suivant les nécessités du moment; mais ce qui aggravait cette situation, c'est que les tentes se remplissaient parfois de soldats *maraudeurs* qui, ayant échappé à toute surveillance et à toute autorité, venaient s'y glisser pendant la nuit, pour déguerpir dès l'aube et recommencer leur vie de vagabondage. La paille était changée aussi souvent que le permettaient les nécessités économiques; mais elle devint si rare qu'il fallut bien la laisser infectée, sans pouvoir la remplacer, sinon à de longs intervalles. Puis, on plaça deux couchettes en fer par tente. Pour Boufflers on fit confectionner de petites couchettes en bois.

Les tentes s'infectèrent assez vite, malgré l'excellente exposition de l'Esplanade et du jardin de Boufflers; il eût été urgent de les déplacer, mais l'espace ne permettait de le faire que très-imparfaitement. Nous avons, chaque fois que nous l'avons pu, profité d'une diminution passagère des malades pour en abattre quelques-unes, sauf à les relever ensuite, suivant les besoins. Les mauvais temps et le froid pénétrant sous les tentes, contraignirent à supprimer cette double ambulance dans les premiers jours de novembre.

C'est, sans contredit, à l'Esplanade et à Boufflers que la charité et le dévouement de la population se sont manifestés avec le plus d'éclat. Des dames veillaient aux cuisines, confectionnaient du linge et de la charpie dans le kiosque de la musique, transformé en ouvroir; hommes et femmes rivalisaient de zèle pour seconder les médecins dans une tâche qui, souvent, dépassait leurs forces.

Caserne Coislin. De dix à treize médecins. La caserne de Coislin, vaste bâtiment quadrilatère, situé dans un quartier populeux, entouré de rues étroites, habité par une classe peu soucieuse des exigences de l'hygiène, et dans de mauvaises conditions pour un établissement sanitaire. Une suite d'escaliers partant de la cour aboutissent à des chambres de médiocre grandeur, séparées en deux parties par des demi-murs qui apportent un obstacle à la libre circulation de l'air, malgré les fenêtres opposées pratiquées l'une sur la cour, l'autre sur l'une des rues voisines. Notre choix ne se serait jamais porté sur cet établissement, mais il fallait subir la nécessité et l'armée ne pouvait encore songer à emprunter des locaux à l'administration civile, comme elle dut le faire plus tard.

Ouverte précipitamment le 14 août, pendant la bataille de Borny, cette caserne reçut le plus grand nombre des blessés de cette affaire, avant d'avoir même un commencement d'installation. Ils furent couchés sur les lits de troupes; on improvisa une marmite pour faire du bouillon aux plus nécessiteux; l'administration fournit les médicaments indispensables; la bienfaisance privée fit le reste.

Les journées du 15, du 16 et du 17 furent consacrées aux pansements indispensables et aux opérations les plus urgentes; horrible besogne à laquelle le personnel ne put qu'imparfaitement suffire, malgré un travail incessant, sans perte d'un instant. Une pièce du rez-de-chaussée avait été transformée en chambre de garde et en salle d'opérations, dans laquelle s'entassaient, en monceaux, à la fin de la journée, des débris informes de membres mutilés. Je vois encore ces brancards se suivant à la file, apportant aux opérateurs ces malheureux à l'air calme et résigné, qui attendaient avec anxiété l'instant douloureux de leur délivrance. Ces trois journées laisseront dans ma vie un sinistre souvenir.

Le chiffre des lits qui, pour cette nouvelle destination de la caserne, n'eût pas dû dépasser 600, s'élevait à 1226, nombre fixé abusivement pour les hommes valides. Dès le premier jour, 1066 étaient occupés, mais les décès firent tomber le chiffre des blessés à 790! (le 2 octobre) les sorties étaient, en effet, jusque-là, presque nulles. Cette ambulance ne reçut qu'un très-petit nombre d'officiers.

Les affections internes firent bientôt invasion; il fallut recevoir tous les malades qui se présentaient. De nouveaux lits furent ajoutés, des tentes dressées dans la cour; le 21 octobre, l'ambulance pouvait abriter 1445 malades. Cependant tous les lits ne furent pas occupés, par la nécessité d'en conserver deux à un certain nombre de blessés; le maximum s'éleva à 1327 (le 25 octobre), pour n'entrer en décroissance sensible qu'après le départ du premier convoi de prisonniers et du premier convoi de convalescents rapatriés. Jusque-là, que de victimes de la promiscuité des fiévreux et des blessés! Sur le chiffre de 1327 les blessés comptaient pour 490, les fiévreux pour 837. C'est à partir du 14 octobre que la proportion de ceux-ci l'emporta, d'une manière constante, sur celle des premiers.

Cette caserne est un des établissements où les femmes nous ont prêté le concours le plus empressé ; quelques-unes, modèles de dévouement calme, réfléchi, vraiment utile, sont, jusqu'à la fin, restées fidèles aux malades de Coislin.

Établissements en régie pour le compte de l'intendance.

Hôpital civil de Bon-Secours. Un certain nombre de malades civils (femmes), traités dans cet établissement, avaient été dirigés sur l'hôpital Saint-Nicolas, pour laisser des places disponibles aux blessés de l'armée.

On y a reçu, du 16 août à la fin de novembre, un chiffre variable de 50 à 180 blessés. Mais l'occupation de l'hôpital fut, à plusieurs reprises, le motif de plaintes ou plutôt de réclamations de l'Administration municipale, demandant avec instance son évacuation par les militaires pour faire place aux malades de la classe pauvre, fort nombreux, et qui n'avaient aucun moyen de se faire soigner à domicile. Il a été fait droit à ces demandes légitimes dès que les circonstances l'ont permis.

Collége de Saint-Clément (établissement des Pères Jésuites). Ambulance organisée et dirigée par les Pères et autres personnes de la maison ; installée dans le pensionnat des élèves. Cette ambulance reçut de 100 à 150 malades, dont 31 officiers, presque tous blessés. Ouverte le 16 août, elle a fonctionné jusqu'au 26 novembre, époque à laquelle ses derniers malades ont été évacués, les officiers sur l'École d'application, les hommes de troupe sur les ambulances de Chambière.

Lycée. Deux et trois médecins. Les malades étaient bien installés dans les dortoirs des élèves, sous la prévoyante administration de M. Roguet, proviseur. Des dames de l'établissement et du quartier y prodiguaient leurs bons soins et des dons charitables. On pouvait disposer de 200 lits, et les malades atteignirent exceptionnellement cette limite extrême (du 3 au 5 septembre). Le chiffre minimum, jusqu'au jour de l'évacuation, ne s'abaissa pas au-dessous de 131. On n'y reçut guère que des blessés.

Cette ambulance est restée ouverte du 26 août jusqu'au mois de novembre, malgré les réclamations du proviseur, désirant la voir évacuée dès le 1er octobre, afin d'assainir les locaux avant la rentrée des élèves.

Presbytère de Saint-Simon. Cette ambulance, organisée par les soins et sous la direction de M. l'abbé Humbert, curé de la paroisse Saint-Simon, dans ses appartements du rez-de-chaussée et du premier étage, secondé par M. l'abbé Médinger, son vicaire; resta ouverte du 17 août au 16 février. Elle reçut, dans cet intervalle, 23 officiers et 8 hommes de troupes. Régie pour le compte de l'intendance jusqu'à la fin d'octobre, toute la dépense d'entretien, depuis cette époque, fut uniquement supportée par le digne et honorable curé, qui a su se concilier la reconnaissance, le respect et l'affection de tous ceux auxquels il a consacré son temps et sa fortune [1].

---

[1] Cet excellent prêtre est allé, après la fermeture de son ambulance, jusqu'au fond de la Bretagne, conduire les restes mortels

Salle Foulon (rue Chambière). Petite ambulance organisée par MM. Vacca et Saint-Jacques, dans une salle de bals publics. Elle a reçu, des commencements de septembre jusqu'au mois de novembre, de 35 à 45 malades.

Maison Mamer (rue des Pères-Saint-Georges). Organisée et dirigée par les dames Mamer, dans les salles et dépendances de leur pensionnat de jeunes filles. A reçu de 10 à 25 malades du 25 août au 1er octobre.

École de Sainte-Chrétienne (rue Saint-Vincent). Organisée et dirigée par les religieuses de la maison. A reçu, du 20 août au mois de novembre, de 50 à 60 malades.

Maison de Sainte-Blandine (rue Saint-Marcel). Organisée et dirigée par le R. P. Thro, secondé par le personnel de l'établissement. Du 20 août au 22 septembre a reçu de 15 à 20 malades.

Maison Strauss (rue du Pont-des-Morts). Organisée et dirigée par M. Strauss, médecin principal d'armée en retraite. Moyenne de 15 malades, du 25 août au 20 octobre.

École et direction d'artillerie. Quelques chambres, seulement, de ce vaste bâtiment, furent mises à la disposition des blessés, le tout contenant 115 lits. C'est le chiffre le plus élevé que les malades aient atteint ; mais, en général, il resta plusieurs lits disponibles. On n'y traita qu'un officier.

Une dame de l'établissement se voua tout entière à cette œuvre, présida à l'organisation et à la

---

d'un officier mort à Metz et que sa famille réclamait. Il a ramené, de la même province, une dame de notre pays, qui venait d'y mourir loin des siens.

direction du service. Cette ambulance, ouverte le 18 août, a fonctionné jusqu'au 24 novembre. On fut assez heureux pour y éviter l'encombrement, ou du moins un encombrement excessif.

Écoles centrales. Ambulance organisée sous la direction de M. Thiriet, agent général des écoles, secondé par quelques personnes du voisinage. Les locaux étaient favorablement disposés. Du 17 août au 24 novembre elle reçut de 36 à 120 malades ou blessés.

Bureau de bienfaisance. Organisée par MM. Daunoy, administrateur du bureau, et M. de Tinseau, délégué, secondés par des sœurs de Saint-Vincent-de-Paul et quelques dames du voisinage.

Ouverte du 15 août au 10 décembre. Cependant, dès le 2 octobre, l'administration du bureau de bienfaisance était obligée, en présence des nécessités de la classe pauvre, de diminuer la fixation maxima de l'ambulance, et de l'abaisser de 105 à 80 lits. Cette diminution s'est faite par extinction, au fur et à mesure de la sortie des malades et blessés.

Ambulance en régie pour le compte de l'intendance.

Wagons. Trois médecins. Les malades affluaient, mais les ambulances étaient encombrées de blessures légères, ne demandant que quelques soins, et de malingres trop faibles pour reprendre aucun service, ne réclamant plus qu'une alimentation réparatrice, si l'on avait pu la leur procurer. — Un nombre considérable de wagons couvrait les gares et la voie qui relie l'une à l'autre [1]. M. Dietz, l'habile ingé-

---

[1] Wagons à marchandises et non à voyageurs. Ils convenaient, du reste, mieux pour l'usage auquel on les a appliqués.

nieur de la Compagnie de l'Est, offrit de mettre cette importante ressource à la disposition du service des ambulances. Cette offre fut immédiatement acceptée, non que les wagons pussent faire pour les malades un abri désirable, mais parce qu'ils étaient, du moins, un pis-aller qu'on ne pouvait dédaigner. Je proposai de les laisser sur la voie ; ils n'auraient pas contribué à contaminer l'air de la ville, n'auraient pas augmenté, dans une énorme proportion, cette accumulation de malades sur un point circonscrit, résultant des ambulances de la caserne du génie, de l'Esplanade, du jardin de Boufflers, de l'École d'application, du palais de justice, sans parler des ambulances particulières existant dans le voisinage. Des motifs stratégiques ne permirent pas d'accueillir cette proposition. Il fut décidé que les wagons seraient amenés sur la place Royale, et disposés en rangées successives sous forme de rues, parallèlement à la grille de la caserne. Mais ces wagons exigeaient un aménagement particulier pour les adapter à leur nouvelle destination. J'aurais voulu d'abord qu'on reliât entr'eux tous ceux d'une même rangée, par une suite de planches au niveau de l'entrée, pour permettre une circulation facile de l'un à l'autre ; c'eût été singulièrement faciliter le service, chose importante dans des circonstances où chacun a besoin de ménager ses forces pour les faire durer davantage. On dépensa autant à faire un escalier pour monter à chacun d'eux, sans les relier. Je proposai d'étendre simplement sur le plancher de la paille, sur laquelle on pourrait, à volonté, placer des paillasses, des matelas et même des lits. On préféra superposer, à chacune des extrémités du wagon, deux hamacs, bien suspendus, et placés deux par deux, côte à côte. On pouvait donc loger huit malades par wagon. Une fois installés, ils y étaient bien, mais il était difficile d'utiliser ces hamacs pour des hommes atteints de blessures aux membres, surtout aux membres inférieurs; la liberté des mouvements était nécessaire pour y monter et en descendre. Mais cette disposition présentait un autre inconvénient: c'est que les malades placés à l'étage inférieur étaient exposés à être atteints par les déjections de ceux d'en haut. Ces inconvénients étaient, du reste, atténués par le choix même des malades, qui devaient être dispos et aptes à se servir de leurs membres.

D'une manière générale, les wagons offrent un défaut contre lequel je vois peu de remède. Frappés par le soleil, ils s'échauffent au point de devenir presqu'inhabitables. La planche unique qui les sépare de l'extérieur n'offre contre la chaleur qu'une protection insuffisante; par le froid, l'air y pénétrant de tous côtés en rend encore le séjour insupportable. Aussi, fut-on obligé de les abandonner de bonne heure, au grand contentement de leurs habitants.

En résumé, les wagons nous ont rendu des services, parce que nous n'avions pas le choix des moyens, mais c'est assurément un fort mauvais mode d'ambulance.

Le service de l'administration, qui s'était installé dans des wagons ou sous de vastes prélarts, est resté tout entier aux mains des employés de la ligne, qui s'en sont parfaitement acquittés, sous l'énergique impulsion de M. Dietz. On a trouvé, parmi ces hommes dévoués, d'intelligents infirmiers.

Le maximum de malades s'est élevé jusqu'à 1565 (le 10 octobre), il ne tomba jamais au-dessous de

914, dans les derniers jours de cette ambulance, qui fut évacuée vers le milieu de novembre.

Palais de justice. Trois, puis deux médecins. L'exercice de la justice étant resté suspendu pendant le blocus, M. Darnis, premier Président de la Cour impériale, eut la belle pensée d'ouvrir une ambulance dans certains locaux disponibles du palais. L'organisation en fut confiée aux femmes des magistrats, et la magistrature couvrit, par une souscription de 10000 francs, la plus grande partie des dépenses d'entretien. L'administration en fut confiée à M. Cotelle, conseiller. Malheureusement les vestibules, qui avaient été, pour une partie, convertis en salles de blessés, étaient froids, et dès les premiers mauvais jours on dut songer à l'évacuation, qui ne fut retardée que par l'encombrement des autres établissements. D'autre part, M. le premier Président avait à cœur de reconstituer les services de la justice aussitôt après la levée du blocus, et le 29 octobre il me faisait demander dix ou douze lits disponibles, soit à l'hôpital militaire, soit dans l'une des casernes-ambulances, en faveur des blessés réclamant encore des soins particuliers, les autres pouvant être admis au dépôt des convalescents.

Du 17 août au 5 novembre, on y reçut de 100 à 158 blessés, dont plusieurs officiers.

École d'application de l'artillerie et du génie. Cinq, puis trois médecins. Tout le bâtiment destiné au casernement et à l'infirmerie des élèves fut converti en ambulance pour les officiers. (Quelques soldats, gravement blessés, y furent exceptionnellement admis.)

Le casernement comprend une série de chambres à deux lits, quelques-unes à un lit, réparties dans cinq divisions distinctes du bâtiment, desservies par autant d'escaliers, et disposées en un rez-de-chaussée et trois étages. L'infirmerie était composée, outre les pièces destinées au service, de quatre chambres contenant de deux à quatre lits.

La gestion de l'ambulance fut confiée à l'infirmière de l'École, même après qu'on y eût attaché un officier d'administration comptable. Cette ambulance fut une de celles où la bienfaisance publique et privée fut le plus remarquable; les objets de pansement, les vins généreux, les médicaments utiles, y furent toujours au niveau des besoins. Si l'alimentation, là comme ailleurs, laissa beaucoup à désirer dans les jours qui précédèrent la capitulation, on ne peut en accuser que les événements.

L'ambulance de l'École fut presqu'exclusivement occupée par des blessés. Le chiffre le plus élevé auquel elle ait atteint est de 88 officiers, 7 soldats, total 95. Elle pouvait disposer de 120 lits, mais deux lits étaient nécessaires à plusieurs officiers blessés.

Maison de la Régence (rue Serpenoise, 10). Organisée par MM. Doizy et Mariotte, dans un local fourni par la Société chorale de Sainte-Cécile. 12 lits, du 20 août au 22 novembre.

Maison Thiriet (rue Tête-d'Or, 12). Mêmes organisateurs. Gérée gratuitement par quelques personnes du quartier pendant les dix premiers jours. 13 lits, du 17 août au 10 octobre.

École Friedland (place de ce nom). Organisée par M. Feuilletaine, instituteur communal et quelques personnes du voisinage. A reçu 25 malades du 20 août au 21 novembre. Évacuée à cette date, sur l'ambulance Coislin, par ordre d'un médecin prussien.

Dispensaire. Trois, puis deux médecins. J'extrais la note suivante d'un rapport adressé, le 20 août, par M. le médecin-major de première classe Bécœur, à M. le médecin en chef de l'armée (baron Larrey), et à moi-même quelques jours plus tard.

« La retraite de l'armée sur Verdun m'ayant laissé à Metz dans l'impossibilité de rejoindre le 5ᵉ corps, auquel j'appartenais, je m'empressai d'offrir mes services à M. le médecin principal Grellois, alors chargé de la direction médicale de l'ambulance Coislin; mais le 17 août un convoi de 6000 blessés fut annoncé, et l'on se mit en hâte à la recherche de locaux pour recevoir ces blessés. Le personnel médical était insuffisant et chacun dut user de son initiative personnelle pour venir au secours de l'administration aux abois et à bout de ressources.

» Je résolus de me mettre de mon plein gré à la tête d'une ambulance que je créerais; il n'y avait pas à réfléchir : il fallait agir promptement. Je m'adjoignis un collaborateur des plus zélés et des plus instruits, M. Pinchard, médecin aide-major de première classe.

» J'en prévins M. Grellois et, avec son assentiment, je me rendis au Dispensaire municipal, dirigé par des sœurs et pouvant contenir de 70 à 80 lits. Chemin faisant je rencontrai de nombreux blessés, errant à l'aventure, qui sur des cacolets, qui sur des voitures de toutes sortes, et je les dirigeai sur l'établissement. J'y trouvai un vénérable médecin, M. Dufourq, âgé de soixante-douze ans, qui m'accueillit avec la meilleure grâce et me laissa prendre la direction du service.

» Il fallait tout créer : le linge et les instruments manquaient; mais avec le concours des bonnes sœurs et de quelques personnes dévouées de la ville, tout s'organisa rapidement : les lits furent disposés et s'emplirent de blessés. On apporta du linge; nous nous procurâmes quelques instruments, et, dans les vingt-quatre heures, tous furent pansés, toutes les opérations urgentes furent pratiquées. »

Plus tard, l'affluence des malades obligea, là comme ailleurs, à resserrer les lits. Le 8 septembre on les portait de 78 à 85; le 15 octobre il était élevé à 100. L'effectif des malades, tous blessés, suivait naturellement cette progression. Du minimum 53, il est successivement monté à 100, dont 5 officiers.

Évacuée le 26 novembre.

École Mazelle. Organisée par M. Salmon, conseiller municipal, secondé par des directrices de salles d'asile et des institutrices municipales. A reçu, du 17 août au 15 novembre, de 39 à 107 malades, répartis dans toutes les chambres de la maison. Évacuée sur Coislin par ordre d'un médecin prussien.

École de la Grève. Organisée par M. Salmon et des sœurs de Sainte-Chrétienne. A reçu de 28 à 83 malades du 17 août au 15 novembre.

Établissements régis à forfait.

École protestante. M. Brulfer, instituteur à l'école protestante, a bien voulu m'adresser un rapport sur l'ambulance établie dans ce local. J'en extrais les passages suivants :

« Dès les premiers jours qui suivirent la déclaration de guerre, les membres de notre Église pensèrent ne pouvoir rester étrangers au mouvement généreux qui se manifestait à Metz en faveur des blessés. Il fut alors décidé qu'une ambulance serait établie dans notre salle d'école, et aussitôt des personnes charitables mirent à notre disposition des lits et objets de couchage, tandis qu'une souscription nous permettait de couvrir les premiers frais d'installation. En même temps un atelier fut organisé au temple même, et des dames y préparèrent le linge et la charpie dont on prévoyait le besoin.

» Le lendemain de la bataille de Gravelotte, les blessés, qui affluaient à Metz, vinrent occuper les 14 lits dont nous pouvions disposer. Cependant, au spectacle de tant de maux, des femmes étaient spontanément accourues et furent les infirmières les plus dévouées. Elles firent, pendant deux mois, les pansements les plus délicats et les plus difficiles.

» Tous les remèdes prescrits par les médecins ont été pris dans les meilleures pharmacies de la ville; nous n'avons reculé devant aucune dépense pour procurer à nos malades ce qui était nécessaire à leur rétablissement, — bismuth, sulfate de quinine, vin de quinquina, vin de Bordeaux, etc. Nous avons pu leur donner, à chaque repas, un potage, de la viande, des légumes et du vin ».

Cet établissement a été fermé au milieu de novembre.

Maison de M. l'abbé Risse (rue de la Fonderie). Ambulance organisée dans les bâtiments de la Société des jeunes ouvriers, par M. l'abbé Risse, directeur de cette Société, avec le concours du personnel de la maison et de quelques dames du voisinage. La disposition intérieure du local laissait à désirer. Une sorte de vestibule, entièrement ouverte d'un côté, était transformée en salle de malades, qui n'y étaient pas suffisamment à l'abri du froid et de l'humidité. On n'y plaçait, d'ailleurs, que les affections les plus légères. Les autres chambres, au contraire, péchaient par défaut d'aération ; mais les soins assidus dont on entourait les malades contre-balançaient l'effet de ces dispositions locales. Du 14 août au 15 novembre on y reçut de 40 à 45 malades.

Maison du Bon-Pasteur. Organisée par les religieuses et le personnel de la maison. Du 20 août au 20 octobre on y reçut de 40 à 50 malades.

Maison de la Maternité. Organisée par les religieuses de la maison. Du 20 août jusque vers le milieu d'octobre a reçu de 15 à 25 malades.

Couvent de la Visitation (maison cloîtrée). Organisée par les religieuses de la maison. A reçu, du 16 août jusqu'au 21 novembre, de 20 à 58 malades. Évacuée par ordre d'un médecin prussien.

Écoles israélites. Organisées en ambulance par les soins de M. Bloch, ancien instituteur, avec l'assistance de voisins charitables.

Hospice israélite. L'administration de cet établissement a mis 20 lits à la disposition des blessés, sans distinction de culte. A reçu des malades de l'armée du 16 août à la fin d'octobre.

Maison des Orphelins. Organisée par les sœurs de Saint-Vincent-de-Paul, attachées à la maison. Du 20 août au 20 octobre a reçu de 25 à 35 malades.

Maison des Orphelines. Organisée par les religieuses de l'établissement. A reçu, du 20 août au 2 octobre, environ le même nombre de malades que la précédente.

École Normale. Organisée par M. Coulet, directeur de l'École, assisté d'élèves-maîtres. A reçu, du 18 août au commencement d'octobre, de 30 à 40 malades.

Écoles des Frères (rue Taison). Organisée par le

personnel de la maison. A reçu 15 malades du 20 août au commencement d'octobre.

Ligue de l'Enseignement (place de Chambre). Organisée par M. Vacca et les membres de la Ligue. A reçu, du 20 août au 20 octobre, de 10 à 18 malades ou blessés.

Maison Fizaine (rue Nexirue). Même organisateur, aidé de quelques dames du voisinage. Destinée surtout à des convalescents ou des blessés légèrement atteints; en a reçu de 25 à 30 depuis la fin de septembre jusqu'aux premiers jours de novembre.

Maison particulière (rue des Roches). Organisée par M. Pagel. A reçu de 10 à 15 malades depuis la fin d'août jusqu'à la fin de septembre.

Maison particulière (rue Serpenoise, 9). Organisée par quelques dames du quartier, dans un appartement inhabité. A reçu de 17 à 30 malades, entre le 17 août et la fin d'octobre.

Maison particulière (rue de la Chèvre, 19). Organisée par M. Vacca et les membres de la Loge maçonnique des Amis de la Vérité. De 12 à 14 malades, du 25 août à la fin d'octobre.

École de Sainte-Chrétienne (rue Taison). Organisée par les religieuses de Sainte-Chrétienne. A reçu de 20 à 40 malades, du 17 août au 28 octobre.

Loge maçonnique (rue de la Fontaine). Organisée par MM. Vacca, Saint-Jacques et quelques dames. A reçu de 12 à 15 malades, du 21 août au 24 novembre.

Grand séminaire. Organisée par le personnel de l'établissement et des sœurs de Sainte-Chrétienne. A reçu, du 20 août au milieu de novembre, de 50 à 70 malades, presque tous officiers, installés dans les dortoirs des séminaristes.

Hospice Saint-Nicolas. L'administration des hospices avait mis à la disposition de l'armée un chiffre de lits qui s'éleva jusqu'à 120. Cet établissement eut beaucoup à souffrir de l'encombrement qui justifia, pour son évacuation par les militaires blessés, les mêmes plaintes que Bon-Secours.

Maison Moreau (rue Mazelle). Organisée par M. Moreau et sa famille. A reçu 45 malades, de la fin de septembre au 21 novembre, jour de son évacuation, par ordre d'un médecin prussien.

Couvent du Sacré-Cœur. Organisée par les religieuses de la maison avec l'aide de quelques autres personnes. A reçu 40 à 60 blessés, très-bien installés, du 16 août jusque dans le courant de novembre.

Maison Georges (rempart Serpenoise). Organisée par M. Georges, secondé par sa famille et quelques voisins. A reçu de 15 à 18 malades entre le 20 août et le 8 novembre.

Maison des sœurs de l'Espérance (rue Châtillon). Organisée par les dames de la maison. 10 malades, du 20 août jusqu'au mois de novembre.

Maison de Sainte-Chrétienne (rue Saint-Gengoulf). Cette ambulance a été ouverte le 17 août 1870. Évacuée le 17 août 1871, moins un blessé et son infirmier, qui ne sont partis que le 16 octobre. Pendant toute sa durée, cette ambulance a reçu 360 malades. Les deux tiers environ y ont séjourné sept à huit mois.

Pendant huit mois l'effectif s'est maintenu à 100 malades. 12 officiers y ont été soignés. Il n'y a eu de fiévreux que pendant le blocus et leur chiffre n'a jamais dépassé 20.

Tous les prisonniers malades rentrant d'Allemagne et passant à la gare de Metz, purent, d'après l'autorisation demandée par une dame de la ville, et accordée par M. le Gouverneur avec le plus louable empressement, s'arrêter jusqu'au lendemain à cette première étape encore si française pour eux, et s'y reposer des fatigues et des souffrances d'un voyage de quatre à cinq jours, effectué par les chaleurs les plus accablantes dans des wagons à bestiaux ou à marchandises. Quel spectacle navrant offrait ce bataillon d'éclopés, pâles, hâves, presque en haillons, suivant une femme munie du laisser-passer ordinaire ! Tous ces malheureux, au nombre de 50 à 70 à chaque convoi, se rendaient, les plus malades en voiture, les autres se traînant péniblement, de la gare au couvent où les attendaient, avec les soins empressés des admirables religieuses, le souper reconfortant et le lit blanc dont ils étaient privés depuis si longtemps.

Du 11 au 23 mars le reste des blessés français, soignés à la manufacture de tabacs, furent évacués sur Sainte-Chrétienne qui, à dater de cette époque, est restée l'unique ambulance française à Metz. Cependant un capitaine (M. Lebrun) est resté à l'École d'application jusqu'au 11 avril, jour où il est venu aussi à Sainte-Chrétienne. Le 12 juin cette maison a reçu encore, par ordre du médecin en chef prussien, trois hommes du pénitencier, fiévreux. Pour consacrer son caractère international, elle a hospitalisé aussi 5 blessés prussiens.

Maison Claudin (34, rue de la Chèvre). Organisée par MM. Doizy, Mariotte et Paquant et des personnes de leurs familles. A reçu de 15 à 18 malades, du 19 août au 21 novembre.

Maison de Saint-Vincent-de-Paul (rue des Parmentiers). Organisée par les membres du conseil de l'œuvre, sous la direction de MM. de Faultrier et

Le Mercier. A reçu de 10 à 20 malades, du 17 août au 8 octobre.

Ambulance du Polygone.

On sait dans quelles conditions fut décidée la création, par la municipalité de Metz, d'un vaste baraquement, à proximité de la ville, pouvant abriter environ 2000 malades, avec les dépendances nécessaires à tous les services d'un grand établissement hospitalier.

Après quelqu'indécision sur l'emplacement le plus convenable, on se décida pour le polygone d'artillerie, situé au nord-est de la ville, dans l'île Chambière, formée par deux bras de la Moselle. C'est un terrain d'alluvion, dans lequel des sondages à une faible profondeur atteignent facilement la nappe des eaux d'infiltration de la rivière [1].

La construction de ces baraques fut confiée à M. Demoget, architecte de la ville, qui fit marcher les travaux avec une remarquable activité et une entente parfaite des exigences de l'œuvre. S'inspirant des constructions temporaires si habilement exécutées, dans le même but, aux États-Unis d'Amérique pendant la guerre de sécession, il choisit, parmi les divers modèles décrits et figurés dans la sixième circulaire du *surgeon general office* [2], celui qui lui parut le mieux approprié aux dispositions locales. Il se fixa sur l'hôpital général de Lincoln et en adopta

---

[1] Plusieurs personnes (entr'autres M. Méry et moi) auraient préféré la plaine du Ban-Saint-Martin, pour plusieurs motifs qu'il est inutile de développer ici, mais que l'expérience semble avoir sanctionnés.

[2] Washington, 1er novembre 1865.

le plan, sauf quelques modifications pour les baraques destinées aux malades ; il disposa dans un autre ordre les accessoires et dépendances, mais sans modifier bien sensiblement l'ensemble [1].

Les pavillons des blessés, dit M. Demoget, au lieu d'être posés parallèlement à la bissectrice de l'angle, comme à l'hôpital Lincoln, étaient légèrement inclinés, de manière à former une espèce d'épi. Cette disposition facilitait la circulation de l'air entre les pavillons et donnait un angle moins aigu pour le raccord avec le passage couvert. Ces pavillons, espacés entre eux de 8 mètres [2], étaient parallèles les uns aux autres, imbriqués d'un seul côté et sur la moitié de leur longueur, pour éviter, autant que possible, que l'air vicié de l'un ne fût porté sur l'autre. L'aération intérieure était ménagée par des châssis mobiles et garnis de vitres, disposés verticalement dans la toiture. Celle-ci était en planches [3], qui se disjoignirent par la sécheresse et formèrent de nombreuses gouttières, qui incommodaient fortement les malades.

Les pavillons étaient au nombre de 30, contenant chacun 50 lits [4]. Pour compléter ce chiffre, l'empla-

---

[1] M. Demoget a publié un livre important sur l'ambulance du Polygone, au point de vue architectural. — In-8º, Paris, Alfred Cerf, 1871.

[2] Les Américains veulent 10 mètres de séparation entre les baraques.

[3] M. Demoget conseille les couvertures en zinc ou en carton bitumé, ce qui n'entraîne pas une dépense considérable. On peut alors chauffer les salles, surtout en les faisant plâtrer à l'intérieur jusqu'à la hauteur des fenêtres.

[4] En Amérique les baraques étaient disposées pour 60 lits. En Allemagne on s'arrête à 50. La proportion de 50 me paraît la plus convenable. Cependant, si l'on considère que nos règlements admettent un infirmier pour 12 malades, les baraques pourraient

cement ayant été coupé pendant la construction par une route militaire, on fut obligé d'en disposer cinq vers la base du triangle.

Le long de chaque baraque régnait un fossé de 30 centimètres de profondeur sur 40 centimètres de largeur, pour recevoir les eaux pluviales. Sous les planchers, élevés de 50 centimètres au-dessus du sol, on avait, comme préservatif de l'humidité, étendu une couche de crasse de forge.

Chacune des baraques, longue de 52 mètres et large de 7 mètres, était ouverte à chaque extrémité par une porte de 2 mètres de largeur. Deux cabinets avaient été réservés aux extrémités : 1° pour le médecin traitant ; 2° pour la sœur ; 3° pour l'infirmier-major ; 4° pour servir de dépôt. Des toiles cirées étaient étendues sous les lits.

Une salle avait été aménagée pour recevoir les officiers, et une autre, construite avec un soin particulier, était destinée aux amputés ou aux hommes atteints des blessures les plus graves.

Les latrines constituent toujours, dans l'installation des hôpitaux, l'une des difficultés les plus sérieuses. Trop rapprochées des salles, elles les infectent, à moins de soins constants qu'il est souvent difficile d'obtenir de gens peu soucieux de l'hygiène ; trop éloignées, elles exposent à des refroidissements les malades qui s'y rendent. Voici ce qui a été fait au

---

être à 36 ou 48 lits, c'est-à-dire pour trois ou quatre infirmiers. Ce dernier chiffre me semblerait préférable au premier. Chaque lit doit occuper, en y comprenant l'espace vide de chaque côté, une largeur de 2 mètres, ce qui donne à la baraque une longueur égale au nombre de lits, ceux-ci étant disposés sur deux rangs, sans comprendre dans cette longueur l'espace réservé aux cabinets placés à chaque extrémité.

Polygone de Metz. Chaque baraque avait à son extrémité, à 5 mètres au delà, et dans le même axe, son cabinet d'aisances couvert, composé de quatre loges (trois suffiraient). Quatre cuvettes, réunies vers le centre, venaient se déverser dans un large entonnoir mobile en zinc, aboutissant à une tinette, que l'on transportait au moyen d'un traîneau par le côté incliné de la fosse préparée à cet effet. Le plancher des loges était recouvert d'un béton en ciment de Vassy, disposé, au moyen d'une pente assez prononcée, pour faciliter l'écoulement des liquides vers la cuvette. Le bas des cloisons était goudronné jusqu'à la hauteur d'un mètre. (Il serait préférable, dit M. Demoget, de le garnir de zinc.) Un écran, placé en avant, masquait l'entrée des loges. Les lieux étaient lavés chaque jour avec une solution de chlorure de chaux ; les tinettes étaient désinfectées par le sulfate de fer (1 kilog. pour 10 litres d'eau).

Pour les malades qui ne pouvaient quitter la salle, des chaises percées étaient disposées dans le cabinet-dépôt.

Les malades affluant avant que les baraques fussent terminées, on les installait provisoirement sous des planches disposées en arc-boutant, garnies d'une couche de paille et qui n'étaient qu'un préservatif bien insuffisant contre les intempéries. Ces abris, qui permirent de loger 500 hommes pendant plus de quinze jours, reçurent des soldats, en raison de leur forme, le nom pittoresque de *bonnets de police*.

Les bâtiments destinés aux services administratifs et offrant tout ce qu'on peut demander à un hôpital permanent, étaient groupés au centre. Le lavage se faisait hors de l'établissement. Ces bâtiments étaient reliés aux salles de blessés par de longues galeries couvertes en zinc, qui servaient de promenoirs et d'abris contre la pluie.

Les matériaux employés dans cette construction, les planches notamment, avaient les dimensions courantes du commerce, ce qui permettait l'achat et la revente dans les conditions les plus avantageuses et donnait une économie de temps non moins précieuse [1].

Les constructions, commencées le 27 juillet, étaient terminées le 1er septembre.

Mais l'emplacement du Polygone ne tint pas ce qu'il avait promis, ou plutôt ce qu'on s'en était promis. Le terrain, sablonneux à la superficie, est argileux à une faible profondeur ; les pluies l'eurent bientôt défoncé, et formèrent une boue épaisse ou liquide, qui rendait le parcours de la plaine extrêmement difficile, sinon impossible ; les eaux « envahissaient l'enceinte elle-même, et, séjournant dans les parties basses, occasionnaient des troubles graves dans le service [2]. »

---

[1] Un proverbe dit : « Perte de temps, perte d'argent. » En temps ordinaire ce proverbe est vrai, mais en guerre il ne l'est plus ; il reste au-dessous de la vérité, car une avance de quelques jours peut sauver la vie à des milliers d'individus. Aussi, l'architecte ou l'ingénieur chargé de la construction d'un hôpital temporaire doit-il bien se pénétrer de ce principe et chercher par tous les moyens possibles à diminuer la main-d'œuvre en employant les matériaux tels qu'ils se trouvent dans le commerce, et à la simplifier pour qu'elle puisse être faite par tous les ouvriers de bâtiment. Inutile d'ajouter que toute espèce de luxe doit être bannie de ces sortes de constructions, on ne doit rechercher que le bien et surtout l'utile. Du reste, la symétrie du plan et la grandeur de l'ensemble donneront toujours un aspect agréable, et si l'hôpital a une certaine étendue, cet aspect deviendra imposant (Demoget, l. c., p. 94).

[2] A la suite d'une de ces pluies torrentielles, la cuisine fut envahie

Un grand rassemblement d'hommes et de chevaux (toute la cavalerie de la garde) remplissant tout l'espace de l'île non occupé par l'ambulance, vint augmenter, dans une large mesure, ces fâcheuses dispositions naturelles, et le Polygone ne fut bientôt plus qu'un large cloaque, dans lequel les malades n'osaient et ne pouvaient s'aventurer. Ajoutons-y les émanations animales résultant de cette agglomération, ainsi que le voisinage immédiat d'un vaste cimetière dans lequel le sol était incessamment bouleversé, et nous comprendrons que l'ambulance, édifiée pendant la belle saison, dans de bonnes conditions hygiéniques apparentes, se soit trouvée, les mauvais temps venus, dans une déplorable situation.

Elle comptait, au 26 août, 1882 blessés, dont 30 officiers.

Le 3 septembre ce chiffre avait atteint son maximum, 2218 blessés, dont 42 officiers. (Ce chiffre n'a pu être atteint qu'en augmentant le nombre de lits dans les salles, qu'en encombrant, ici comme partout ailleurs.)

Les premiers fiévreux y furent reçus le 15 septembre au nombre de 226, dont 1 officier. Cette catégorie de malades n'a jamais dépassé le chiffre de 682 (le 1er octobre), alors que l'établissement comptait encore 776 blessés, dont 29 officiers. Cette ambulance, dont l'évacuation avait commencé quelques jours avant sa clôture, fut fermée le 27 novembre.

On verra plus loin (correspondance) quelles diffi-

---

et la sœur qui en avait la direction, pour assurer la distribution du soir aux malades, dut y séjourner assez longtemps, ayant de l'eau jusqu'à mi-jambe. Elle y contracta une fluxion de poitrine, dont elle mourut peu de jours après. (*Le Blocus de Metz*, p. 103.)

cultés souleva l'envoi de fiévreux au Polygone, administrateurs et médecins déclarant que cet établissement n'avait été créé qu'en vue des blessés. Il m'a toujours paru qu'à l'instar des autres, il avait été créé en vue de tous les besoins.

Ses conditions topographiques depuis la concentration de troupes et de chevaux dans son voisinage, circonstance malheureuse qu'on ne pouvait prévoir lorsqu'on fit choix de ce terrain, y furent une cause active de mortalité.

Les administrateurs improvisés et volontaires de cette ambulance firent preuve d'un grand dévouement en acceptant ces pénibles et délicates fonctions auxquelles leurs travaux habituels ne les avaient pas préparés. A ce titre, MM. Émile Michel, Noblot et Émile Sturel ont droit à une mention toute spéciale; ils ont, assurément, bien mérité du pays. Mais nous ne pouvons omettre de dire qu'elle dut, plus que toute autre, fonctionner dans de bonnes conditions relatives, grâce à un personnel dispensé avec un luxe inconnu partout ailleurs. Médecins [1], pharmaciens, sœurs de charité, employés divers, s'élevaient au chiffre respectable de 300 personnes, auxquelles il faut ajouter les dames, en grand nombre, qui venaient

---

[1] « M. le docteur Isnard, ancien médecin principal des armées, officier de la Légion d'honneur, membre de la Société de chirurgie, ancien professeur à l'hôpital militaire d'instruction de Metz, avait dirigé le service médical des ambulances de Brescia pendant la campagne d'Italie. Cet habile praticien, bien connu par ses travaux dans le monde chirurgical, fut désigné à l'unanimité par les médecins de Metz, réunis à l'hôtel de ville, comme médecin en chef de l'ambulance du Polygone. Il dirigea ce service depuis le 1er août jusqu'au 28 novembre avec un talent et un zèle au-dessus de tout éloge, et faillit être victime de son dévouement. Aussi, après l'évacuation de l'ambulance les médecins traitants et leurs aides, en

y prodiguer leurs soins¹. Mais cette ambulance était la *chose* de la ville, et les habitants, le Conseil municipal en tête, tenaient à honneur de la placer, de la maintenir dans des conditions dignes de la noble cité. Nulle part l'assistance privée ne se montra si généreuse².

Si la centralisation eût été effective plutôt que nominale, en ce qui concerne cet établissement, entre les mains de l'intendance et du médecin en chef, une plus équitable répartition du personnel et des douceurs matérielles eût été faite, à son détriment sans doute, mais à l'avantage de beaucoup de nos pauvres déshérités de certaines ambulances. Tous n'avaient-ils pas des droits égaux ?

reconnaissance des services rendus par M. Isnard, se réunirent pour offrir un souvenir de reconnaissance à leur maître vénéré. » (Demoget, l. c., p. 250.)

Je suis heureux de m'associer à cet éloge si mérité, et d'exprimer mes sentiments d'affection envers l'un de mes plus anciens et de mes meilleurs camarades. Nous avons franchi ensemble une grande partie des étapes de notre carrière.

¹ Un omnibus spécial amenait deux fois par jour, de la ville à l'hôpital et de l'hôpital à la ville, aux heures du service, les médecins et autres personnes attachés à l'ambulance.

² Les dépenses de construction se sont élevées à 165 000 fr. 1 c., sur lesquels il faut déduire 80 000 francs pour la revente des matériaux. Il reste net 83 000 francs.

Les sommes dépensées pour le matériel, les appointements et gages du personnel, la nourriture des malades, des sœurs, des infirmiers, s'élèvent à 294 142 francs (jusqu'au 29 novembre). Total 377 142 francs.

Ce total eût été, certes, moins élevé si l'on avait pu opposer une digue salutaire aux dilapidations d'un personnel subalterne qu'on n'avait eu ni le temps ni les moyens de choisir et sur lequel administrateurs et médecins ne pouvaient exercer qu'une surveillance inefficace, dans un établissement mal clos et ouvert à tout venant.

Montigny. Le deuxième corps d'armée avait établi son ambulance à Montigny. Après la capitulation elle passa au service médical et administratif de la place.

Cette ambulance était disséminée en un certain nombre de petits établissements (sous l'active surveillance de M. Didion, maire de la commune), dont le centre administratif était à la vermicellerie.

Le 20 novembre les Prussiens ordonnèrent l'évacuation de ces divers établissements, pour y placer leurs propres malades, moins la vermicellerie, où se trouvait encore un petit nombre de blessés. Quelques jours après on y reçut les convalescents de variole, dans l'établissement des papiers peints.

A la date précitée il restait encore à Montigny 251 malades, suivant les registres de l'administration; mais ce chiffre était exagéré en fait, parce qu'il comprenait une vingtaine d'officiers ou soldats partis pour France à leurs risques et périls et qui figuraient encore sur les listes de l'officier comptable.

A partir du 1er décembre, le service médico-chirurgical de Montigny fut complétement assuré par les médecins prussiens, sans qu'aucun avis en eût été donné ni à l'administration française ni au médecin en chef.

Petit séminaire. Ambulance gérée pour le compte de l'intendance par le supérieur, avec l'aide des ecclésiastiques de la maison, des élèves et des sœurs de Sainte-Chrétienne. Les premiers malades (officiers) y furent reçus dès le 6 août et la maison fut occupée par des malades ou blessés jusqu'au 6 mars 1871.

On y reçut 170 officiers et 300 soldats.

Sacré-Cœur. On reçut dans cette maison religieuse, sous la direction de Mme la Supérieure, environ

100 blessés dans les dortoirs des élèves. Mais dans les premiers jours d'octobre, M. le médecin principal Marmy reconnut qu'une des salles était infectée, et qu'on ne pouvait plus y recevoir de malades. En conséquence de cette déclaration, Mme la Supérieure demanda qu'on réduisît les lits au nombre de 46. Consulté à cet égard, je proposai d'accueillir favorablement cette demande et reconnus l'urgence d'évacuer le dortoir, comme premier moyen efficace à opposer à l'infection. « On ne saurait, ajoutai-je, admettre de nouveau des jeunes filles dans ce dortoir sans l'avoir, au préalable, soumis à de puissants moyens de désinfection. »

Devant-les-Ponts. Le comité de la souscription française en Angleterre avait mis à ma disposition, par l'entremise de son secrétaire, M. Pierrard, une somme de 2500 francs, comme expression « de sa sympathie pour les victimes de la guerre dans notre malheureuse ville. »

Je trouvai immédiatement l'emploi d'une partie de cette somme en faveur des malades évacués sur Pont-à-Mousson et que j'avais été voir, le lendemain de leur arrivée dans cette ville, pour m'assurer par moi-même des secours qu'ils pourraient y trouver.

Cependant une personne habitant les environs de Metz, avait ouvert sa maison à quelques infirmes, qu'elle se disposait à garder jusqu'à ce que les événements leur permissent de rentrer en France. La somme restant, que je mis à sa disposition, lui donna les moyens d'élever à vingt le chiffre de ses infirmes, choisis surtout parmi des amputés qui, bien que convalescents, étaient hors d'état de supporter un voyage et ne pouvaient, sans danger, prolonger leur séjour dans les ambulances.

Les frais d'installation, de nourriture, de chauffage, furent, en grande partie, couverts par cette somme, à laquelle il convient d'ajouter 80 francs, don volontaire à l'œuvre, de M. le médecin principal Fuzier, et de 50 francs remis par un officier blessé (anonyme) à M. Richon, son médecin; enfin les libéralités de la Société britannique lui vinrent largement en aide.

Une bonne alimentation, l'emploi des toniques, des chambres bien chauffées et de bons vêtements (donnés par cette Société), mirent ces infirmes en état de rentrer en France complétement rétablis, après un séjour de trois mois à la campagne.

Chaque jour des pauvres et des vieillards de la commune venaient prendre leur part aux repas des malades. Après le départ de ceux-ci, quelques vêtements excédants et les objets de literie furent distribués à vingt-quatre indigents, sur une liste dressée par le maire.

Le compte détaillé de l'emploi des fonds alloués par la Société française en Angleterre fut envoyé au comité, qui donna son approbation entière à tout ce qui avait été fait.

Ambulances des corps d'armée. Comme le quatrième corps d'armée l'avait fait à Montigny, les autres corps avaient établi des ambulances au centre de leurs cantonnements : à Longeville, à Vallières, à Plantières, à Saint-Julien, à Woippy. Ces ambulances étaient sous tentes ou disséminées entre plusieurs établissements ou maisons particulières. Durant tout le cours du blocus elles évacuaient leurs malades sur Metz lorsque ceux-ci dépassaient la limite de leurs moyens d'action ou à la veille présumée de mouvements militaires.

Ambulances volontaires internationales.

Ambulance anglaise. Cette ambulance fut ouverte vers la fin de novembre, sous la direction du docteur Webb, dans le pavillon de la caserne du génie, où elle s'était installée dans de bonnes conditions de confort, puisant aux riches magasins de la Société britannique; elle dut, plus tard, quitter ce local pour le rendre au service militaire prussien. Ses blessés furent évacués, en partie, sur la manufacture de tabacs, en partie à la maison de Sainte-Chrétienne (rue Saint-Gengoulf), où les médecins anglais y continuèrent encore, un mois environ, leurs bons soins aux malades dont ils avaient commencé le traitement.

Ambulance belge. Arrivée quelque temps après la capitulation, l'Association belge, représentée par M. Van Hinsbergh, prit à son compte l'ambulance de Sainte-Chrétienne, rue Saint-Gengoulf, dans les premiers jours du mois de novembre jusqu'au 1er avril 1871. Maximum habituel de 86 malades. (Voir cette ambulance, page 176.)

Nous ne saurions refuser à M. Van Hinsbergh un rang distingué parmi les bienfaiteurs de nos malheureux blessés, auxquels il a rendu des services de toute nature. Il fit un voyage en Silésie pour porter des secours à nos prisonniers en proie à la variole, et y contracta cette maladie. Il accompagna lui-même à Nancy la dernière évacuation de nos blessés, partis de son ambulance.

Ambulances hollandaises. Deux ambulances ont été installées, dans d'excellentes conditions, par les soins du comité hollandais, sous la direction du colonel Mascheck; l'une au jardin Fabert, l'autre dans l'hôtel de M. de Gargan. Elles contenaient une moyenne de 80 blessés, presque tous gravement atteints. On ne saurait trouver plus de dévouement que celui dont a fait preuve tout le personnel de ces ambulances envers nos blessés. Chiffre de malades : de 90 à 106.

Ambulance française. La première ambulance de la Société de secours se composait de quatre chirurgiens, dix aides chirurgiens (internes des hôpitaux ou docteurs en médecine), de douze sous-aides (étudiants en médecine), d'un comptable, d'un aide-comptable, de deux aumôniers catholiques et d'un pasteur protestant. Plus, soixante infirmiers, cinq ouvriers et des conducteurs d'attelage.

Cette ambulance fut installée d'abord à la caserne du génie, où elle reçut ses premiers blessés, après la bataille de Borny, dans des lits qu'elle trouva tout préparés à cet effet. Elle dut, quelque temps après, céder la moitié de sa place à un service dirigé par les médecins de la ville, puis moitié de ce qui lui restait pour y organiser une ambulance militaire. Ainsi dépossédée, elle se réfugia au jardin Fabert, dans le kiosque des concerts, où elle put se créer une installation convenable. Ce changement ne s'était opéré qu'après la bataille de Gravelotte. L'ambulance volontaire reçut directement peu de malades, mais on la pourvut de cas graves choisis parmi les blessés en traitement à l'Esplanade et au Saulcy. C'est à cette gravité que M. Lefort attribue surtout leur très-grande mortalité. Assurément, la mortalité est en raison de la gravité des blessures, mais il faut y voir aussi l'influence générale, qui, partout, a été meurtrière.

Cependant, le nombre des malades était hors de proportion avec le chiffre des médecins, et M. Lefort m'offrit le concours de quelques-uns d'entr'eux. Deux chirurgiens furent chargés d'un service à la caserne Chambière, un à Coislin, un quatrième a fait, pendant tout le temps, le service de l'ambulance de l'école israélite.

Cette ambulance volontaire fut, par ordre du comité central, et malgré l'avis de M. Lefort, licenciée à Metz et son matériel vendu à vil prix.

Trois médecins de la troisième ambulance, prisonnière à Gravelotte, arrivèrent à Metz dans les premiers jours du blocus ; on refusa de les admettre à la première ambulance, par cette considération que leur sauf-conduit, visé pour les avant-postes prussiens, les obligeait au retour dans les lignes allemandes, et qu'il était à craindre que ce manque de parole ne nuisît à leurs collègues prisonniers. Cependant, mû par un autre ordre de considérations, je leur assignai, sur leur demande, un service dans nos établissements militaires.

On a dit que les ambulances volontaires recevaient mauvais accueil des médecins militaires et que la mésintelligence régnait entre les deux personnels. J'ignore ce qui a pu se passer aux autres armées. A Metz, nos rapports ont été excellents, tant avec l'ambulance française qu'avec les ambulances étrangères, chacun de nous s'entr'aidant autant que les circonstances le permettaient.

Cependant, d'après mon opinion dès longtemps arrêtée, et d'ailleurs conforme à celle que M. Lefort exprime dans son remarquable article de la *Revue des Deux-Mondes*, les ambulances volontaires sont loin de rendre des services proportionnés aux dépenses qu'elles entraînent[1] et sont, au milieu de l'armée, une source d'embarras.

Ces associations sont d'une incontestable utilité comme intermédiaires actifs et dévoués entre la bienfaisance publique et privée et les blessés. Quant au personnel médical dont elles disposent, elles ont ce fâcheux résultat de détourner du service officiel des sujets d'élite qui seraient venus offrir à la médecine militaire le concours de leur science et de leur patriotisme, en acceptant toutes les obligations inhérentes à ce service. Dans une armée, tous les combattants *volontaires* sont sous les ordres du général en chef, et il est nécessaire qu'il en soit ainsi. Il faut, de même, que les médecins *volontaires* consentent à recevoir des ordres du médecin en chef. C'est à cette condition seule qu'ils peuvent être utiles sans augmenter les *impedimenta* de l'armée, tant que le service officiel ne sera point constitué de manière à se suffire à lui-même.

Conclusion: *Il ne faut plus d'ambulances volontaires.*

Évacuations sur des établissements étrangers. 80 blessés, environ, choisis parmi les plus gravement atteints, furent dirigés, avec l'assentiment de l'administration, sur l'hôpital de Neuwied[2], pour y être soignés aux frais de Sa Majesté l'Impératrice de Russie.

L'hôpital de Liége reçut aussi un certain nombre de blessés de Metz (200 environ), choisis dans les

---

[1] La Société française de secours avait consacré 100000 francs à Metz.

[2] Neuwied est une petite ville sur les bords du Rhin, à quelques lieues de Coblentz.

deux armées. M. Heuschling m'avait été adressé dans ce but.

Évacuations sur plusieurs places françaises. Plusieurs milliers de malades et convalescents ont été évacués, après la capitulation, sur les places de Pont-à-Mousson, Nancy, Lunéville, Toul, qui avaient disposé personnel et locaux pour les recevoir et les traiter. Je les ai visités à Pont-à-Mousson ; ils étaient bien installés au quartier de cavalerie, et bien qu'épuisée par les réquisitions, la population leur a prodigué de bons soins.

M. le comte de Ludre, de Nancy, voulut bien se charger, à ses frais, d'une dizaine de blessés de Metz, qu'il me demandait de lui choisir dans les infirmes et surtout parmi les enfants de la Lorraine. Je désignai plusieurs officiers. Installés à la campagne, au château de M. de Ludre, ils y reçurent les soins les plus complets et les plus empressés.

PARALLÈLE ENTRE LES DIVERS MODES D'ABRIS

POUR LES MALADES.

XIII.

Il semblerait qu'à Metz on eût pu faire des expériences concluantes au sujet des abris les plus avantageux aux malades, tant ces abris ont été variés et soumis aux influences du chaud, du froid, de l'humide. Il n'en est cependant pas ainsi; tous les locaux, sauf quelques exceptions qu'on peut négliger, ayant été encombrés ont tous également souffert de cet encombrement, et les causes d'erreur seraient nombreuses si l'on voulait comparer entr'eux les résultats obtenus dans les constructions en pierre, dans les baraques ou sous la tente.

Nous ne pouvons, néanmoins, perdre le fruit d'une expérience, même imparfaite, et, rapprochant ce que nous avons vu ici de ce que nous avons pu voir ailleurs, peut-être arriverons-nous à quelques conclusions utiles.

Un *hôpital* en pierre, bien construit suivant certaines règles, suivant certaines formes et dispositions intérieures et extérieures, déterminées par l'hygiène et par l'art des constructions, est assurément le meilleur asile qu'on puisse offrir aux malades et blessés. Le bâtiment en pierre est mis facilement à l'abri du chaud, du froid, de l'humidité, ou du moins des brusques variations atmosphériques. Des murs et plafonds blanchis à la chaux, ou mieux, peints à l'huile ou, ce qui serait mieux encore, stuqués, des planchers cirés, donnent peu de prise aux miasmes, et une ventilation habilement ménagée chasse incessamment ceux qui voltigent dans l'air. Ainsi disposée, une salle d'hôpital s'infecte difficilement, et dans ce cas il faut toujours en accuser ou l'incurie ou d'impérieuses nécessités. Mais l'infection, quand elle existe, tient moins à la salle elle-même qu'au mobilier, tables, bancs, lits, draps et couvertures surtout. L'évacuation par les malades et le mobilier, une large aération, des fumigations, des lavages simples ou à l'aide des désinfectants connus, un blanchissage à la chaux ou une couche de vernis, ramènent bientôt la salle à sa salubrité normale et permettent de la rendre au service.

Les bâtiments consacrés exceptionnellement à un usage hospitalier, ayant été construits pour répondre à d'autres besoins, sont généralement défectueux. Cependant, il y a bien des degrés, entre le bon et le mauvais. A Metz, la manufacture des tabacs était fort bien disposée, sauf le rez-de-chaussée, ainsi que nous l'avons dit. Les casernes, nous le savons aussi, constituent de mauvais hôpitaux, mais ce discrédit, dont nous les frappons, est vrai surtout à l'égard des vieilles casernes, construites à une époque à laquelle les règles de l'hygiène étaient peu connues, surtout peu appréciées. Les casernes modernes sont mieux conçues, et la plus moderne de toutes, à Metz, la caserne du génie, laisse peu à désirer pour constituer un bon hôpital [1].

Je ne sais pourquoi quelques hygiénistes rejettent, d'une manière générale, les dortoirs des lycées, pensionnats, séminaires. Il est évident que ces dortoirs, destinés à la jeunesse, qui a besoin de respirer largement un air pur, doivent être disposés de manière à donner pleine satisfaction à ce besoin. S'ils ne sont pas jugés bons pour les malades, ils doivent être jugés mauvais pour les élèves. A Metz et à Montigny, j'ai visité tous les dortoirs transformés en ambulances; j'en ai trouvé de parfaitement convenables; mais il en est aussi de mal aérés, et qui appellent de grandes modifications. Ces appréciations s'appliquent également aux salles d'école ; elles ont généralement une aération insuffisante, mais ne sont peuplées que pendant quelques heures de la journée. Nous avons eu dans ces conditions, à Metz, de bien mauvaises ambulances.

On n'a point eu, à ma grande satisfaction, recours aux églises, quoique la question ait été vivement agitée. Les églises constituent, par-dessus tout, de détestables hôpitaux. Froides et humides, elles n'ont jamais qu'une aération insuffisante. C'est dans les églises que la pourriture d'hôpital, que le typhus, lorsqu'il règne, font le plus de ravages. On ne sait où y placer les services accessoires.

On avait proposé l'appropriation du grand marché-

---

[1] Il y a trente ans, j'arrivais en garnison à Tulle avec un bataillon du 6e régiment de ligne, qu'on logeait dans une caserne neuve et jusqu'alors inoccupée. Je fus frappé des bonnes dispositions de ce magnifique bâtiment qui, lui aussi, ferait au besoin un excellent hôpital.

couvert au service hospitalier. L'idée ne m'a point semblé heureuse. Ce bâtiment, que chacun connaît à Metz, aurait offert tous les inconvénients d'une église et certains défauts qui lui sont propres. On n'aurait pu en faire un mauvais hôpital qu'avec de grandes dépenses, en provoquant des plaintes et soulevant des inquiétudes dans un des quartiers les plus populeux de la ville.

Un certain engouement s'est emparé des médecins, depuis quelque temps, en faveur des *baraques-hôpital*. Les résultats obtenus en Amérique par ce mode d'hospitalisation sont séduisants, je l'avoue, mais ils ne m'entraînent pas. L'armée des États-Unis a été exempte des épidémies dues à l'infection; on en a fait honneur au baraquement des blessés. Aurait-elle été plus malheureuse dans de bons hôpitaux en pierre? Je l'ignore, mais je ne le crois pas.

Dans les guerres qui, depuis quelques années, ont ensanglanté le monde, pressé par la nécessité, on a élevé des baraques, plus ou moins artistement édifiées, partout où les blessés étaient nombreux et où les locaux manquaient. Je n'y vois qu'un avantage, mais il est de premier ordre, c'est la rapidité de leur construction.

L'été, les baraques sont désagréables à habiter; l'hiver, elles ne sont pas du tout habitables. La simple planche qui sépare le dedans du dehors n'est pas une protection suffisante contre les effets de la conductibilité du calorique; dans les temps froids, c'est à peine si les poêles peuvent y entretenir une température supportable, même pour ceux qui en sont voisins. Le bois de sapin, presqu'exclusivement employé à ces constructions, est l'un des plus hygrométriques, il s'imprègne d'humidité et la laisse suinter dans la baraque; il se gonfle, tandis que par la sécheresse il se contracte au point de laisser des ouvertures entre les joints des planches.

Le plancher subit cet inconvénient et livre passage, avec la même facilité, au vent extérieur et aux liquides de l'intérieur qui viennent imbiber et contaminer le sol, ce plancher fût-il appliqué sur le terrain lui-même, ou, comme on l'a fait à Metz avec raison, à 50 centimètres au-dessus.

La toiture en planches est mauvaise à tous points de vue. La couvre-t-on d'une feuille de zinc? Elle constitue un bon abri contre la pluie, mais elle augmente les inconvénients du chaud et du froid. Le chaume forme, au contraire, une excellente couverture, mais, sans parler des dangers d'incendie, la paille est ordinairement précieuse à la guerre; on n'aurait pu s'en procurer en suffisante quantité, à Metz, pour couvrir l'ambulance du Polygone.

Je n'ai parlé, jusqu'ici, que du baraquement le plus simple, le plus élémentaire, composé de planches juxtaposées ou superposées en écailles. Mais on construit aussi, quand le temps et les circonstances le permettent, des baraques en torchis, soit entre deux planches, soit entremêlé à une sorte de clayonnage donnant à la baraque sa forme et sa solidité. Celles-ci sont meilleures que les précédentes, et, d'une manière générale, la baraque est d'autant meilleure qu'elle se rapproche davantage de la construction en pierre.

Au point de vue de l'infection, qui nous préoccupe surtout, la baraque, quelle qu'elle soit, est mauvaise. Les planches employées sont presque toujours inégales, esquilleuses, et les miasmes, gazeux ou liquides, adhèrent aisément, soit aux parois, soit au plancher. Par les fentes inévitables de celui-ci, s'écoulent, sur le sol sous-jacent, tous les produits morbigènes de la salle.

La baraque exige de grands soins d'entretien, et si elle reçoit de nombreux malades, il faut la détruire après quelque temps de service. Quand les parois intérieures sont maçonnées et crépies, il faut leur faire subir les moyens connus d'assainissement plus souvent qu'aux murs lisses des bâtiments en pierre.

A Gallipoli nous avions des baraques infectées. A l'hôpital temporaire de Gul-Hané (Constantinople) nos baraques, qui avaient subi l'encombrement, l'étaient après quelques mois de service. A Metz, elles l'étaient après deux mois.

On pourra m'objecter les baraques de l'hôpital militaire d'Alger (jardin du Dey) qui, élevées immédiatement après la conquête, y ont survécu plus de 30 ans. Ces baraques étaient en partie maçonnées ; cependant l'infection s'y fit souvent sentir, et l'on devait les soumettre à de fréquents moyens d'assainissement. Enfin, on les remplaça, lorsque des motifs économiques ne s'y opposèrent plus, par des constructions en pierre ; ce qui prouve, au moins, que, par ces dernières, on pensait faire mieux.

Nous ne citerons que pour mémoire les abris dits *bonnets de police*. Ils sont, en tout point, mauvais et insuffisants ; la nécessité seule peut en justifier l'usage momentané.

En résumé, baraquez vos malades et blessés lorsque le besoin l'exige ; mais évitez les mauvaises saisons. Un baraquement temporaire près d'un hôpital peut être utile pour désemplir l'établissement infecté, mais seulement pendant le temps indispensable à l'assainissement des bâtiments.

Je recommande un excellent abri pour la belle saison. Une charpente légère, dont toutes les pièces mobiles peuvent être facilement démontées, transportées et ajustées, est adossée, soit à une muraille, soit à une paroi de planches. Sa toiture, en planches aussi, est, autant que possible, couverte de chaume; le sol en est sablé. La face antérieure et les faces latérales sont ouvertes et garnies de rideaux en toile goudronnée, mobiles sur des tringles; ils peuvent, à volonté, être fermés ou rester ouverts.

Il serait à désirer que tout hôpital eût un pavillon semblable, au milieu d'un jardin, pour y placer quelques malades ou blessés, qui, fatigués d'un long séjour au lit, ont besoin de respirer l'air extérieur et de voir autour d'eux de la verdure et des fleurs. Dans ce cas, la construction étant permanente, les supports en bois seraient avantageusement remplacés par le fer.

Par les jours pluvieux, mais non froids, que de malades, jusque-là réduits au monotone séjour de la salle commune, viendraient y installer leurs jeux et moyens de distraction.

Les *wagons* de chemin de fer, dont on a largement usé à Metz, font de mauvaises ambulances, et il ne faut y recourir, ainsi qu'on l'a fait, qu'en cas d'urgence. Comme les baraques, ils subissent largement l'influence du chaud, du froid, de l'humidité, de l'infection; de plus, le service y est incommode et difficile.

Les *tentes* ont eu, ont encore de chauds partisans. Ceux-là, je crois, n'ont jamais habité sous la tente. Comme ressource extrême ou pour des cas exceptionnels, je l'admets; mais ce mode d'abri, tant pour l'homme valide que pour le malade, est loin d'avoir mes sympathies. Les inconvénients relatifs aux influences atmosphériques se présentent au plus haut degré sous la tente, et j'en appelle aux vieux soldats de l'Algérie. Ils vous diront que souvent ils s'exposaient à la pleine ardeur d'un soleil torride pour échapper à la fournaise de la tente.

Signalerai-je le grave inconvénient du vent s'engouffrant sous la toile, et couvrant les aliments de poussière, avec tous les produits qu'elle transporte?

La tente est, non moins que la baraque, sujette à l'infection. La toile s'imprègne des miasmes avec une grande facilité, et le sol qu'elle recouvre est bientôt contaminé par des produits morbifères de toute nature. A l'ambulance sous tentes, créée à Trianon après la guerre de la commune, on avait eu la pensée de disposer un plancher sous chacune d'elles. Cette innovation me paraît médiocrement heureuse, par les motifs indiqués déjà. J'aurais préféré le gazon existant, ou une couche de sable qu'on aurait pu enlever et renouveler à volonté.

Le meilleur moyen, le seul peut-être à opposer à l'infection des tentes, est de les changer fréquemment de place, à la condition même de ne point en dresser sur un emplacement antérieurement occupé. On ne saurait croire combien un sol infecté conserve longtemps ses funestes propriétés de transmission morbide. Je tiens de mon excellent collègue et ami Méry, qu'en Crimée on avait cru d'abord suffisant d'abattre une tente pendant quelques jours, de laisser exposer au grand air la toile et le terrain, pour détruire les miasmes typhiques. L'expérience a démontré le contraire. Mieux vaudrait qu'une tente qui a servi dans des conditions au moins douteuses ne fût plus de longtemps mise en service;

mais les besoins d'une grande ambulance permettent rarement d'agir ainsi. A Metz, nous avons toujours été dans la nécessité de nous servir des mêmes tentes, toujours sur le même terrain; heureux encore quand on pouvait laisser à la tente et au sol quelques jours de repos.

On a considérablement varié la forme des tentes, et toutes ne présentent pas la même somme d'avantages et d'inconvénients. Les plus grandes sont les meilleures et, en général, la préférence doit être accordée à celles qui développent le moins de toile relativement à l'espace qu'elles occupent. Nous avons vu à la Société internationale française des tentes excellentes, dont la face antérieure peut être relevée, partiellement ou en totalité.

Nous croyons pouvoir recommander aussi la tente prussienne. Elle mesure 21 mètres de longueur sur 8 mètres de largeur, et comprend trois divisions. Celle du milieu, de 17 mètres, est destinée aux malades; à l'une des extrémités sont logés les infirmiers, l'autre sert de dépôt pour le matériel d'exploitation.

La tente conique, usitée dans l'armée française, peut cependant constituer un bon abri lorsqu'elle est double, c'est-à-dire composée de deux tentes superposées, laissant entre leurs toiles un intervalle de 20 à 30 centimètres. La double tente n'est pas plus à l'abri de l'infection que la tente simple, mais elle protége mieux contre les influences atmosphériques. On s'en est bien trouvé à Trianon, mais on n'a pu le faire à Metz.

Quoi qu'il en soit, la tente, simple ou double, demande à être largement ouverte et, autant que les conditions extérieures le permettent, sur deux faces opposées. La toile inférieure doit être relevée tous les jours pour permettre le balayage, par le vent, de tous les miasmes qui s'y déposent. Il faut s'abstenir avec soin d'y creuser le sol, usage dont on a reconnu les pernicieux effets en Crimée. Il est inutile d'ajouter qu'elle réclame un minutieux entretien de propreté et que la paille, si les malades n'ont pas de lits, doit être fréquemment changée, ce qui n'a pu être convenablement fait à Metz [1].

Un certain nombre de tentes, dans chaque hôpital, seraient toujours utiles, à défaut des abris que j'ai recommandés plus haut; on les élèverait dans les cours ou jardins, pour quelques cas de maladies infectieuses dont le voisinage peut être un danger, ainsi que pour certains états chroniques qu'on voudrait soustraire, pendant quelques heures de la journée, à la respiration continue de l'air des salles.

Mais, quel que soit le mode d'abri dont on puisse ou veuille disposer, il est une prescription dont on ne doit jamais s'écarter sans nécessité. C'est que l'espace occupé par l'ambulance soit clos et soustrait à l'invasion des curieux et des indifférents. C'était un spectacle étrange et affligeant que celui de nos ambulances en plein vent, largement accessibles à tous et à tout. Boire, manger y arrivaient à profusion, et sur notre Esplanade, par exemple, pas un jour ne se passait sans qu'on vît, parmi les blessés, des scènes d'ivresse ou des affections intercurrentes dues à des excès de gourmandise. Les casernes et autres ambu-

---

[1] J'ai souvent entendu plaindre ces pauvres malades *couchés sur la paille*. C'est peut-être, cependant, le mode de couchage le plus avantageux, le plus hygiénique, dans les conditions d'encombrement qui peuvent faire craindre l'infection. Dans ces cas, la paillasse est préférable au matelas, qui se transmet à une succession de malades; elle s'infecte plus lentement, et on la change à volonté.

lances temporaires, dans lesquelles était établi un va-et-vient continu, présentaient des faits de même nature, mais en moindres proportions. L'hôpital militaire et la manufacture purent seuls rester fermés et ne s'ouvrir que devant des visiteurs connus.

LA CONVENTION DE GENÈVE,

SPÉCIALEMENT AU POINT DE VUE DE LA CAPITULATION DE METZ.

XIV.

Article 1er.

Les ambulances et les hôpitaux militaires seront reconnus neutres et, comme tels, protégés et respectés par les belligérants aussi longtemps qu'il s'y trouvera des malades ou des blessés. La neutralité cesserait si ces ambulances ou ces hôpitaux étaient gardés par une force militaire.

Définissons tout d'abord quelques termes employés dans cet article.

Neutre, neutralité (du latin *neuter,* ni l'un ni l'autre). Ces expressions, appliquées aux établissements, sembleraient indiquer que les ambulances créées près des armées ont pour but de recevoir et soigner indistinctement les blessés, amis et ennemis. (Les blessés ne sont plus ennemis ; il serait plus juste de dire les blessés de l'ennemi.) Il paraîtrait, ainsi, qu'elles dussent être organisées suivant des principes communs à toutes les armées, présentant, dans l'une et dans l'autre, des conditions identiques ou tout au moins analogues, des ressources de même nature. Seulement alors le mot *neutre* serait complétement exact. Mais il n'en est point et ne peut en être ainsi : chaque armée a ses ambulances distinctes, organisées d'après des principes différents suivant les nations, et destinées à recevoir ses propres blessés. Les victimes du champ de bataille ne sont point indistinctement transportées dans les unes et dans les autres ; les blessés de l'ennemi n'y sont admis qu'accidentellement et lorsqu'ils sont trop éloignés de leurs ambulances, auxquelles ils sont renvoyés dès que les circonstances le permettent. Les Sociétés dites internationales créent seules des ambulances essentiellement neutres ; encore cette neutralité est-elle souvent, et à bon droit, suspectée par l'une des parties belligérantes.

Quoi qu'il en soit de cette question grammaticale, en vertu de cette prétendue neutralité, les ambulances et hôpitaux sont *protégés* et *respectés* par les belligérants. Quel sens doit-on attacher à ces deux expressions ? — Respecter la chose d'autrui, c'est ne commettre aucun acte capable de lui nuire, de lui causer un dommage. Ce mot représente une idée purement passive. Protéger cette chose, c'est s'opposer à ce qu'il soit commis un acte capable de lui nuire, de lui porter dommage. Ici l'idée est essentiellement active ; elle impose une plus grande extension aux devoirs des belligérants à l'égard des ambulances et des hôpitaux. Ces deux expressions, ainsi définies, tracent l'étendue des obligations des parties adverses à l'égard de tout ce qui touche au sort des blessés.

Sous la dénomination d'*ambulances* on comprend des établissements temporaires, créés uniquement en vue des besoins de la guerre, tandis que les *hôpitaux* sont permanents, destinés, dans toutes les circonstances de paix ou de guerre, au traitement des malades et blessés. Les ambulances se subdivisent elles-mêmes en ambulances volantes et ambulances sédentaires ou fixes; les unes suivent les mouvements des armées, se tiennent le plus près possible du combat, reçoivent les blessés recueillis directement sur le champ de bataille et les évacuent au plus tôt sur les établissements sédentaires les plus voisins. Les ambulances fixes sont de véritables hôpitaux, si ce n'est qu'en raison de la rapidité qui, le plus souvent, a présidé à leur installation, si ce n'est aussi qu'en raison des locaux défectueux dont on dispose à cet effet; elles présentent ordinairement moins de bien-être pour les blessés, moins de ressources pour leur traitement.

Les ambulances volantes courent au-devant des blessés; les ambulances sédentaires, mais non permanentes, les reçoivent sur des points peu éloignés de l'action; l'hôpital, établissement permanent, attend les malades et blessés, quelle que soit leur origine, de quelque point qu'on les dirige. Il est évident que cette division n'est pas toujours applicable aux armées. Les hôpitaux et ambulances ont, à Metz, rendu les mêmes services.

En résumé, si les ambulances volantes ou sédentaires et les hôpitaux offrent de notables différences dans le sens administratif, ils ont tous une même destination, l'abri des malades et blessés en vue de leur traitement.

La convention de Genève ne considère que cette destination, et les uns et les autres jouissent de la neutralité, quant aux malades et au personnel qui leur est affecté. Nous verrons plus loin ce qui, dans cette question, concerne le matériel.

Les ambulances sédentaires ont donné lieu à d'autres difficultés, qui n'ont été qu'imparfaitement résolues dans les additions faites à la Convention. A quel chiffre fixer le nombre de malades nécessaire pour constituer une ambulance? Chacun peut, à son gré, ouvrir chez lui ou dans un local privé un asile aux blessés, dans l'espoir de jouir du bénéfice de la neutralité. On pourrait donc voir des ambulances ne renfermant que trois, deux malades, même un seul. A ce compte, chaque maison de la ville de Metz était une ambulance, et la ville entière avait droit à la neutralisation. Que seraient devenus les moyens d'action de l'attaque, si Metz avait subi un siége, et que les assiégeants eussent respecté, dans toute sa rigueur, la Convention de Genève?

Qu'une action meurtrière s'engage aux abords d'un village, et les environs de Metz en ont offert plus d'un exemple, les blessés encombrent bientôt toutes les maisons. Cependant, les besoins de la défense, non moins que ceux de l'attaque, ne sauraient guère y avoir égard; il faudrait que le vainqueur renonçât à poursuivre sa victoire ou que le vaincu ne pût songer à reconquérir ce qu'il a perdu.

De telles entraves n'ont pu être dans la pensée des signataires de cette convention.

On est convenu de considérer comme ambulance tout local renfermant 6 malades au moins. Les auteurs de la publication municipale *Le Blocus de Metz*, n'ont indiqué que les ambulances réunissant au moins 10 malades. Nous avons également adopté ce chiffre.

La durée du temps pendant lequel un établissement ou une maison particulière doit jouir de la neutralité peut être encore une source d'embarras. Les hôpitaux et ambulances conservent des malades aussi longtemps que les médecins jugent que ceux-ci ne peuvent être transportés sans danger. Ce serait là un moyen facile et pratique de jouir de la neutralité pendant toute la durée de la guerre; mais les vainqueurs ont toute facilité pour déjouer cette combinaison. Nous avons vu à Metz les ambulances évacuées, au gré et sur l'ordre des médecins prussiens; je ne pense pas cependant que, sur ce point, on puisse les accuser d'avoir manqué à la Convention, qu'on doit respecter dans son esprit, mais qui serait souvent inapplicable dans son expression absolue.

Le second alinéa du premier article manque de précision. Il est peu d'hôpitaux ou d'ambulances de quelqu'importance auxquels on n'attache une force militaire à titre de garde de police. La supprimer serait livrer ces établissements au désordre et à l'anarchie, autoriser la sortie des malades, l'entrée des étrangers, un mouvement illicite de matériel du dedans au dehors ou du dehors au dedans, situation fâcheuse pour la responsabilité médicale non moins que pour la responsabilité administrative.

Mais cette obligation a été prévue dans les développements donnés à la convention, et cette garde n'est point considérée comme une force militaire. Les Français et les Prussiens l'ont fait, et l'on ne saurait, sur ce point, incriminer ni les uns ni les autres.

Article 2.

Le personnel des hôpitaux et ambulances comprenant l'intendance[1], les services de santé, d'administration, de transport des blessés, ainsi que les aumôniers, participera au bénéfice de la neutralité lorsqu'il fonctionnera et tant qu'il restera des blessés à relever et à secourir.

Cet article est bien vague, surtout en ce qui concerne certaines catégories de fonctionnaires.

L'intendance, aux armées, est chargée d'un service multiple, et l'ambulance n'est pas, à beaucoup près, la plus importante de ses attributions : subsistances et transports, cette double obligation suffit à absorber tous les instants d'un intendant d'armée, d'un sous-intendant de division. Que les vivres manquent à la troupe, et une immense responsabilité lui incombe. Mais qui lui demandera compte des détails de l'installation d'une ambulance ? Il se repose de ce soin sur des hommes spéciaux qu'il est appelé à diriger, mais que, le plus souvent, il dirige d'une manière plus fictive que réelle. En thèse générale, il est reconnu que moins le sous-intendant se mêle de l'ambulance (je parle surtout ici des ambulances actives, ambulances volantes), mieux elle fonctionne. On le comprend aisément. Absorbé par d'autres soins, il ne peut que rarement y paraître, plus rarement encore en suivre la marche et les opérations ; souvent alors il délègue son autorité à un adjoint sans expé-

---

[1] On trouve ici une influence toute française, car, parmi les signataires de la Convention, ce n'est guère qu'en France que l'intendance est considérée comme partie intégrante du personnel hospitalier.

rience, à un jeune capitaine aspirant à l'intendance, encore moins expérimenté. Ce qu'ils ont de mieux à faire, c'est de laisser agir les médecins, les officiers d'administration, qui ont toute leur vie pratiqué les ambulances et joignent à leur expérience celle de leurs devanciers.

Quoi qu'il en soit de cette digression, l'intendance doit-elle être couverte par la Convention de Genève?

Oui, si un fonctionnaire de ce corps est surpris par l'ennemi dans l'exercice même d'attributions touchant à l'ambulance, parce que, dans ce cas, s'il était tué ou fait prisonnier, il le serait en vertu de ses fonctions auprès des blessés et malades; non, s'il est occupé à des soins étrangers à ceux-ci, parce qu'alors il rentre dans la catégorie des hommes chargés d'offices divers près des armées, sans rapports avec les blessés, parce que sa mort ou sa captivité ne laisserait point ceux-ci en souffrance. A ce titre, je ne pense pas qu'on puisse invoquer la Convention en faveur de l'intendant d'une armée, par la seule raison que l'administration des ambulances entre dans ses attributions.

La situation de ces fonctionnaires, depuis la capitulation de Metz, a été diversement interprétée par les occupants. Les sous-intendants des divisions actives ont difficilement fait reconnaître leur neutralité, et plusieurs ont été prisonniers de guerre. Ceux qui étaient attachés à la place ont été plus heureux. Celui des sous-intendants qui avait dans ses attributions la direction administrative des ambulances de la place, jouit sans contestation de cette immunité; mais la question resta quelque temps indécise à l'égard des fonctionnaires chargés d'autres services. Il est évident qu'ils ne pouvaient être admis à la neutralité que par une disposition toute bienveillante du vainqueur, complétement indépendante de la convention. L'intendant sut l'obtenir pour lui et le personnel administratif placé sous ses ordres.

La question portée sur les officiers d'administration de l'intendance ne peut soulever aucune difficulté. Leurs attributions sont diverses comme celles des fonctionnaires auxquels ils sont attachés; ils doivent suivre leur sort. Ils ont joui, après la capitulation de Metz, et dans les mêmes conditions que leurs chefs, du bénéfice de la neutralité.

Il est manifeste que les officiers d'administration des subsistances, du campement, n'y avaient aucun droit; ils ne l'ont obtenu que grâce à l'active intervention de leur chef.

Les aumôniers fonctionnant dans les ambulances sont seuls compris dans la Convention de Genève. Cependant la neutralité doit leur être accordée lorsqu'ils exercent leur ministère sur les champs de bataille. Ce serait, en effet, une application bien rigoureuse de la lettre que d'arracher ces hommes à leur mission toute pacifique et essentiellement internationale. Le prêtre qui vient, sous la mitraille ennemie, prodiguer aux mourants les derniers secours de la religion, a droit, assurément, au même respect que le médecin, et, dans ce cas, le constituer prisonnier serait entraver l'exercice de la plus noble, de la plus sainte des missions.

Les officiers d'administration du service des hôpitaux ne sauraient être séparés des médecins, dans la question qui nous occupe. Ils assurent aux malades le vivre et le couvert et aux médecins la plupart de leurs moyens d'action. On a objecté, il est vrai, que leurs aptitudes administratives pourraient, au besoin, recevoir une autre application; on a dit aussi qu'ils exercent un commandement effectif sur des hommes armés. Ces objections sont sans valeur; la première ne s'applique qu'à des services éventuels qui ne les confondraient jamais avec les combattants; pour la seconde, les hommes auxquels commandent ces officiers ne sont point eux-mêmes combattants et l'arme qu'ils portent n'est, en quelque sorte, qu'un complément d'uniforme. Les infirmiers militaires portent ces armes en temps de paix, comme les autres soldats, sans qu'il naisse dans la pensée de personne qu'ils puissent être appelés à s'en servir. Cependant, dans les guerres d'Afrique et dans toutes celles dont une des parties belligérantes n'est point engagée par la Convention, ces armes leur sont nécessaires, dans quelques circonstances, pour la protection des malades et pour leur propre sûreté. Elles peuvent être défensives, jamais offensives.

Les infirmiers sont donc neutres, au même titre que les médecins, les pharmaciens et les officiers d'administration des hôpitaux, au service respectif desquels ils concourent dans leurs attributions subalternes.

Nous avons réservé le service médical pour lui donner de plus grands développements. Le personnel de santé, médecins et pharmaciens, est le plus incontestablement couvert par la Convention de Genève. Dans aucune circonstance de leur vie militaire ils ne peuvent recevoir d'autre mission que celle de soigner et panser les malades et blessés. Attaquer leur position serait attaquer les malades eux-mêmes.

Les médecins considèrent-ils cette neutralité comme un privilège? Loin de là; ils la subissent parce qu'elle leur est imposée, et j'ai reçu, après la capitulation, de nombreuses protestations des médecins des ambulances et des corps de troupes, qui réclamaient le droit de suivre leurs camarades officiers de l'armée, ou de continuer leurs soins aux malades prisonniers de guerre.

On m'avait annoncé l'intention d'un grand nombre de médecins militaires de m'adresser, à ce sujet, une protestation collective. Ayant fait connaître que je n'accepterais que des lettres individuelles, j'en reçus cinquante-trois, reproduisant, avec de légères variantes, le texte suivant :

« Je, soussigné, médecin... attaché à... déclare, en mon propre et privé nom, protester contre la Convention de Genève qui sépare les officiers de santé du reste de l'armée. Je suis prêt à subir le sort des autres officiers. »

Tout en applaudissant au sentiment très-honorable qui avait dicté les termes de ces lettres, sentiments qui sont aussi les miens, je ne me reconnus point le droit d'y donner suite : d'abord, parce que cette Convention, qui ne peut être blessante pour notre dignité, nous lie, puisqu'elle a été adoptée par notre gouvernement et par les chefs de l'armée ; ensuite, parce que si 330 officiers de santé environ, qui constituaient le personnel sanitaire de l'armée du Rhin, eussent été emmenés en Allemagne, les armées de l'intérieur, formées où à former, en eussent éprouvé un dommage réel et qu'un des services de guerre les plus importants fût resté en souffrance. Les médecins ayant acquis l'expérience de la chirurgie pratique et des maladies de l'homme de guerre, ne s'improvisent pas et les médecins civils, appelés temporairement au service des armées ne sauraient les remplacer, quel que fût, d'ailleurs, leur talent et leur zèle. Au point de vue de l'utilité, la position qui nous est faite est donc la plus désirable.

Ces lettres n'étaient, en réalité, que le résultat d'un sentiment chevaleresque, mais irréfléchi. D'ailleurs, en quoi la Convention de Genève pourrait-elle atténuer l'estime et l'affection que nous porte l'armée, puisqu'elle nous a été imposée et n'a été nullement réclamée par aucun de nous? Nous nous sommes séparés avec douleur de nos camarades, officiers et soldats, mais en les voyant s'éloigner, nous avions, du moins, l'espoir que, malades, ils ne trouveraient autour d'eux en Allemagne que des amis empressés à adoucir l'amertume de leur situation.

La neutralité des médecins est-elle aussi réelle que la Convention semble le supposer. Ils ne sont point tués sur les champs de bataille, du moins avec intention [1]; ils ne sont point passibles des prisons de l'ennemi [2]; voilà tout. La neutralité absolue exige-

---

[1] Des faits douloureux sont venus, dans cette guerre, infirmer la neutralité des médecins. A Gravelotte, M. Beurdy, médecin-major de 1re classe, porteur du brassard, a été tué dans son ambulance même et dans l'exercice de ses fonctions; un cavalier l'a percé de sa lance. Aux diverses affaires qui se sont passées devant Metz et dans d'autres batailles encore, plusieurs officiers de santé ont disparu. Comme on n'a plus reçu de leurs nouvelles, il est évident qu'ils ont été tués; un médecin de la Société internationale a été tué à Sedan. Sans oser imputer ces derniers faits à des actes intentionnels, ils accusent, du moins, le manque d'instructions suffisantes données aux combattants. Chaque soldat, dans toutes les armées, devrait connaître la Convention de Genève.

[2] Une ambulance française internationale a été, cependant, retenue prisonnière à Gravelotte. C'est un fait grave qui ne s'explique que par des raisons militaires d'une haute importance, prévues par l'acte additionnel de la Convention de Genève.

rait bien plus encore, non pas dans l'intérêt des médecins eux-mêmes, mais dans l'intérêt des malades. Précisons. Les médecins étant neutres, il ne peut y avoir entr'eux ni vainqueurs, ni vaincus; ils doivent avoir des droits égaux dans la détermination du sort réservé aux blessés, à quelque nationalité qu'ils appartiennent. Il serait équitable que les médecins des deux armées, réunis dans une place prise ou livrée, fussent placés sous la direction hiérarchique du plus élevé en grade; il serait juste, au moins, que lorsqu'il s'agit du sort des vaincus, l'élément vainqueur ne fût pas seul représenté et qu'une commission mixte fût chargée du soin de régler ces précieux intérêts. Il n'en est point ainsi. Lorsque la Prusse eut, à Metz, à établir la répartition des malades ou convalescents devant être considérés comme propres ou impropres au service, et, à ce titre, prisonniers de guerre ou renvoyés dans leurs foyers, cette tâche délicate fut confiée aux médecins allemands, sans aucun contrôle des médecins français, sans qu'ils eussent même voix consultative.

La capitulation de Frescaty, faisant application de l'article 2 de la Convention, établissait que « tous les médecins militaires, sans exception, resteront en arrière pour soigner les malades et blessés. »

Cette expression, *resteront en arrière*, était mal choisie; il était plus naturel, puisqu'il s'agissait non d'une situation générale, mais d'une situation déterminée, de dire *resteront à Metz*, ainsi qu'il a été fait. On aurait, de la sorte, évité bien des difficultés nées d'une fausse interprétation de ce membre de phrase.

On a contesté aux signataires de la capitulation le droit de régler ainsi la position des médecins, contrairement aux dispositions de l'article 3 de la Convention, ainsi conçu :

Article 3.

Les personnes désignées dans l'article précédent pourront, même après l'occupation par l'ennemi, continuer à remplir leurs fonctions dans l'hôpital ou ambulance qu'elles desservent, ou se retirer pour rejoindre le corps auquel elles appartiennent.

Dans ces circonstances, lorsque ces personnes cesseront leurs fonctions, elles seront remises aux avant-postes ennemis, par les soins de l'armée occupante.

Il est certain que le mot *pourront*, du premier alinéa, semble laisser à ces personnes le choix de continuer leurs soins aux malades, ou de se retirer. Voyons, cependant, à quelles conséquences aurait entraîné l'exécution littérale de cette disposition. L'immense désir manifesté par la grande majorité des médecins militaires de quitter Metz au plus tôt, ne laisse pas douter que les ambulances n'eussent été de suite désertées, car les médecins de la place avaient les mêmes droits au rapatriement que ceux qui venaient du dehors, et les 21 000 blessés ou malades accumulés dans nos ambulances restaient sans soins. On ne saurait donc contester que les signataires de cet acte eussent non-seulement le droit, mais le devoir d'agir ainsi qu'ils l'ont fait.

Le médecin en chef a toujours fixé lui-même le chiffre et l'époque du rapatriement des médecins dont la présence cessait d'être utile au service des malades et blessés, et l'autorité prussienne accordait des sauf-conduits aux personnes indiquées sur une liste dressée à cet effet. Un jour, cependant, ces sauf-conduits furent refusés, ou du moins ajournés. Sur quel motif était fondé cet ajournement? Je l'ignore.

Je trouve, à ce sujet, le passage suivant dans un commentaire sur la Convention de Genève :

« Jusques à quand les personnes désignées dans l'article 2 séjournent-elles chez l'ennemi? La Convention ne le précise pas et leur laisse la faculté de rester ou de se retirer quand bon leur semble. Elle admet implicitement que l'on peut compter sur leur dévouement et sur leur désir de se rendre utiles, pour guider leur choix conformément à l'intérêt des blessés. Mais l'article 1er additionnel [1] est plus catégorique, et il devait l'être du moment qu'il imposait au personnel sanitaire l'obligation de rester à son poste. Après avoir posé ce dernier principe, il était nécessaire de faire une réserve pour le cas où le personnel hospitalier excéderait les besoins du service, car il est évident qu'on ne songeait pas à l'y astreindre sans nécessité. Il ne continuera donc *que dans la mesure des besoins* à donner ses soins aux blessés et aux malades de sa nation, mais ce sera toujours lui-même qui sera juge de cette mesure et de l'opportunité de sa retraite.

» Quand nous disons que le *personnel* neutralisé

---

[1] Cet article est ainsi conçu : « Le personnel désigné dans l'article 2 de la Convention continuera, après l'occupation par l'ennemi, à donner, dans la mesure des besoins, ses soins aux malades et blessés de l'ambulance ou de l'hôpital qu'il dessert.

» Lorsqu'il demandera à se retirer, le commandant des troupes occupantes fixera le moment de ce départ, qu'il ne pourra, toutefois, différer que pour une courte durée en cas de nécessités militaires. »

appréciera lui-même sa situation, ce n'est pas que nous estimions que ce droit appartienne à chacun des individus qui le composent. La subordination hiérarchique subsistera dans chaque groupe sanitaire, même chez l'ennemi, et là, comme ailleurs, ce sera toujours la volonté des supérieurs qui prévaudra. Plus on s'éloignera du jour de la bataille moins les besoins seront nombreux, et ainsi le chef d'hôpital graduera proportionnellement, à son gré, la diminution du personnel placé sous ses ordres, en le renvoyant peu à peu auprès de son armée.

» Le retour ne s'effectuera pas, cependant, sans que le commandant des troupes occupantes en ait été instruit et l'ait ratifié. On conçoit très-bien, en effet, qu'à un moment donné il puisse considérer ce renvoi comme nuisible au succès de ses opérations, si, par exemple, les gens qui veulent se retirer sont initiés à quelques préparatifs que l'ennemi doit ignorer à tout prix. Comme les intérêts stratégiques doivent primer les mesures humanitaires et, à plus forte raison, celles de simple convenance, il a bien fallu admettre que, quoiqu'un général ne puisse pas mettre obstacle au départ du personnel sanitaire tombé entre ses mains, toutefois, *en cas de nécessités militaires*, il aura le droit de le *différer*, mais *pour une courte durée seulement*, c'est-à-dire tant que dureront ces nécessités, qui sont passagères par essence, et ne se prolongent pas au delà de quelques jours. »

Article 4.

Le matériel des hôpitaux militaires demeurant soumis aux lois de la guerre, les personnes attachées à ces hôpitaux ne pourront, en se retirant, emporter que les objets qui sont leur propriété particulière.

Dans les mêmes circonstances, au contraire, l'ambulance conservera son matériel.

Ainsi, tandis que le matériel des hôpitaux devient la propriété du vainqueur, le matériel des ambulances reste à la nation à laquelle il appartient. Le matériel de l'hôpital militaire de Metz resta légitimement aux Prussiens; celui des ambulances de l'armée active fut rendu à la France. Jusqu'ici pas de discussion possible.

Mais quels étaient les droits respectifs à l'égard du nombreux matériel des ambulances disséminées dans toute la ville et qui, à bien prendre, n'étaient que des succursales de l'hôpital militaire, édifiées ou organisées en raison et en proportion de son insuffisance; qui, cependant, eu égard à leur existence temporaire et tout à fait provisoire, n'étaient que de véritables ambulances dans l'acception administrative du mot? L'établissement du Polygone appartenait à la ville; les vainqueurs n'y touchèrent pas. Quant aux ambulances dépendant de l'administration de la guerre, tout le matériel, du reste de médiocre valeur, resta la propriété des Allemands.

Mais ici j'aborde une question qui a soulevé parmi nous des tempêtes.

A la date du 10 novembre M. Fuzier, médecin en chef du quatrième corps, me remettait la note suivante, relativement à l'article 4 :

« Considérant que, lors de la reddition de Metz, les malades et le personnel des ambulances des corps d'armée ont été répartis dans les diverses ambulances établies provisoirement dans la ville et séparés de leur matériel ;

» Que le matériel de ces ambulances des corps d'armée, actuellement confondu en grande partie avec le matériel de guerre, est aujourd'hui dispersé et pourrait, par abandon, être perdu pour le service médical français ;

» Que dans le matériel des ambulances en général doit être compris celui des nombreux asiles de malades, improvisés dans la ville ;

» J'ai l'honneur de vous adresser les demandes suivantes :

» 1° Que le matériel de l'hôpital militaire soit seul soumis aux lois de la guerre ;

» 2° Que par les soins d'une commission des membres qui composent une ambulance de quartier général, le matériel des ambulances soit immédiatement rassemblé et reconstitué dans tous ses éléments (caissons de chirurgie, de pharmacie, en nombre réglementaire pour chaque corps d'armée, voitures de transport, voitures Masson, cacolets, litières) ;

» 3° Que les mulets affectés au transport de ces diverses voitures et au service des cacolets, mulets, indûment versés à l'armée prussienne, reviennent en notre possession légale ;

» 4° Qu'à défaut d'un nombre suffisant de mulets ou de chevaux pour le transport au loin de ce matériel, de promptes mesures soient prises pour que, déposé en lieu de sûreté, il puisse être ultérieurement mis en mouvement, quand il y aura lieu ;

» 5° Qu'un inventaire soit immédiatement dressé du matériel des ambulances de la ville, pour que, lors de l'évacuation des malades, ce matériel soit respecté et puisse être également enlevé ;

» 6° Qu'enfin, en toute circonstance, un procès-verbal constate aussitôt, s'il y a lieu, toute infraction à la Convention de Genève, concernant, soit les blessés et les malades, soit le personnel, soit le matériel. »

Je donnai de suite connaissance de cette lettre à M. le Sous-Intendant chargé des hôpitaux et ambulances, pour appeler son attention sur les questions importantes qu'elle soulève; j'en fis aussi l'objet d'une communication au médecin en chef de la garnison prussienne, qui me répondit aussitôt, au nom de M. le Gouverneur, qu'il reconnaissait la légitimité de ces revendications, et qu'il y serait fait droit, la Prusse n'ayant nullement l'intention de s'approprier ce qui ne lui appartenait pas, soit en vertu des lois de la guerre, soit en vertu des conventions; qu'en ce qui concerne les mulets, une restitution pécuniaire serait faite pour ceux qui ne pourraient être rendus.

Quelques jours après, le 16 novembre, on lisait l'article suivant dans un des journaux de la localité :

CHRONIQUE LOCALE.

Un certain nombre des médecins militaires restés dans la ville de Metz après la capitulation, ont adressé au médecin en chef des hôpitaux et ambulances la lettre suivante :

« Monsieur le Médecin en chef,

» D'après les termes de la Convention de Genève (art. 4), le matériel des ambulances de guerre est inviolable; s'il vient à tomber entre les mains de l'ennemi, il doit être restitué à la nation à laquelle il appartient. Cependant l'administration militaire française a laissé, depuis la capitulation, l'armée prussienne s'emparer d'une grande partie du matériel de nos ambulances. Les fonctionnaires de l'intendance militaire, auxquels incombait le devoir de faire respecter la Convention, n'ont fait, paraît-il, aucune tentative pour s'opposer à une violation aussi flagrante.

» En conséquence, les soussignés, médecins militaires, ont l'honneur de vous prier de vouloir bien faire tous vos efforts pour que la Convention de Genève soit strictement et rigoureusement observée.

» Veuillez agréer, Monsieur le Médecin en chef, l'assurance de notre respectueuse considération. »

(*Suivent soixante signatures.*)

Un des signataires fait suivre cette lettre des réflexions suivantes :

« Le corps de santé militaire est loin d'ignorer que cette revendication est en dehors de ses attributions légales ; aussi ne s'est-il décidé à en prendre l'initiative qu'après avoir constaté, non sans un douloureux étonnement, que l'administration militaire de l'armée de Metz avait manqué, sous ce rapport, à tous ses devoirs.

» Aussitôt que la capitulation fut décidée, l'intendance aurait dû faire réunir sur un seul point et inventorier tous les caissons de chirurgie et de pharmacie, les voitures d'ambulance, les petites voitures Masson, les cacolets, les cantines régimentaires de chirurgie, les sacs et sacoches d'ambulance. Tout ce matériel est neutralisé par la Convention de Genève.

» Elle aurait dû faire réunir tous les chevaux et mulets servant au transport de ce matériel ; au besoin en compléter l'effectif.

» Elle aurait dû conserver tous les harnachements.

» Elle aurait dû conserver tout le personnel (conducteurs, sous-officiers et officiers du train) nécessaires pour les soins à donner aux chevaux et mulets aussi bien que pour reconduire le matériel aux avant-postes de l'armée française, ainsi que la chose est prévue et stipulée dans la Convention de Genève.

» Elle aurait dû faire dresser un état exact de tout le personnel neutralisé par la Convention, en y comprenant, ainsi que cela s'est pratiqué, pendant toute la durée de la campagne dans l'armée prussienne, les soldats-ordonnances des officiers de santé, les porte-sacs des régiments d'infanterie et porte-sacoches des régiments de cavalerie et d'artillerie.

» L'intendance n'a rien fait de tout cela : les caissons et voitures d'ambulance ont été abandonnés, pour la plupart, de côté et d'autre, sur les places publiques, où les prussiens s'en sont emparés pour les faire servir à leurs transports, sans même prendre la peine de faire effacer le signe distinctif de la neutralité; les chevaux et mulets ont été, sans exception, livrés à l'armée prussienne ou abandonnés dans les rues; qui voulait les prendre pouvait s'en emparer.

» Les harnachements ont été pillés ou perdus. Les soldats du train sont retournés dans leurs foyers munis de sauf-conduits délivrés par les autorités prussiennes, sans que l'intendance s'en inquiétât.

» Les porte-sacs et porte-sacoches des régiments sont partis comme prisonniers; on n'a jamais eu l'air de se douter, dans l'armée française, qu'ils devaient être neutralisés.

» Quant aux soldats-ordonnances des officiers de santé, ce n'est qu'à la dernière heure, et seulement sur des renseignements donnés par les Prussiens eux-mêmes que l'intendance s'est décidée à la porter sur les contrôles du personnel neutralisé.

» On n'avait d'ailleurs pas de brassards pour eux ; ils devaient s'en procurer comme ils le pourraient.

» Déjà au début de la guerre, il semblait que pour l'intendance la Convention de Genève fût passée à l'état de lettre morte : pas une seule voiture d'ambulance ne portait le signe de la neutralité ; personne n'avait de brassard, on avait *oublié* d'en distribuer. Il a fallu que des médecins fussent pris avec leur ambulance à Spikeren et que les Prussiens manifestassent leur étonnement de les voir sans brassards, pour que l'intendance eût l'idée qu'il pourrait bien être utile de leur en faire délivrer.

» Dans les graves circonstances où nous sommes placés, *il faut* que chacun porte la responsabilité de ses actes ; *il est bon* que l'on sache comment chacun a fait son devoir.

» *P. S.* Dans l'intérêt de la vérité, nous devons ajouter qu'au moment où la protestation ci-dessus a été présentée à M. le Médecin en chef, ce dernier venait de faire la même réclamation à l'autorité prussienne. »

M. l'Intendant militaire jugeait opportun de faire la réponse suivante, par l'organe du même journal, à la date du 8 décembre. (V. correspondance, n° 72.)

« Monsieur le Directeur,

» En vertu des instructions ministérielles, les autorités militaires ne doivent répondre aux articles publiés dans les journaux sans une autorisation ; comme il ne m'est pas possible de l'obtenir, et que je ne puis laisser passer un article publié dans le *Courrier de la Moselle* du 16 novembre, que vous reproduisez dans votre numéro du 7 de ce mois, je vous prie d'insérer la réponse suivante :

» Au moment de la capitulation de Frescaty, dont l'intendance n'a pas à discuter les conditions, il n'existait, appartenant à la place, aucun moyen de transport, ni aucune fraction du corps des équipages militaires.

» Le matériel de l'armée, il est vrai, a été conduit et déposé par fractions sur différentes places de Metz, devant l'hôpital et sur les glacis; mais l'inventaire réclamé, le 16 novembre, par MM. les officiers de santé, est en cours d'exécution depuis le 29 octobre ; ainsi leur zèle est en retard de quinze jours. Nous ne pouvions, d'ailleurs, réclamer les chevaux, puisqu'ils avaient été mangés, ou qu'ils étaient morts de faim.

» Ces faits, qui peuvent être ignorés par le corps de santé militaire, toujours porté à attaquer l'administration, réfutent une partie des accusations portées par l'un des signataires de la lettre.

» Quant à l'observation qui concerne l'exécution de la Convention de Genève, je dirai que je ne l'ai pas perdue de vue, et que, le 7 novembre, je m'en entretenais avec M. le Général président de la commission de remise du matériel, qui me donnait l'assurance que l'inventaire était en cours d'exécution, et que M. le Général prussien reconnaissait la neutralité, et, par conséquent, la revendication par le gouvernement français. Il fallait se contenter de cette déclaration, puisque les moyens de transport manquaient pour conduire le matériel aux avant-postes, et que nous ne pouvions exiger de l'armée prussienne qu'elle nous fournisse les chevaux.

» Le 15 novembre, et contrairement à tout principe militaire, une association anonyme a voulu s'organiser pour créer une *ambulance volontaire de Metz*. C'est probablement cette réunion de médecins qui a publié l'article du *Courrier* du 16. Je ne la connais que par une circulaire anonyme qu'elle a lancée le 15, et non par ses actes.

» Je ne répondrai pas à tous les alinéas de la lettre anonyme publiée par vous; je répondrai seulement qu'il existe, dans la sous-intendance chargée du service des hôpitaux et à l'intendance militaire, des contrôles de neutralité, et qu'on a distribué des brassards, avec des numéros correspondant à ces contrôles, à tout le personnel permanent, et même aux auxiliaires. Quant à l'armée, on avait fait un tel abus des brassards, qu'avant la capitulation on a dû les retirer pour en distribuer d'autres, mais seulement au personnel des ambulances versé dans Metz. Il est possible que quelques soldats-ordonnances, appartenant à la garde ou aux troupes de ligne, n'en aient pas reçu, mais rien dans la Convention de Genève ne dit qu'ils y ont droit; l'autorité prussienne ne le reconnaît pas, et leur refuse d'ailleurs la neutralité.

» En résumé, dans la situation résultant de l'occupation par l'ennemi, on ne peut que signaler les faits qui se produisent; c'est ce que l'intendance militaire de Metz fait. Quant à la manière dont *chacun accomplit son devoir*, je ferai observer à l'auteur des réflexions que, lorsque j'ai des plaintes à porter sur les officiers de santé et leur subordination, c'est à M. le Médecin en chef que je m'adresse, et non aux journaux.

» Recevez, etc. »

M. Bruneau, médecin-major de première classe,

qui avait pris la direction du service des ambulances après mon départ, m'écrivait à Bordeaux, à la date du 25 janvier, une lettre dont j'extrais le passage suivant : « Je suis président de la Commission pour la restitution du matériel des ambulances. Je serai fort heureux d'attacher mon nom à cette Commission, car on nous rend pour un million de matériel : 81 voitures d'ambulance chargées, les omnibus, les prolonges à brancards, enfin 100 voitures à quatre roues, plus 134 voitures Masson; toutes les cantines régimentaires, les sacs et sacoches qu'on a pu trouver; enfin, les mulets qui restent à Metz. Samedi prochain aura lieu la clôture des conférences et le matériel sera dirigé sur Arlon pour être remis, à Lille, à l'administration de la guerre. »

Ainsi s'est terminée cette question qui, on vient de le voir, a soulevé d'âcres discussions.

Article 5.

Les habitants du pays qui porteront secours aux blessés seront respectés et demeureront libres.

Les généraux des puissances belligérantes auront pour mission de prévenir les habitants de l'appel fait à leur humanité et de la neutralité qui en sera la conséquence.

Tout blessé recueilli et soigné dans une maison y servira de sauvegarde. L'habitant qui aura recueilli chez lui des blessés sera dispensé du logement des troupes, ainsi que d'une partie des contributions de guerre qui seraient imposées.

Cet article me paraît peu réfléchi. Il est manifeste qu'en présence de promesses aussi séduisantes il n'est pas un habitant d'un pays envahi par la guerre qui n'ouvre largement ses portes aux blessés, ce qui rend ces promesses illusoires. Dans nos campagnes les blessés étaient partout; en ville il était peu de maisons qui n'en eussent quelques-uns; je ne sache pas, cependant, qu'aucune immunité ait été accordée aux uns ou aux autres. Les logements militaires, non-seulement du fait des Allemands, mais du fait de la municipalité, ont été uniformément répartis, sans s'inquiéter si les habitants avaient ou non recueilli des blessés. Il ne pouvait, en vérité, en être autrement. On ne s'opposera jamais à ce que des belligérants éludent parfois la Convention lorsqu'elle est évidemment contraire à leurs intérêts. Or, un intérêt de premier ordre, pour une armée, c'est de trouver à se loger.

Article 6.

Les militaires blessés ou malades seront recueillis et soignés, à quelque nation qu'ils appartiennent.

Les commandants en chef auront la faculté de remettre immédiatement aux avant-postes ennemis les militaires ennemis blessés pendant le combat, lorsque les circonstances le permettront et du consentement des deux partis.

Seront renvoyés dans leur pays ceux qui, après guérison, seront reconnus incapables de servir.

Les autres pourront également être renvoyés, à la condition de ne pas reprendre les armes pendant la durée de la guerre.

Les évacuations, avec le personnel qui les dirige, seront couvertes par une neutralité absolue.

A l'occasion de cet article, M. Fuzier m'adressa les réflexions suivantes:

« Ainsi, d'après ces deux derniers alinéas, tous nos malades et blessés des hôpitaux et ambulances de Metz peuvent être libres et renvoyés dans leurs foyers ; les uns, parce que, blessés ou fiévreux, ils sont incapables de servir ; les autres, parce qu'ils peuvent, s'ils le désirent, promettre de ne pas reprendre les armes pendant la durée de la guerre.

» Pour ma part, je regarderai donc comme une violation flagrante de la Convention de Genève et devant appeler une protestation immédiate, tout envoi en captivité, par les Prussiens, d'un Français, si celui-ci est reconnu incapable de servir ou si, guéri et capable de servir de nouveau, il promet de ne plus reprendre les armes pendant la durée de la guerre.

» Vous serez, j'espère, comme par le passé, dans une question si grave, le défenseur actif des intérêts de nos malades. »

Sans doute, dans les désignations faites par les Prussiens de malades ou blessés à envoyer en Allemagne, il y avait de touchants intérêts à défendre, et je n'ai pas manqué d'en saisir les représentants de l'autorité prussienne. Mais mon honorable collègue n'avait pas suffisamment remarqué que l'article sur lequel il s'appuie dit simplement : *pourront* et non *devront*, ce qui laisse aux chefs d'armée la faculté d'agir dans le sens qui leur convient. Il eût été plus près de la vérité en s'appuyant de préférence sur l'article 5 additionnel, ainsi conçu :

Par extension de l'article 6 de la Convention, il est stipulé que, sous la réserve des officiers dont la possession importerait au sort des armes et dans les limites fixées par le deuxième paragraphe de cet article, les blessés tombés entre les mains de l'ennemi, lors même qu'ils ne seraient pas reconnus incapables de servir, *devront être renvoyés dans leur pays après leur guérison ou plus tôt si faire se peut, à la condition toutefois de ne pas reprendre les armes pendant la durée de la guerre.*

Mais pour être entièrement dans le vrai, il convient d'ajouter que ces articles additionnels ne sont que des *projets* du comité international à la conférence diplomatique de Genève en octobre 1868. C'est ainsi, je pense, que la Prusse a dû les considérer.

Si je suis bien informé, cette question aurait été agitée à Frescaty, dans la discussion des clauses de la capitulation. Le commandant en chef de l'armée allemande aurait déclaré accepter complétement la parole des officiers, mais ne pouvoir se contenter de la même garantie à l'égard des soldats [1].

Ne voit-on pas, d'ailleurs, quel abus on pourrait faire de cet article 6 s'il était absolument obligatoire. Il suffirait, malade ou non, qu'un militaire figurât dans une ambulance, à un jour donné, pour jouir du bénéfice de la neutralité.

Quelle source féconde de maladies simulées, supposées ou provoquées !

Je ne saurais donc voir une violation de la Convention de Genève dans le fait de l'envoi, en Allemagne, de malades et blessés guéris. Peut-être, seulement, serait-on en droit de reprocher aux vainqueurs d'avoir apporté trop de sévérité dans les désignations qu'ils ont été appelés à faire.

---

[1] Ce n'est point aux soldats qu'il faudrait, en ce cas, demander un engagement d'honneur de ne plus porter les armes pendant la durée de la guerre, mais bien aux gouvernements eux-mêmes, ainsi que la proposition en avait été faite à la conférence de Wurtzbourg (22 août 1867).

Article 7.

Un drapeau distinctif et uniforme sera adopté pour les hôpitaux, les ambulances et les évacuations. Il devra être, en toute circonstance, accompagné du drapeau national.

Un brassard sera également admis pour le personnel neutralisé, mais la délivrance en sera laissée à l'autorité militaire.

Le drapeau et le brassard[1] *porteront croix rouge sur fond blanc.*

Le drapeau et le brassard ne sont pas toujours des garanties suffisantes; on l'a vu quelquefois pendant la dernière guerre. Cependant un signe distinctif des neutres est évidemment indispensable. Lorsqu'une ville assiégée, lorsqu'un village attaqué sont hérissés de drapeaux blancs à croix rouge, on doit reconnaître que leur efficacité est en raison inverse de leur multiplicité. De même en est-il pour les brassards; ils n'ont de valeur réelle qu'à la condition d'être délivrés avec sobriété et discernement.

Nous avons vu, tout à l'heure, que les médecins se plaignaient qu'on eût refusé des brassards à leurs ordonnances. Nous avons vu aussi la réponse de M. l'Intendant divisionnaire à cette plainte. De part et d'autre on était dans le vrai, M. l'Intendant disait, avec raison : « *On avait fait, à l'armée, un tel abus de brassards qu'avant la capitulation on a dû les*

---

[1] Nous avons vu des brassards *de fantaisie*, sur lesquels on avait cherché à donner à la croix des formes variées et plus ou moins élégantes. Il n'est pas inutile de rappeler que la croix suisse, adoptée pour ces insignes, a une forme bien déterminée. Elle se compose de la juxtaposition de cinq carrés égaux.

retirer pour en distribuer d'autres, mais seulement au personnel des ambulances versé à Metz. »

Il est incontestable qu'on en a fait un grand abus, non-seulement à l'égard de l'armée, mais encore à l'égard de la population civile. Cet abus a jeté plus d'une fois le désordre dans le service des ambulances, en accréditant des personnes indignes; mais il ne venait pas de la France seulement; les sociétés internationales étrangères avaient quelquefois à leur suite des personnes attirées par les motifs les moins charitables, résultat inévitable d'une levée de personnel subalterne faite à la hâte et sans moyens suffisants de contrôle. Aussi reconnut-on la nécessité de réprimer cet abus, mais par une fâcheuse réaction on en vint à refuser le brassard à des personnes y ayant réellement droit et dignes de le porter. Les médecins n'en obtinrent qu'avec beaucoup de peine pour leurs soldats-ordonnances et je reçus de nombreuses plaintes à cet égard. Il n'y eut d'ailleurs, sur ce point, qu'une indécision de quelques jours, après la capitulation.

Les articles 8, 9, 10 n'offrent pour nous aucun intérêt.

EXTRAITS DE LA CORRESPONDANCE OFFICIELLE.

XV.

Ces extraits ne comprennent que des lettres offrant un intérêt relatif à l'un des points généraux de la situation ou une question spéciale de quelque importance. J'ai évité de reproduire toutes celles qui avaient trait seulement à des intérêts personnels ; j'ai cru devoir aussi, par esprit de conciliation, laisser dans l'ombre un certain nombre de lettres adressées à l'autorité allemande ou à ses délégués, et qui n'auraient d'autre résultat que de rappeler des débats irritants, dont les uns et les autres doivent chercher l'oubli.

Quelques points de cette correspondance font, je le sais, double emploi avec des sujets traités dans le cours de ce volume, sous la même forme ou sous une forme différente. J'ai cru, cependant, devoir les conserver : les uns, parce qu'ils établissent l'ordre de succession des faits ; d'autres, parce qu'ils font ressortir les difficultés sans cesse renaissantes et les efforts de chacun pour les surmonter ; d'autres, enfin, parce qu'ils constituent, en quelque sorte, un ensemble de pièces justificatives.

Monsieur Pérot, sous-intendant militaire.

1) — 21 AOUT. Nous avons, ce matin, visité ensemble l'ambulance établie au Saulcy pour 800 blessés. L'hospitalisation sous la tente offre des avantages au point de vue nosocomial, à la condition de pouvoir souvent déplacer et même remplacer les tentes; mais sous notre climat variable ces abris présentent le grave inconvénient de subir l'influence des moindres variations atmosphériques. Les blessés redoutent le froid, et les premières pluies arrivant on doit s'attendre à un abaissement notable de la température. Le lieu du campement n'est pas mal choisi, mais je dois appeler votre attention sur un dépôt d'immondices qui offre une large surface à l'évaporation et dont les miasmes, se mêlant aux miasmes dégagés par les blessés, pourraient développer des accidents ou, tout au moins, contribuer à leur développement. Une corvée prise parmi les hommes du bataillon stationné sur ce point ne pourrait-elle pas couvrir cette surface d'une couche de terre suffisante pour la soustraire au contact de l'air? Il est urgent que des *feuillées* soient établies sur-le-champ. Quelques lits seraient indispensables pour les officiers et les blessés spéciaux. Il convient de séparer les officiers des soldats et, s'ils ne sont pas dirigés sur d'autres établissements, l'hôpital militaire ou l'École d'application ou, mieux encore, le grand séminaire, de leur réserver un nombre suffisant de tentes, en avant de la ligne, à raison de deux officiers par tente.

Je me suis ensuite rendu à la manufacture de

tabacs. Le premier étage et le rez-de-chaussée sont occupés par des malades placés dans des conditions bien différentes. L'étage constitue un bon hôpital, bien aéré; les lits, quoique trop rapprochés pour les conditions normales, offrent, cependant, un espacement convenable. Des latrines provisoires, placées dans les corridors, auraient besoin d'être enfermées par quelques planches. — Le rez-de-chaussée manque d'air; les malades y sont entassés sur la paille dans un espace tout à fait insuffisant. Ce point appelle toute la sollicitude de l'administration. Les fourneaux des bains, placés dans une petite cour voisine des salles, envoient au premier étage une fumée très-incommode qui oblige à fermer les croisées.

J'ai vu le Lycée. Les blessés, couchés dans les dortoirs des élèves, sont dans de bonnes conditions. On y manque d'instruments, mais les opérations nécessaires pourraient être faites à la manufacture de tabacs, qui en est voisine.

J'ai vu toutes les casernes, et toutes présentent de grandes ressemblances dans leur disposition intérieure. Ce sont de détestables hôpitaux, tellement encombrés de lits, qu'on doit s'attendre à de grands malheurs si l'on n'y apporte un prompt remède, en diminuant *de moitié* le nombre des blessés qui y sont traités [1]. Je n'exagère peut-être pas en disant que, dans quelques jours, *pas un amputé n'y guérira* [2]. Déjà quelques apparences de pourriture d'hôpital se manifestent. Que faire dans de semblables conditions? Étendre le baraquement du Polygone et

---

[1] Loin de diminuer, on a dû augmenter partout.
[2] Ces sombres prévisions ne se sont que trop réalisées.

y déverser le trop plein des casernes. Ce baraquement est cependant, lui-même, un mauvais hôpital ; les malades y ont froid la nuit et bientôt ils y auront froid toute la journée. On a proposé de prendre quelques églises, c'est une ressource extrême. Les asiles du culte sont situés dans les centres principaux de population et l'on peut craindre d'infecter leur voisinage. L'aération est difficile et les miasmes s'accumulent dans les parties inférieures; ces édifices sont froids et humides; l'organisation des services y est difficile. Je ne saurais, sans protester, accepter les écuries qui ont été proposées aussi. Les wagons disponibles pourraient être utilisés, mais il serait indispensable de les relier entr'eux par des planches courant sur l'un des côtés et rendant possible l'exécution du service.

J'ai visité l'école d'artillerie. Bonne installation, mais trop de lits, beaucoup trop même. Le hangar qui en dépend pourrait recevoir convenablement 55 blessés.

A Montigny, les officiers placés au séminaire sont dans d'excellentes conditions; il serait désirable que toutes les places disponibles (90) fussent, jusqu'à concurrence des besoins à satisfaire, occupées par des officiers jusqu'ici mal installés [1].

Au Sacré-Cœur (même village), 98 lits sur 100 sont occupés. Les blessés y sont fort bien. — Quelques-uns, 19, je crois, sont placés dans d'assez bonnes conditions à l'école communale. Un certain

---

[1] Plusieurs officiers hésitaient à se rendre à Montigny, parce que deux projectiles prussiens étaient tombés dans le village, non loin du séminaire. On n'eut, cependant, de ce fait, aucun malheur à déplorer.

nombre sont, enfin, dispersés chez les habitants de Montigny. En général, les blessés traités dans ce village ne sont pas gravement atteints.

Je suis prêt à faire évacuer sur France, si les circonstances le permettent, le nombre de malades qui serait demandé par l'administration [1].

Monsieur le Général de division commandant supérieur de la place de Metz.

2) — 23 AOUT. J'ai l'honneur de vous informer que, malgré le secours bien nécessaire que nous avons reçu de trente-deux médecins des ambulances pour les blessés réunis dans la place de Metz, le service médico-chirurgical est loin d'être assuré, et j'ai la douleur de vous dire que bien des blessés mourront faute d'avoir pu être opérés en temps opportun. Le personnel médical se multiplie, chacun passe tous les jours huit et dix heures, plus même, dans les hôpitaux, succombant à un travail écrasant; j'en citerais qui sont restés deux et trois jours sans se coucher. Pendant ce temps on voit en ville de nombreux médecins de corps de troupes sans service et qui accepteraient avec empressement un ordre du commandement qui leur permît de rester ici. Ne fussent-ils avec nous que trois ou quatre jours ils nous rendraient d'inestimables services. Je vous en conjure, mon général, au nom de nos malheureux blessés, provoquez l'ordre de laisser à Metz, tant que les opérations militaires le permettront, tous les médecins disponibles, dans les quartiers généraux et corps de troupes.

---

[1] Les circonstances ne l'ont point permis.

EXTRAITS DE LA CORRESPONDANCE OFFICIELLE. 239

Le chiffre actuel des blessés dépasse 11000, et si bon nombre d'entr'eux n'exige aucun soin médical, il en est bon nombre aussi près desquels le médecin doit passer une demi-heure ou une heure. Que peuvent faire soixante-dix ou quatre-vingts médecins, parmi lesquels plusieurs praticiens civils, ne pouvant se charger que d'un nombre restreint de malades? Les visites commencent à six heures et ne se terminent jamais avant midi. Dans la plupart des établissements ce temps est insuffisant pour voir tous les blessés et les panser convenablement. Plusieurs sont déjà frappés de gangrène faute d'opération nécessaire. Les après-midi sont consacrées à ces opérations, mais on ne peut en faire qu'un nombre limité, parce que chaque établissement ne possède, généralement, qu'une boîte à amputation [1] et que plusieurs, qui en sont complétement dépourvus, sont obligés de faire transporter les blessés sur une autre ambulance mieux approvisionnée d'instruments. On peut encore remédier à ce grave inconvénient en réunissant à Metz un certain nombre de trousses régimentaires, qu'on trouve à chaque bataillon.

Je vous en supplie de nouveau, mon général, il y a urgence; réclamez du personnel; vous seul pouvez nous venir en aide dans ces cruelles conditions.

Monsieur le général de Vercly, commandant la subdivision.

3) — 24 AOUT. Toutes les conditions d'hygiène indispensables dans la situation terrible que nous

---

[1] Nous pûmes, ultérieurement, nous en procurer quelques-unes de plus.

traversons sont l'objet de mes constantes préoccupations; tout en recommandant la plus stricte économie dans l'emploi de la paille, matière qui devient rare et pourrait nous manquer, je recommande aussi de renouveler celle des malades couchés sous la tente, à l'Esplanade, au Polygone, au Saulcy, et maintenant fort de l'ordre que vous avez donné, j'y insisterai danvantage encore.

J'ai déjà appelé l'attention de M. le sous-intendant militaire Pérot sur la nécessité de faire établir des *feuillées*. Il a dû s'en occuper.

Monsieur le Sous-Intendant militaire.

4) — 24 AOUT. Je dois appeler votre attention sur les wagons mis à la disposition du service des ambulances. Je ne veux pas revenir sur les conditions qu'ils présentent et qui pourraient nuire à l'exécution du service. Nous en avons suffisamment causé et nous sommes d'accord sur le remède à y apporter. Mais je vais toucher un point plus important encore, celui de l'emplacement de ces wagons. Voilà, dans un espace fort circonscrit, un effroyable entassement de blessés: caserne du Génie, École d'application, Esplanade, jardin Boufflers, Palais de justice, wagons; c'est une grave menace pour ce quartier. Ne pourrait-on pas laisser ceux-ci sur la voie, hors de la ville, sur l'espace qui sépare les deux gares, tout en respectant les besoins de la défense et d'autres nécessités?

Je suis stupéfait de l'ordre que j'ai reçu de renvoyer dix médecins! Où les prendre, puisqu'ils sont partout insuffisants? La force humaine a des limites et, pour le service médical qui fonctionne à Metz, ces limites sont atteintes. On veut rétablir le service régimentaire à raison d'un médecin par corps; mais le service de deux corps par un médecin serait bien peu de chose, comparé à celui des ambulances de Metz.

Note de M. le sous-intendant Pérot au médecin en chef.

4 bis) — 24 AOUT. J'ai prié M. l'Intendant divisionnaire de provoquer toutes les mesures que vous avez demandées par vos rapports et que M. le Général commandant supérieur jugera pouvoir être prises. Comme vous, je déplore vivement l'encombrement des casernes, mais pouvons-nous y porter remède, puisque tous les locaux disponibles sont occupés et tous à peu près aussi encombrés les uns que les autres? Nous recevons des blessés, des malades en nombre énorme, et nous ne pouvons les évacuer. Faut-il mettre en plein champ ce qui excède le nombre que les établissements peuvent normalement recevoir?

M. le Général commandant supérieur a donné l'ordre (qui s'exécute) de faire amener les wagons disponibles sur la place Royale pour les organiser en hôpitaux. Peut-être, s'il n'y a pas de nouvelle affaire, pourrons-nous ainsi désencombrer un peu. J'ai demandé de les faire relier entr'eux par des planches, ainsi que vous l'avez indiqué. La plupart, sinon la totalité, sont munis de hamacs; je viens d'examiner si ce mode de couchage est plus convenable que la paille; on peut mettre huit hommes par wagon avec les hamacs, et seulement six sur le plancher des wagons. Je tâcherai, si vous voulez bien me donner votre avis, de rendre cette installation la moins défectueuse possible ¹.

Monsieur le Médecin en chef de l'ambulance de....

CIRCULAIRE.

5) — 26 AOUT. En exécution des ordres de M. le Général commandant supérieur de la place, tous les militaires blessés, recueillis chez les particuliers, seront soumis à la visite de médecins militaires, dans un certain nombre de centres, parmi lesquels figure l'établissement que vous dirigez. Veuillez, à cet effet, désigner trois officiers de santé, peu importe de quel grade. Cette opération se fera à midi pour ne pas entraver le service régulier de l'ambulance, mais le jour n'est point encore fixé; les médecins que vous aurez désignés l'apprendront par des affiches apposées en ville et destinées à prévenir les habitants. Chacun d'eux sera assisté d'un garde mobile, secrétaire, chargé d'inscrire ses décisions. Cette visite aura pour objet de constater : 1° si l'homme est assez gravement blessé pour entrer à l'hôpital (cette entrée serait immédiate et d'urgence); 2° s'il peut, sans inconvénients, rester dans la maison où il est soigné; 3° s'il doit être dirigé sur le dépôt des convalescents; 4° enfin, s'il est complétement rétabli et peut être envoyé au dépôt des isolés. Des états spéciaux seront dressés, à cet effet, par les soins de M. le sous-intendant Pérot.

---

¹ On sait que j'aurais préféré la paille aux hamacs, mais j'ai accepté l'installation, que j'ai trouvée toute faite. Il y avait d'ailleurs avantage, je le reconnais, à économiser la paille qui devait, plus tard, nous faire défaut.

Monsieur le Médecin en chef de l'ambulance de . . .

CIRCULAIRE.

6) — 26 AOUT. Un grand nombre de gardes mobiles employés en qualité d'infirmiers se déclarent incapables de rendre aucun service dans les hôpitaux, alléguant une mauvaise constitution physique, qui les a fait renvoyer de l'armée active. Ces hommes étant un embarras, veuillez les faire visiter et signaler à M. l'officier comptable ceux qui seraient reconnus impropres au service hospitalier.

Monsieur le Sous-Intendant militaire.

7) — Je n'ai rien à vous signaler, sinon la pénurie croissante de médecins, que vous connaissez d'ailleurs aussi bien que moi. Il n'y a plus un service complétement assuré, sinon celui de l'hôpital militaire. Je m'étais adressé à M. le pharmacien inspecteur, en le priant de mettre à la disposition du service médico-chirurgical un certain nombre de jeunes pharmaciens aides-majors, pour concourir aux pansements; il m'a exprimé son regret de ne pouvoir accéder à cette demande, en raison de la faiblesse numérique de son personnel [1].

. . . .

Je n'approuve nullement la disposition des hom-

---

[1] Il est certain que le nombre des pharmaciens attachés aux ambulances de la place était bien juste suffisant. Mais à quoi servaient donc les pharmaciens de tout grade attachés aux quartiers généraux des corps d'armée? Ils nous eussent, avec un grand empressement, prêté leur concours, au lieu de végéter dans l'inaction des camps.

mes superposés dans les wagons; les déjections de toute nature tomberont des malades supérieurs sur ceux qui seront placés au bas. De la paille sur le plancher serait la disposition la plus simple et la meilleure.

Monsieur le Général commandant la subdivision.

8) — 27 AOUT. (J'appelle son attention sur l'état de malpropreté de la place Royale et sur la nécessité de remédier à cette situation.)

Monsieur le Général de division commandant supérieur.

9) — 28 AOUT. J'ai la satisfaction de vous faire savoir que les conditions sanitaires de la place s'améliorent. L'état général des blessés est plus satisfaisant qu'on eût osé l'espérer. Ils diminuent, par mortalité, il est vrai, mais surtout par de nombreuses sorties des hôpitaux, et le vide qui se fait dans leurs rangs permettra, je l'espère, de conjurer les accidents redoutables qui nous menacent et ont même déjà commencé à sévir. Dans quelques établissements les amputations réussissent bien; dans d'autres on est moins heureux. La *pourriture d'hôpital,* complication grave, paraît un peu partout, mais on arrive presque toujours à en limiter les progrès. Nous avons observé aussi un certain nombre de cas de *tétanos,* mais cette complication est indépendante de l'état d'agglomération. Je reçois, de chaque hôpital ou ambulance, un bulletin journalier sur lequel figure la mention suivante: « Situation générale des blessés et malades ». Sur tous cette mention est, depuis quelques jours,

résumée par les mots *satisfaisante, assez bonne, bonne, très-bonne.* Cette dernière indication est de la caserne d'artillerie du fort Moselle.

Il n'y a nulle part imminence d'affections internes épidémiques, malgré l'existence de quelques fièvres typhoïdes et de dysenteries, les unes et les autres légères. Ces affections sont, d'ailleurs, de provenances diverses et peu sont nées sur place.

L'ambulance du Saulcy est, jusqu'à présent, celle qui présente les plus fâcheuses conditions. D'abord, parce qu'elle a reçu, à son origine, un grand nombre de blessés fort gravement atteints et renvoyés par l'ennemi, chez lequel ils n'avaient reçu que des soins insuffisants; ensuite, parce que cette ambulance, éloignée de la ville, est, en partie, privée des soins que prodiguent les femmes dans d'autres établissements plus privilégiés. Aussi, toute mon attention se porte-t-elle de préférence sur cette pauvre ambulance délaissée et pourtant si digne d'intérêt; c'est surtout en sa faveur que je sollicite la bienfaisance publique qui s'exerce, à Metz, avec une si grande activité. S'il était possible de diriger cette bienfaisance, combien ne serait-elle pas appliquée plus utilement !

Hier matin j'ai parcouru tous les établissements hospitaliers de la ville pour m'assurer des besoins de personnel dans chacun d'eux, en offrant le concours des médecins de régiment, de midi à cinq heures. Dans quelques-uns, le service commençant à cinq heures du matin, est terminé pour midi; un secours étranger n'y est pas nécessaire, les contre-visites se faisant de deux à cinq heures par les médecins mêmes de chaque établissement. Dans d'autres le service des pansements est, en quelque sorte, permanent et le concours des médecins de régiment y a été fort bien accueilli.

J'ai réuni tout ce personnel de renfort sur la place du Saulcy et il s'est trouvé dépasser de beaucoup nos besoins à cette époque de la journée. Douze médecins, répartis dans les grandes ambulances du Saulcy, du Fort, de Chambière et de Coislin, nous ont suffi pour assurer complétement le service du jour. Je compte donner aujourd'hui quelqu'assiette à ce service supplémentaire.

J'ai déjà appelé l'attention du commandement, de l'administration, de la municipalité, sur l'extrême malpropreté des places sur lesquelles séjournent voitures et chevaux. Ne pourrait-on pas employer au nettoyage les conducteurs de voitures eux-mêmes, ces hommes restant inoccupés une grande partie du jour!

Un certain nombre de blessés avaient été recueillis dans diverses maisons mal famées; j'ai fait visiter par un médecin tous les mauvais lieux qui m'avaient été signalés. Accompagné de deux agents de police il a prononcé la sortie de tous ces hommes, en dépit de nombreuses protestations de part et d'autre.

P. S. Neuf heures du matin. J'arrive du Saulcy où tout s'organise. Deux dames s'étaient plaintes à moi, hier, du manque de tisane pour les malades. J'ai pu m'assurer du peu de fondement de cette plainte. Le pharmacien-major de cette ambulance est en mesure de satisfaire à toutes les prescriptions des médecins, mais il ne peut, ainsi que je l'avais demandé, donner *à discrétion* les boissons médicamenteuses, l'eau de riz, par exemple, parce que les *contenants* lui manquent encore. L'agitation à vide de quelques personnes est vraiment un bien grand embarras; à leurs yeux tout est mal, tout est à faire et elles ont remède à tout. Rien n'arrête leur imagination; rien ne l'égale, sinon leur bon vouloir et leur inexpérience.

Monsieur le Général de division commandant supérieur.

10) — 29 AOUT. Hier, dans l'après-midi, j'ai reçu la visite de deux dames, que je n'ai point l'honneur de connaître, qui même, je crois, sont étrangères à la ville, et qui se présentaient en votre nom. Elles venaient de visiter l'ambulance du Saulcy et exprimaient, avec l'accent d'une vive douleur, combien il était cruel de voir de malheureux blessés dans une aussi profonde détresse. La pluie les avait inondés de toutes parts; la paille sur laquelle ils reposent nageait dans l'eau et la boue; ces infortunés se plaignaient amèrement qu'on les eût ramenés des prisons de l'ennemi, où ils étaient, du moins, abrités, etc.... Je fus ému du discours animé, expressif, convaincu de ces dames, et quoiqu'ayant visité l'ambulance du Saulcy dans la matinée, je m'empressai d'y retourner, et priai M. le sous-intendant Pérot de m'accompagner. Je craignais d'avoir mal vu, de n'avoir pas suffisamment interrogé les blessés sur leurs besoins et leurs désirs; bref, j'arrivai avec la pensée de me trouver au milieu d'une scène de désordre et de désolation. Combien nous fûmes agréablement surpris, M. Pérot et moi, de rencontrer une situation toute différente! Pas une goutte d'eau n'avait pénétré dans les tentes, pas un brin de paille n'était mouillé, pas un malade ne se plaignait. Nous en avons interrogé un grand

nombre, couchés, levés, se promenant ; leurs réponses ont été unanimes : — ils n'avaient rien à réclamer, étaient bien couchés (comme on peut l'être sur la paille), sur une paille fraîche et abondante. Un seul a demandé une couche un peu plus épaisse sous ses épaules ; il a été fait droit immédiatement à ses modestes prétentions.

On ne peut méconnaître les grands services rendus à nos blessés par les femmes de toute condition et, pour ma part, je leur en ai une bien vive reconnaissance ; mais aussi que d'ennuis nous causent les écarts de sensibilité de quelques personnes dont le zèle n'a souvent d'autre résultat que celui de paralyser nos efforts.

Deux mots encore sur cette ambulance. L'administration militaire et quelques particuliers s'occupent à la doter d'un certain nombre de lits. Les secours médicaux et pharmaceutiques y sont, dès aujourd'hui, complétement assurés.

L'ambulance s'étend près du bras flottable de la Moselle, et c'est précisément cette portion de la rivière qui alimente d'eau une grande partie de la ville. Des immondices de toute nature y étaient jetées, et la population, connaissant ce fait, s'en serait naturellement alarmée. Mais j'ai appelé, sur ce point, l'attention de l'administration et des ordres formels ont été donnés en conséquence ; un factionnaire a même été placé aux abords de la rivière.

La tâche qui m'est confiée est lourde à remplir, mon général, mais je ne saurais m'en plaindre. Je rencontre un concours si bienveillant et si empressé dans le commandement et dans l'administration, que j'ai la certitude de trouver toutes mes propositions favorablement accueillies, tout fait suivant ma demande, dans la limite du possible et des exigences de la situation. On ne m'accusera pas d'être un ami exagéré de l'intendance militaire, dont j'ai toujours combattu la domination sur notre corps; cependant, en voyant ses efforts, son immense désir de bien faire, malgré des obstacles sans cesse renaissants, je ne puis m'empêcher d'aimer et d'estimer les fonctionnaires avec lesquels je suis en contact et qui, ainsi que moi, savent mettre de côté toute rivalité de corps pour consacrer toutes nos forces vives au bien des blessés.

Permettez-moi aussi, mon général, de vous exprimer combien je trouve de zèle et de dévouement chez les médecins militaires. Quelque dur soit le travail qui leur est imposé, ils l'accomplissent sans murmures, sans observation, toujours prêts à tout, à chaque instant du jour et de la nuit.

Les médecins civils qui concourent avec les médecins militaires à l'exécution du service sont, généralement, animés du zèle le plus louable et ont des droits incontestables à la reconnaissance de l'armée.

Plusieurs médecins étrangers, belges et luxembourgeois, étaient venus obligeamment nous offrir leur concours; ils nous étaient fort utiles, lorsque ces derniers prirent la résolution subite de se retirer. J'en ignore le motif; toujours est-il que leur défection nous cause quelqu'embarras. Nous leur devons, cependant, le témoignage de notre gratitude pour l'assistance qu'ils nous ont prêtée dans les moments les plus difficiles.

J'avais demandé à la Société internationale française de mettre trois médecins à ma disposition pour compléter le service de la caserne de Chambière.

On avait gracieusement répondu à ma demande ; ces messieurs sont venus un jour et n'ont plus reparu [1]. Leur concours nous a donc été plus nuisible qu'utile. C'est une institution qui ne rendra jamais les services qu'elle promet tant qu'elle voudra agir isolément, sans se fondre avec le service de santé militaire et se soumettre à ses exigences, pendant la durée de la guerre.

Monsieur le Général commandant la subdivision.

11) — 29 AOUT. Conformément à votre invitation je me suis rendu hier à l'École normale, où j'ai trouvé nos blessés bien installés et dans une bonne situation. Les soins ne leur manquent pas ; M. H. est un médecin civil intelligent et instruit, mais il n'est pas opérateur, et, sous ce rapport; il y avait réellement à désirer. J'ai chargé M. Vézien, médecin-major de première classe à l'ambulance de l'école d'artillerie, de passer à cet établissement, de s'entendre avec M. H. et de lui prêter son concours chaque fois qu'il pourra lui être utile.

Monsieur le Général commandant supérieur.

12) — 1ᵉʳ SEPTEMBRE. Le Conseil central d'hygiène et de salubrité publique a tenu hier une séance consacrée à l'examen des conditions hygiéniques de l'ambulance du Saulcy, tant au point de vue de l'ambulance elle-même que de l'influence fâcheuse qu'elle pourrait exercer sur la ville. Il m'a été facile

---

[1] Il y eut un malentendu dont on me donna l'explication. Ces messieurs revinrent quelques jours après.

de démontrer que cet établissement temporaire est aujourd'hui au niveau de tous les autres, que l'assiette en est, sinon parfaite, du moins convenable, et que les malades y reçoivent les mêmes soins que partout ailleurs. Il ne m'a pas été plus difficile d'établir qu'on ne peut redouter aucune influence pernicieuse sur la ville, ni en raison de la direction habituelle des vents, ni en raison de l'eau de la Moselle qui pourrait être contaminée par les détritus de l'établissement ; la défense de jeter les immondices dans ce bras de la rivière peut être inefficace, mais il suffirait de garnir la bande latérale de cette portion du cours d'eau par une simple ligne de deux ou trois fils de fer maintenus, de distance en distance, par quelques poteaux. L'exécution de cette mesure appartenant au service du génie, je n'ai pas à m'en occuper davantage. En résumé, mon général, je ne verrais aucune utilité à déplacer l'ambulance du Saulcy, comme sembleraient le désirer quelques personnes mal informées ; il n'y a qu'à l'améliorer dans quelques détails.

Je me suis préoccupé de rechercher de nouveaux locaux propres à l'établissement d'une ambulance en vue de besoins éventuels. J'ai visité les magasins d'artillerie de la place Saint-Thiébault; ils ne sont nullement convenables; l'air et la lumière y manqueraient, et ils sont encombrés d'un matériel dont le déplacement exigerait un travail considérable. On pourrait cependant, au besoin, dresser une trentaine de tentes dans les cours et préaux.

J'ai visité également les magasins et hangars de l'artillerie situés derrière l'hôpital militaire et la caserne d'artillerie du fort Moselle. Ici les conditions sont bien plus favorables: le hangar contigu à l'hôpital renfermerait aisément 300 lits, avec une bonne aération; il suffirait de clore avec des planches le côté ouvert. Les magasins contigus à la caserne sont immenses, mais ils ne pourraient être affectés à cette destination qu'à la condition d'y percer quelques ouvertures pour les aérer et les éclairer.

. . . .

L'état de nos blessés s'améliore chaque jour; cependant, malgré de nombreuses sorties, le mouvement des malades ne diminue pas sensiblement. C'est qu'il s'opère une transformation des blessés en fiévreux, et ceux-ci, sans dépasser une proportion prévue, s'accentuent chaque jour davantage. Les maladies dominantes sont la dysenterie et la fièvre typhoïde, généralement de gravité moyenne et entraînant jusqu'aujourd'hui peu de décès. L'hôpital militaire renferme une salle de 48 lits destinés aux varioleux; cette salle étant remplie et aucun local nouveau ne pouvant leur être affecté dans cet établissement, les malades de cette catégorie sont maintenant dirigés sur la manufacture de tabacs, où une salle de 82 lits leur est réservée. Espérons que cette limite ne sera pas atteinte et surtout pas dépassée.

Tous les services sont bien installés et tout fonctionne d'une manière à peu près satisfaisante. Mais le personnel médical est partout insuffisant et les soins dus aux malades ne sont assurés que par des expédients, au jour le jour. Ainsi, les médecins des corps de troupes nous ont manqué hier et il en est résulté quelque souffrance. Mais le zèle supplée au nombre, et je suis heureux de donner des ordres à des hommes qui les exécutent avec un entrain qui ne se dément jamais.

Je fais opérer depuis hier le recensement des

blessés soignés dans les maisons particulières. Deux médecins font ce service dans chacune des cinq sections de la ville.

Au même.

13) — 2 SEPTEMBRE. J'ai eu l'honneur d'appeler hier votre attention sur l'insuffisance numérique des médecins militaires. Heureusement le nombre des blessés reçus dans cette journée a été fort inférieur à celui sur lequel on pouvait compter. Il s'élève à 1600 inscrits environ, mais un certain nombre a bien pu se glisser sous les tentes de l'Esplanade et échapper au contrôle de l'administration. Les premiers secours n'ont pu leur être accordés que par des efforts extraordinaires et en dédoublant des services déjà mal assurés. La situation est donc extrêmement tendue et, dans les rapports journaliers qui m'arrivent, je vois partout des demandes de personnel. Il y a, je crois, mon général, un moyen facile de pourvoir à ces légitimes exigences. Lorsque M. le Maréchal commandant en chef ordonna que le personnel des ambulances actives serait mis à la disposition du service médical de la place, il réserva un certain nombre de médecins pour les grouper aux ambulances des quartiers généraux. Ces messieurs n'y rendent aucun service et même, pendant les deux dernières journées, ils n'ont point été utilisés ; je le tiens de plusieurs d'entr'eux qui se plaignent amèrement de leur inaction. Si un nouvel ordre mettait à ma disposition un certain nombre de ces médecins ils seraient accueillis comme une Providence ; ce que je réclame surtout ce sont des aides-majors, des *panseurs;* les chefs de service nous font beaucoup

moins défaut. M. le Maréchal avait reconnu la nécessité de conserver un médecin par corps de troupes; je sais cependant que, dans quelques-uns, ils sont deux et même trois (le 81e par exemple). Là encore serait une précieuse ressource, et je ne doute pas que les médecins-majors de deuxième classe ou aides-majors ne puissent s'élever à vingt, peut-être trente. Je suis loin de rejeter le concours de médecins d'un grade plus élevé, mais je le réclame moins en raison de quelques difficultés hiérarchiques qu'il pourrait soulever. Les médecins que j'ai placés à la tête des différents services ont accompli leur tâche au milieu des plus grandes difficultés et avec les plus grands efforts; lorsqu'ils assurent encore le service pour l'avenir, je croirais mal récompenser ces excellents serviteurs en leur superposant des collègues qui, par leur grade ou leur ancienneté, auraient la primauté sur eux. Je dois reconnaître, cependant, que plusieurs médecins d'un grade élevé sont venus m'offrir leur concours spontané, en déclarant qu'ils ne soulèveraient jamais aucune question de cette nature et accepteraient, sans observation, tel service que j'aurais à leur confier, sans s'inquiéter de la position relative du chef de l'établissement. Mais ces situations irrégulières ne peuvent être imposées, elles ne peuvent être qu'un acte de bon vouloir et d'abnégation.

Au même.

14) — 4 SEPTEMBRE. J'ai la satisfaction de vous faire savoir que notre état sanitaire est aussi bon que possible. Chez les blessés qui n'étaient pas mortellement atteints les plaies ont une tendance

manifeste à la cicatrisation. La pourriture d'hôpital complique encore beaucoup d'amputations; toutefois ce grave accident diminue plutôt qu'il n'augmente, excepté dans la partie basse du Saulcy où le chef du service, M. Baudouin, se plaint d'une aggravation. Cette ambulance est cependant, aujourd'hui, dans de bonnes conditions; grâce à un bon système de drainage les pluies violentes, telles qu'une averse tombée hier, n'incommodent point les malades sous leurs tentes. Le tétanos ne fait que quelques victimes, disséminées un peu partout.

Les fièvres typhoïdes augmentent, mais dans une faible proportion, toujours d'une gravité moyenne. Les dysenteries sont stationnaires.

L'état d'encombrement de nos hôpitaux et ambulances permet difficilement d'isoler les fiévreux et les blessés; cependant, nous y parvenons peu à peu, et j'espère que dans quelques jours cette opération, si importante pour les uns et les autres, sera terminée. Les wagons, recevant les blessures légères, faciliteront cette séparation.

Quatre médecins aides-majors de l'ambulance du quartier général du 3e corps, sans service, sont venus hier, spontanément, se mettre à ma disposition. J'ai assigné un poste à chacun d'eux, en attendant que cette situation soit confirmée par le commandement.

Le secours aux blessés et malades est, dès à présent, assuré, du moins à peu près; mais il est bien désirable que nos pauvres médecins puissent prendre quelque repos; il en est peu d'entr'eux qui aient pu se déshabiller depuis quinze jours et quelques-uns tombent déjà malades. Ils ne se plaignent pas, mais un peu d'assistance serait nécessaire et j'espère qu'à défaut d'ordres, d'autres ambulances de l'armée imiteront le bon exemple donné par celle du 3ᵉ corps et par celle du 2ᵉ, qui assure le service à Montigny, sous l'impulsion de son chef si dévoué, M. Marmy.

Monsieur le docteur Isnard.

15) — 4 SEPTEMBRE. — Veuillez, je vous prie, me faire connaître les noms de MM. les médecins civils qui vous sembleraient *le plus* justifier une distinction honorifique. Fort limité dans le nombre des propositions à établir, je ne puis donc promettre satisfaction complète à vos désirs, mais je demanderai le plus possible, et il ne dépendra pas de moi que les plus anciens et les plus méritants de nos collaborateurs ne reçoivent la récompense due à leur zèle et à leur dévouement.

Monsieur le Général commandant supérieur.

16) — 5 SEPTEMBRE. Demain s'ouvre une nouvelle ambulance de 600 lits, qui pourra s'élever à 1200, dans les magasins d'artillerie du fort Moselle. De graves accidents résultent déjà de l'accumulation, dans un même établissement, de fiévreux (dysentériques et typhoïques) et de blessés; dans quelques ambulances la pourriture d'hôpital fait de grands ravages, notamment à la caserne d'artillerie du Fort et à Coislin. Il me semble donc indispensable de consacrer exclusivement la nouvelle ambulance aux fiévreux; les salles de blessés seront ainsi désencombrées et mises à l'abri des miasmes dysentériques; mais il m'est absolument impossible de pourvoir au personnel médical de cet établissement; partout où je serais tenté de prendre des médecins on m'en

demande. Grand nombre d'entr'eux sont à bout de forces ; la moitié sont atteints de diarrhée miasmatiques et succombent à la peine. Le secours des médecins de midi à cinq heures est presqu'illusoire. Je renouvelle avec instance ma demande de médecins de régiment, partout où ils sont deux ou trois ; tous les régiments de la garde sont dans ce cas, et d'autres encore [1]. Il me faut, *de toute nécessité,* trois médecins-majors et trois aides, pour assurer le service des magasins du Fort, qui auront peut-être demain 600 malades et bien plus dans quelques jours. On se figure difficilement, mon général, combien est pénible la visite de 150 à 200 malades couchés sur la paille, alors qu'il faut, pour chacun d'eux, se baisser jusqu'à terre. C'est accablant, et il faut la surexcitation du moment pour résister à un tel labeur biquotidien, sans trêve ni repos.

Je demande avec prières, mon général, dix médecins, qui peuvent nous être fournis par les quartiers généraux et les régiments ; six pour la nouvelle ambulance, quatre pour remplacer ceux que la maladie rend momentanément indisponibles. Douze seraient bien utiles, mais je renferme ma demande dans ce qui est rigoureusement indispensable [2].

---

[1] La nécessité d'une centralisation médicale, avec toute autorité du chef sur son personnel, n'est-elle pas rendue évidente par ces demandes incessantes que je suis obligé de faire, et toujours sans succès ?

[2] J'ai dit ailleurs que M. le Général commandant supérieur de la place m'accordait libéralement tout ce que je demandais dans le bien du service ; mais le personnel médical de l'armée active n'était pas sous ses ordres. Il ne pouvait que transmettre mes demandes à M. le Maréchal commandant en chef.

*Monsieur David de Lestrade, médecin en chef
à Coislin.*

17) — 7 SEPTEMBRE. J'apprécie la justesse de vos observations au sujet de la réunion des blessés et des fiévreux dans un même établissement, et notamment dans le vôtre, où les conditions de salubrité sont si mauvaises. Cette question me préoccupe depuis longtemps, et j'y avais trouvé un remède, mais je crains que ce ne soit encore qu'une mesure imparfaite. Les magasins du fort Moselle (artillerie) pouvant contenir 1 200 lits, sont destinés aux fiévreux et s'ouvriront aujourd'hui, je pense. Mais voilà que les affections internes, nosocomiales et autres, se développent partout avec une grande intensité, et bientôt cette nouvelle ambulance sera remplie. Il faudra bien, alors, recommencer ce mélange de fiévreux et de blessés, à moins que ceux-ci, venant à diminuer notablement, puissent être concentrés sur deux ou trois points spéciaux. Mais arrive une nouvelle affaire, sur laquelle nous devons compter, et toute prévision est renversée. Nous sommes dans le provisoire, au jour le jour; tout ce qu'il est possible de faire est d'atténuer les inconvénients de la situation. Gardez donc vos fiévreux, en les isolant le mieux possible; pendant quelques jours, au moins, on pourra ne plus vous en envoyer, mais je ne puis répondre d'un avenir plus éloigné.

Monsieur le Général commandant supérieur.

18) — 7 SEPTEMBRE. J'ai l'honneur de vous informer qu'hier et aujourd'hui j'ai donné des ordres écrits et verbaux à tous les médecins chefs de service pour l'évacuation : 1° sur les wagons de l'Esplanade, dans de très-larges proportions, des blessés en voie de guérison et n'exigeant plus que des soins légers, tels que ceux que peut donner une femme ou une personne étrangère à l'art de guérir ; 2° sur le dépôt des convalescents tous ceux qui n'exigent plus aucun soin particulier, aucun pansement, mais n'ont pas encore la force nécessaire pour reprendre leur service. Le médecin chargé de ce dépôt y a installé une infirmerie de 18 à 20 lits, destinés à recevoir quelques cas exceptionnels d'affections internes ou externes. Pour les convalescents proprement dits, il fait chaque jour la visite de moitié du dépôt, afin de désigner les hommes qui peuvent être dirigés sur le bataillon de Metz [1].

Monsieur le Commandant supérieur au médecin en chef

19) — 8 SEPTEMBRE. Je reçois de S. Exc. M. le Maréchal commandant en chef la lettre ci-après :

« La situation de l'ambulance du Saulcy a été déjà l'objet d'une discussion au sein du Conseil municipal de Metz ; par suite de différentes circonstances, les conditions sanitaires y laisseraient à désirer, et l'on y aurait vu se manifester quelques cas de pourriture d'hôpital.

» Il importe de tenir compte de ces premiers symptômes, dont le développement pourrait avoir les plus

---

[1] Ce bataillon était composé de tous les hommes isolés, et, généralement, de ceux qui étaient sortis *guéris* des hôpitaux ou ambulances et en état de reprendre leur service.

graves conséquences, et, à cet effet, j'ai pensé que les dispositions suivantes pourraient être prises :

» 1° Ne plus recevoir de malades à l'île du Saulcy;

» 2° Disséminer les fiévreux qui s'y trouvent dans les autres ambulances;

» 3° N'y conserver que les blessés, que l'on répartirait dans les tentes les mieux situées, afin de les sortir des bas-fonds existant dans le campement;

» 4° Développer le baraquement du Polygone, afin de compenser la perte résultant de l'abandon partiel du Saulcy ».

Je vous prie, mon cher Docteur, de vouloir bien me faire connaître votre avis sur la suite qu'il convient de donner à ces diverses mesures.

Monsieur le Commandant supérieur.

19 bis) — 8 SEPTEMBRE. Dans mes rapports précédents j'ai eu l'honneur de vous rendre compte de la situation de nos divers établissements hospitaliers, et, notamment, de l'ambulance du Saulcy, qui a soulevé dans la ville les plus vives appréhensions, et qui, cependant, n'est pas dans des conditions plus défavorables qu'aucune autre. Il ne sera pas inutile, je pense, pour répondre à la dépêche de S. Exc. M. le Maréchal commandant en chef, de reprendre en quelques mots l'historique de cette ambulance, si violemment et si injustement attaquée.

Lorsque les blessés prisonniers, après l'affaire de Gravelotte et Rezonville, nous furent rendus, on nous apprit que ces hommes, depuis plusieurs jours au pouvoir de l'ennemi, n'y avaient reçu que des soins insuffisants et arrivaient dans un état déplorable. Le commandement, l'administration et le service de santé jugèrent opportun de ne point mêler ces blessés avec les autres, déjà en traitement et dans une situation relativement favorable. Le point le plus isolé se trouvait à l'île du Saulcy et l'administration reçut l'ordre d'y faire élever des tentes pour recevoir 800 blessés. Cette mesure fut prise avec la précipitation inséparable de semblables nécessités, mais si l'on put adresser quelques reproches à la régularité du campement, on n'eut rien de sérieux à objecter à la situation en elle-même et au choix des emplacements. L'île du Saulcy s'étend entre deux bras de la Moselle et forme un plan légèrement incliné, jusqu'au centre, qui constitue seul un bas-fond. Les tentes sont étagées sur ce plan, mais contrariées dans leur symétrie par un dépôt de bois de construction; quant au fond, qui sert de manége à l'École d'application, le sol en est drainé, de telle sorte qu'il est à l'abri, sinon pour quelques averses torrentielles, des eaux stagnantes et de l'humidité. Sur l'une et l'autre partie les tentes sont installées dans des conditions au moins très-passables. La pensée première de l'administration, s'appuyant sur mon avis motivé, était de consacrer cette ambulance aux maladies qui pourraient offrir un caractère infectieux; l'éloignement des centres de population indiquait cette destination. Cependant, cette idée ne reçut qu'un très-faible commencement d'exécution. Aucun varioleux n'y fut envoyé, au contraire; quelques cas (trois ou quatre) développés sur place, furent dirigés sur la manufacture de tabacs. On y envoya, il est vrai, quelques dysentériques, alors qu'il s'en déclarait dans tous les hôpitaux et que là, plus qu'ailleurs, on pouvait compter sur leur rétablissement à l'aide d'un air salubre et incessamment renouvelé par le voisinage de deux masses d'eaux courantes. — Cependant, un membre du Conseil municipal, habitant le quartier de la ville le plus voisin du Saulcy, s'émut de cette situation : il invoqua la direction habituelle des vents, qui devaient apporter sur la ville les miasmes délétères du Saulcy; il invoqua le voisinage du cours d'eau, qui sert en ce moment à l'alimentation de la ville et que souillaient les impuretés de l'ambulance. Sous l'empire de ces préoccupations il lut une note critique au Conseil municipal, demandant la suppression immédiate de cet établissement, ou demandant, au moins, qu'on changeât sa destination. Il sut faire partager ses appréhensions à ses collègues. — Le commandement et l'administration en tinrent un large compte : il fut décidé que cette ambulance n'aurait aucune affectation spéciale, et recevrait indifféremment, comme tous les autres établissements, des fiévreux et des blessés; qu'il n'y serait point admis de varioleux. — Le mobilier, très-défectueux d'abord, se compléta bientôt; les secours médicaux et pharmaceutiques se régularisèrent et l'honorable adversaire de cette ambulance voulut bien reconnaître lui-même qu'il n'aurait point lu son rapport au Conseil municipal si la situation eût été aussi convenable dès l'abord; il laissa tomber toute réclamation.

Il est vrai que la pourriture d'hôpital règne au Saulcy; j'ai déjà eu l'honneur, mon général, de vous en rendre compte. Tout le premier, je redoute les conséquences de cette funeste complication qui attaque les blessés après et même avant les grandes opérations; mais elle règne presque partout aujourd'hui, là peut-être moins qu'ailleurs. Ce qu'il faut pour la conjurer, c'est l'espacement, la dissémination, et cette condition indispensable il n'est pas en notre pouvoir de la réaliser.

Qu'il me soit permis de répondre quelques mots au sujet des dispositions prescrites par M. le Maréchal :

1° Il serait regrettable de ne plus recevoir de malades au Saulcy, parce qu'ils y sont aussi bien que dans les meilleures ambulances, mieux que dans quelques-unes ;

2° On ne saurait, sans danger, disséminer les fiévreux qui s'y trouvent, par le motif que je viens d'indiquer et parce que les fiévreux étant nombreux déjà partout, ceux-ci ne pourraient que compliquer la situation, déjà critique, des autres établissements ;

3° Il est difficile de choisir les tentes où l'on placerait les blessés, attendu que toutes sont remplies ; cependant, j'ai prescrit hier au médecin en chef, M. Baudouin, d'établir sur le point élevé de nouvelles tentes, exclusivement réservées aux opérés ;

4° Il y aurait danger à développer le baraquement du Polygone, qui renferme déjà 2000 malades, et dont tout le sol est contaminé par 10000 chevaux et des hommes en plus grand nombre.

Monsieur Ehrmann, médecin en chef de l'hôpital militaire.

20) — 9 SEPTEMBRE. M. le sous-intendant militaire Pérot me fait savoir que des nécessités de service l'obligent à enlever à l'hôpital militaire trois infirmiers de visite (un sergent, un premier et un deuxième soldat), pour les placer à l'ambulance de fiévreux des magasins d'artillerie. Je le regrette, mais l'ad-

ministration et moi sommes réduits à ne vivre que d'expédients [1].

Monsieur le Commandant supérieur.

21) — 9 SEPTEMBRE. J'avais eu l'honneur de vous rendre compte verbalement de la situation de M. le médecin-major de première classe Despers, chef de l'ambulance du Saulcy, atteint d'accidents cholériques graves dans la nuit du 5 au 6. J'avais dû l'envoyer *d'urgence* au petit séminaire de Montigny. Dans le bulletin journalier d'hier, M. Baudouin, son successeur, me faisait savoir qu'un malade de son service présentait les mêmes symptômes. Dans ma visite de ce matin à la caserne Coislin, j'ai appris que deux cas analogues, suivis de mort, s'étaient présentés hier à cette ambulance. J'ai prescrit immédiatement à M. Baudouin d'isoler son malade, en faisant dresser pour lui seul une tente à la partie supérieure du campement et d'agir de même à l'égard des autres malades qui pourraient présenter des symptômes au moins douteux. Je lui ai prescrit également, ainsi qu'à M. de Lestrade, de Coislin, la plus entière discrétion. Ces messieurs s'abstiendront scrupuleusement, eux et leurs subordonnés, de prononcer aucun mot susceptible d'éveiller des craintes parmi les malades et dans la population ; ils ne doivent rendre compte qu'à moi de ce qu'ils observeraient sous ce

---

[1] J'ai rapporté cette lettre, fort insignifiante en elle-même, pour montrer une des inconséquences du règlement sur le service de santé en campagne, qui place tout le personnel médical sous les ordres d'un médecin en chef et n'accorde pas à celui-ci l'autorité nécessaire pour la répartition des infirmiers de visite qui, cependant, appartiennent essentiellement au service médical.

rapport. Pour moi, mon général, je n'en rendrai compte qu'à vous et à M. l'intendant.

Cette menace d'invasion d'un nouveau fléau ne me semble pas encore redoutable ; chez M. Despers ce n'était qu'une conséquence de fatigues extrêmes, combinées avec le séjour dans un lieu contaminé par des miasmes délétères ; chez les autres, ce n'étaient guère que les symptômes ultimes de la dysenterie. Mais cette opinion rassurante sur ce point de notre situation sanitaire n'entraîne pas moins l'obligation d'une surveillance active et de tous les instants.

L'ambulance des magasins du Fort étant exclusivement destinée aux fiévreux, devra surtout attirer notre attention et je vais prescrire d'y réserver un local distinct pour tous les malades qui réclameraient une observation particulière.

Sur plusieurs points, la pourriture d'hôpital n'augmente pas. J'ai visité ce matin cinq petites ambulances, d'une contenance de 20 à 100 blessés ; cette funeste complication n'a paru dans aucune. Preuve bien évidente qu'on l'éviterait si l'on pouvait disséminer les blessés et les éloigner des dysentériques et autres infectieux.

On remarque dans les grands établissements beaucoup *d'états typhoïdes* qui ne sont ni le typhus, ni la fièvre typhoïde, mais quelque chose tenant de l'un et de l'autre.

Note à M. Pérot, sous-intendant militaire.

22) — 9 SEPTEMBRE. (J'appelle son attention sur l'insuffisance de la ration de viande, notamment chez les blessés des wagons, plutôt convalescents que

malades. Il serait à désirer que cette ration pût être portée de 300 à 400 grammes pour ces hommes, qui ont à réparer de grandes pertes causées par la fatigue, la misère et d'abondantes suppurations. Les malades ne sont généralement pas assez couverts, surtout pendant la nuit. Deux couvertures seraient nécessaires sous les tentes et dans quelques ambulances ; une couverture et un couvre-pieds dans les établissements les plus favorisés.)

Au même.

23) — 11 SEPTEMBRE. Le mouvement des fiévreux s'accentue chaque jour davantage ; l'ambulance des magasins d'artillerie du fort Moselle s'est remplie en quelques jours ; nous sommes dans la fâcheuse nécessité de placer fiévreux et blessés dans les mêmes établissements, au grand détriment des uns et des autres. Nous ne pouvons sortir d'embarras que par l'occupation de nouveaux locaux suffisamment vastes pour faire face aux besoins prévus et à prévoir. L'aile droite de la caserne de Chambière offrant les mêmes conditions que l'aile gauche, déjà transformée en ambulance, pourrait être facilement appropriée à cette nouvelle destination et recevoir environ 600 malades. Ce bâtiment est occupé par la garde mobile, mais ce corps pourrait, sans inconvénient, être caserné dans les casemates du front Saint-Vincent, que j'ai visitées avec M. le colonel du génie Salençon ; elles sont vastes, suffisamment aérées et convenables pour des hommes valides. Faites donc, je vous prie, la demande au commandement de la cession temporaire de ce bâtiment à l'administration. Il y a urgence ; je considère une solution immédiate comme nécessaire.

Circulaire à MM. les Médecins en chef de service.

24) — 13 SEPTEMBRE. Les difficultés de la situation ne permettant pas d'affecter des établissements distincts au traitement des blessés et des fiévreux, MM. les Médecins chargés de la direction du service médico-chirurgical des diverses ambulances sont instamment priés de les tenir séparés et, autant que possible, éloignés les uns des autres. Ils veilleront, avec la plus scrupuleuse attention, à ce que leurs subordonnés se conforment à cette prescription, dont l'importance ne saurait échapper à personne. Les efforts de l'administration et les miens tendent à faire disparaître cette regrettable situation, cause trop fréquente de mortalité chez les blessés, à la suite des grandes opérations.

Monsieur le Sous-Intendant au médecin en chef.

25) — 13 SEPTEMBRE. Je reçois de MM. les administrateurs du Polygone une lettre dont j'extrais les passages suivants :

« Par son installation, le Polygone paraît destiné à soigner surtout les blessés graves, et, à part quelques exceptions, nous croyons, sur l'avis des médecins, qu'il conviendrait de ne pas envoyer de fiévreux à nos ambulances.

» L'impossibilité d'entretenir un service régulier sous nos baraquements en forme d'A[1], était à peu près complète. L'inondation les avait envahis lors de ces dernières pluies, et nos malades y étaient

---

[1] Dits vulgairement bonnets de police.

littéralement dans l'eau ; l'obscurité y était complète, la surveillance impossible, et, à côté des malades blessés grièvement qu'il a fallu y admettre, dans des moments urgents, il se glissait un personnel de traînards qui esquivaient la visite du médecin et gagnaient la ville; notre matériel disparaissait, malgré toutes les recommandations faites aux surveillants. Nous avons donc reconnu la nécessité de faire évacuer ces baraquements en forme d'A, et, profitant de ce que ces jours derniers ne nous ont plus amené de blessés, nous avons, ce matin, réparti dans nos salles, quittes à les encombrer un peu provisoirement, tous ces baraquements, sauf un seul, qui ont été immédiatement démolis; la paille en a été brûlée, et il y avait urgence à le faire, car elle était dans un état de pourriture et d'infection inquiétant pour le reste de nos ambulances. Nous sommes donc, pour le moment, un peu au dépourvu, et nos baraques étant pleines, il nous serait impossible de dépasser le chiffre de 1 800, auquel nous sommes aujourd'hui réduits, puisque ce chiffre comporte 72 malades pour une baraque qui ne devait en contenir que 50, le nombre de ces baraques étant en ce moment de 25.

» Mais on a immédiatement utilisé les matériaux des baraquements en A démolis, pour construire de nouvelles baraques, qui seront au nombre de 5. Dès demain nous aurons à l'œuvre vingt charpentiers et d'ici à douze jours, environ, ces cinq nouvelles baraques étant construites, nous serons en mesure d'abriter en tout 2000 malades. La difficulté des soins et de l'approvisionnement à la distance où nous sommes de la ville, rendrait impossible et dangereux un chiffre plus élevé.

» M. le docteur Isnard insiste pour que, jusqu'à

l'achèvement complet de ces cinq baraques, les fiévreux soient dirigés sur un autre hôpital [1]. »

Nous avons, vous le savez, près de 3500 fiévreux à Metz; les ambulances des corps campés autour de la ville en contiennent environ 600 qui peuvent nous arriver d'un moment à l'autre. L'embarras pour placer les fiévreux renaît chaque matin. Je vous prierai donc, Monsieur le médecin en chef, de vouloir bien examiner s'il ne serait pas plus à propos de demander au Polygone l'évacuation d'un certain nombre de blessés, pour les remplacer par des fiévreux, que de placer tous ces derniers dans l'intérieur de la ville. Mon intention serait, dès que j'aurai reçu votre réponse, d'en conférer avec l'autorité municipale, car la cité a évidemment un grand intérêt dans cette importante question. Je vous prierai donc de me faire connaître, le plus tôt possible, les mesures que vous jugerez devoir être prises.

Monsieur Pérot, sous-intendant militaire.

25 bis) — 13 SEPTEMBRE. J'ai eu l'honneur de signaler plusieurs fois, au commandement et à l'administration, les immenses dangers, pour la population et pour les malades eux-mêmes, de l'accumulation, dans un étroit espace, d'un grand nombre de blessés et notamment de la réunion, dans un même établissement, surtout dans une même salle, de fiévreux et de blessés. D'un commun accord, vous et

---

[1] Toujours le résultat d'une absence de centralisation effective. Chacun ne voit qu'un coin du tableau. Qu'on me passe cette citation vulgaire : « Chacun prêche pour sa paroisse. »

moi avions demandé au commandement la cession temporaire d'un bâtiment de la caserne Chambière; des considérations que nous n'avons point à apprécier n'ont pas permis de donner une suite favorable à cette demande. Je serais, cependant, tout disposé à insister auprès de M. le Général commandant supérieur pour le prier de revenir sur cette décision, si cette caserne offrait réellement de bonnes conditions de salubrité; mais il est loin d'en être ainsi, et j'abandonne volontiers mes instances. Il faut, cependant, apporter un prompt remède à une situation qui compromet, à un haut degré, la vie de nos blessés. Dans tous les établissements où l'on place des fiévreux au voisinage des blessés, les plaies en voie de guérison deviennent immédiatement blafardes, sanieuses, l'appétit se perd, la langue se charge, la fièvre se déclare et la mort est le terme trop fréquent de cette série d'accidents morbides. Évacuer sur les autres établissements les blessés traités dans une des casernes-ambulances, ou à la manufacture de tabacs, pour les remplacer par des fiévreux, voilà la première solution qui s'offre à l'esprit. Mais l'exécution en présente bien des difficultés. La plupart des casernes constituent de détestables hôpitaux et les fiévreux, non moins que les blessés, ont besoin d'espace et d'air pur; l'approvisionnement pharmaceutique fait en vue des blessés, serait à renouveler en vue des fiévreux; le transport des blessés, dans la période actuelle de suppuration, serait extrêmement préjudiciable à beaucoup d'entre eux; le personnel choisi pour des besoins chirurgicaux aurait à subir de nombreuses modifications; enfin les médecins, attachés à leurs blessés, à leurs opérés, ne verraient point, sans un extrême déplaisir, sans chagrin même, enlever à leurs soins ces malheureux auxquels ils portent un si vif intérêt.

Les casernes placées dans les quartiers populeux de la ville ne sauraient être affectées au service exclusif des fiévreux; il conviendrait plutôt de faire disparaître ceux qui y sont traités. Je place en première ligne la caserne Coislin. La caserne du génie, voisine d'un grand centre de blessés, ne convient pas davantage, convient peut-être moins encore. L'hôpital militaire a diverses destinations bien distinctes; on ne saurait lui donner une affectation spéciale. Les deux casernes d'artillerie et la manufacture de tabacs renferment un trop grand nombre de blessés pour qu'on puisse avec raison songer à les évacuer, pour les motifs énoncés plus haut. Voici donc nos ressources pour assurer la position dans les limites du possible. — L'ambulance des magasins du Fort renferme déjà 600 fiévreux; dans quelques jours on pourra disposer de 400 nouvelles places; total 1000. L'ambulance du Polygone, plus spécialement destinée aux blessés, jusqu'à ce jour, devrait progressivement changer de destination, en partie du moins; l'isolement des baraques permet, sans inconvénient grave, d'en consacrer à volonté aux blessés et aux fiévreux. L'éloignement de la ville et, comme on l'a déjà fait valoir, la direction habituelle des vents met la population à l'abri des affections contagieuses qui pourraient être dirigées sur cette ambulance ou s'y développer. Le service médical serait parfaitement approprié pour le traitement des maladies internes, plusieurs médecins ne se livrant qu'accidentellement à la chirurgie; il en est de même du nombreux personnel pharmaceutique et des approvisionnements médicamenteux.

Cinq nouvelles baraques sont en construction et pourront abriter 250 malades de plus; l'ambulance du Polygone n'a fait, jusqu'à ce jour, que peu ou point d'évacuations sur les wagons et, en suivant dans cette voie les autres ambulances, il n'est pas douteux qu'elle n'arrive promptement à se créer 250 places. Nous trouvons donc 500 places nouvelles pour les fiévreux, qui pourraient être utilisées avant quelques jours, et si quelques-uns de MM. les médecins du Polygone voulaient ne traiter que des fiévreux dans leurs baraques, en évacuant leurs blessés sur les services voisins, on se créerait des ressources suffisantes pour assurer l'isolement complet des fiévreux, dont le nombre ne peut qu'augmenter, tandis que celui des blessés est en décroissance.

Note à M. Pérot, sous-intendant militaire.

26) — 14 septembre. Les étudiants en médecine, étrangers à Metz, requis dans nos ambulances, se plaignent, avec raison, de l'exiguïté de leur traitement, qui les met dans l'impossibilité de satisfaire à leurs plus légitimes engagements.

J'appuie de toutes mes forces cette réclamation, parce que les conditions dans lesquelles nous sommes placés sont sans précédents, et qu'à l'époque où les réquisitions avaient été faites il était impossible de prévoir le prix élevé qu'atteignent aujourd'hui les denrées alimentaires ainsi que les objets de première nécessité; parce que ces jeunes gens ne peuvent, en raison du blocus, recevoir aucun secours de leurs familles. Le traitement de ces élèves est inférieur aux gages des infirmiers civils et des hommes de peine ; telle n'a pas été, certainement, l'intention du ministre.

On ne saurait laisser dans cette situation, voisine de la misère, des hommes intelligents et dévoués, venus spontanément nous offrir leur concours dans ces circonstances difficiles, et dont le zèle ne s'est pas un instant ralenti. Le moyen le plus simple de faire accueil à leurs modestes prétentions serait de les considérer comme docteurs en médecine, puisqu'ils en remplissent effectivement les fonctions, et que tels d'entr'eux assurent à eux seuls, dans de petites ambulances, l'exécution de tout le service médico-chirurgical (entr'autres l'ambulance de la place de la Grève).

Monsieur le Procureur général.

27) — 15 SEPTEMBRE. J'ai vivement regretté d'être absent lorsque vous m'avez fait l'honneur de vous présenter chez moi. Mon secrétaire m'a fait part de l'objet de votre visite, et, si j'ai bien compris ses explications, vous considérez comme urgente l'évacuation des malades et blessés de l'ambulance du Saulcy sur l'ambulance du Polygone. Je vois là, M. le Procureur général, une preuve manifeste de votre sollicitude pour nos malheureux défenseurs et je vous en exprime en leur nom ma sincère reconnaissance. Mais je crains d'y voir aussi que, dans votre pensée, les hommes préposés à la garde de ces précieux intérêts ne se préoccupent pas suffisamment de la mission qu'ils ont à remplir. Des personnes étrangères doivent, ainsi, leur montrer ce qui saute aux

yeux de tous, sans qu'eux-mêmes s'en aperçoivent. Telle est, cependant, M. le Procureur général, la seule explication possible de votre démarche, d'ailleurs si bienveillante pour nos blessés. Nous n'avons tous, dans nos attributions respectives, qu'une seule pensée, un seul désir : faire du bien, faire le plus de bien possible ; atténuer, dans la mesure de nos forces, sinon de notre volonté, les maux inséparables de la guerre. J'espère qu'à cet égard personne ne saurait élever un doute. J'arrive à la question de l'ambulance du Saulcy, que vous proposez d'abandonner et que, pour moi, je suis d'avis de maintenir, en dépit des clameurs qui, depuis l'origine, se sont élevées contre cette pauvre ambulance. Les blessés, sans être bien, n'y sont pas plus mal qu'ils ne seraient ailleurs ; ils sont mieux, notamment, que ceux installés dans les casernes, dont personne ne songe à provoquer l'abandon. L'ambulance occupe un espace dégagé d'habitations, entouré d'un double cours d'eau qui tend à purifier l'atmosphère ambiante. Par le beau temps ils ont autour d'eux une promenade dont ils usent largement quand leur santé le permet. Ils reçoivent enfin les soins les plus intelligents, les plus assidus, les plus complets ; le matériel de l'établissement suffit à tous leurs besoins urgents. Mais voici la grosse objection : quand il pleut ces malheureux sont inondés, vivent dans l'eau et la boue. Une distinction est ici nécessaire. L'ambulance incriminée comprend trois parties distinctes : 1º les baraques ou hangars, dans lesquelles la pluie tombait abondamment il y a quelques jours encore, au grand détriment des blessés. Mais de vastes prélarts ont été étendus sur les toiles et les côtés ; elles sont aujourd'hui complétement étanches ; 2º les tentes placées à la partie supérieure et s'étageant jusqu'au fond ; elles sont parfaitement à l'abri de la pluie ; l'eau trouve, dans les rigoles creusées au voisinage, un écoulement facile et le sol se dessèche bientôt; 3° les tentes placées sur le terrain du manége; ici les conditions sont différentes : le sol est parfaitement drainé et, par les pluies modérées, l'écoulement de l'eau est facile, tandis que par les averses torrentielles les drains s'obstruent et l'eau coule à travers les tentes. Mais cette situation regrettable est rare et toujours passagère. D'ailleurs les malades ont des lits qui les isolent complétement du sol mouillé. — De tout cela, puis-je conclure que tout soit pour le mieux dans la meilleure des ambulances? Loin de là, et je suis le premier à reconnaître et déplorer tous les inconvénients de la situation. Mais comment y remédier? Où trouver un nouvel emplacement pour 1000 blessés, alors que la ville entière n'est plus qu'un grand hôpital? Vous m'avez, il est vrai, M. le Procureur général, indiqué l'ambulance du Polygone où se trouveraient, en ce moment, 500 lits disponibles. La première réponse, qui pourrait dispenser des autres, est que ces vacances n'existent réellement pas; l'administration du Polygone nous a officiellement invité hier à n'y point envoyer d'entrants, faute de place. — Mais y eût-il des lits disponibles je me garderais bien de proposer d'y déverser l'ambulance du Saulcy. Nous cherchons partout à diminuer le nombre de lits occupés dans chaque établissement; c'est le meilleur remède à opposer à la pourriture d'hôpital, au typhus, etc.; je serais donc heureux de voir les malades diminuer au Polygone. Et puis, M. le Procureur général, vous n'avez donc pas vu que les malades y sont moins bien encore qu'au

Saulcy. Il pleut dans toutes les baraques et les malheureux s'en plaignent amèrement. Le sol argileux du Polygone se dessèche difficilement; il y règne une boue épaisse, imprégnée de miasmes animaux, qui résiste aux rayons passagers du soleil et s'oppose à toute promenade au dehors des baraques; enfin tout le terrain de cette plaine est contaminé par 10 000 chevaux et un nombre plus considérable d'hommes, dont les excrétions, de diverses natures, font un vaste foyer d'infection. Transporter des blessés à travers la ville, pour les faire passer de conditions médiocres dans des conditions non moins médiocres, serait une faute; mieux vaut s'en tenir à la situation actuelle [1].

Note au sous-intendant militaire.

28) — 16 SEPTEMBRE. Le nombre des malades ayant considérablement diminué à l'ambulance de l'Esplanade, il serait désirable qu'on pût abattre un certain nombre de tentes inoccupées pour assainir le terrain sur lequel elles sont élevées, sauf à les rétablir si de nouveaux besoins venaient à surgir.

Note au même.

29) — 16 SEPTEMBRE. J'ai fait peser en ma présence, ce matin, un certain nombre de pains de 3 kilog. à l'ambulance des wagons et à celle de l'Esplanade. Il manquait à chacun, au minimum,

---

[1] M. le Procureur général me fit une réponse trop flatteuse pour que je puisse la reproduire. Cet honorable et bienveillant magistrat accepte pleinement les explications que je lui donne.

200 grammes; sur l'un d'eux le déficit s'élevait à 450 grammes. M. Dietz, aux wagons, et M. l'Officier comptable, à l'Esplanade, assistaient à cette opération et ont constaté, avec moi, le déficit indiqué.

Note au même.

30) — 20 SEPTEMBRE. (Demande que du café soit distribué, chaque matin, aux infirmiers, avant l'heure du service.)

Note au même.

31) — 21 SEPTEMBRE. Les tentes de l'Esplanade et du jardin Boufflers commencent à être infectées. Il y a *urgence* à déplacer toutes celles qui peuvent l'être, non pour réoccuper des points antérieurement occupés, mais pour choisir des points nouveaux, dans la limite du possible. — Je signale l'extrême malpropreté qui règne à l'entour des tentes. Les détritus de toute nature devraient être incessamment enlevés au lieu d'y séjourner pendant plusieurs heures. De ce côté-là, aussi, il y a urgence. Nous n'avons pas encore d'épidémies déclarées, mais le typhus me paraît imminent, et c'est un malheur qu'il faut, à tout prix, conjurer.

Au même.

32) — 22 SEPTEMBRE. L'emploi des désinfectants constitue l'un des points de l'hygiène les plus importants de la situation. Il faut en user le plus largement, sous toutes les formes possibles; il faut désinfecter les salles, les tentes, les latrines, les baquets, les vases de nuit. C'est de nécessité absolue

si nous voulons conjurer les épidémies imminentes. J'ai déjà appelé votre attention sur la suie; je viens aujourd'hui vous proposer l'emploi d'une autre substance également peu coûteuse, et qui doit se trouver abondamment à Metz; je veux parler du *tan* (proposé par M. Leplat) en usage dans l'une des industries les plus développées de notre ville. Il serait avantageux d'en étendre une couche sur le sol des tentes et même sur l'emplacement des tentes abattues, notamment aux ambulances de l'Esplanade et du Saulcy, qui subissent déjà l'influence de l'infection et nous menacent sérieusement.

Au même.

33) — 23 SEPTEMBRE. J'ai l'honneur de vous transmettre un dossier de propositions pour l'admission ou l'avancement dans la Légion d'honneur. Il n'a pas dépendu de moi de donner à cette liste une moindre étendue. En ce qui concerne la croix d'officier, surtout, ce n'est, pour le plus grand nombre, que le renouvellement de propositions déjà faites à l'armée du Rhin et, après les remarquables services que nos camarades ont rendus et rendent encore, je ne pouvais, sans grande injustice, songer à les exclure. Pour la croix de chevalier, je pourrais m'excuser près de M. le Maréchal d'avoir compris dans cette liste des médecins trop jeunes, sortis depuis peu des écoles; mais ce sont des sujets d'un mérite hors ligne, destinés à honorer et honorant déjà la médecine militaire, admirables dans leur manière de servir. Quelle que soit, à leur égard, la décision de M. le Commandant en chef, je me féliciterai d'avoir donné cette marque d'estime et de

sympathie à ces jeunes et vaillants collaborateurs, dont la science et le dévouement sont si hautement appréciés par ceux qui les voient à l'œuvre depuis l'ouverture des hostilités.

Au rédacteur du Vœu national.

34) — 23 SEPTEMBRE. J'évite avec soin de mêler mon nom aux débats de la presse; je crois utile, cependant, par dérogation à mes principes, de rectifier un fait qui n'est point rapporté suivant l'exacte vérité, dans votre article du 23, intitulé : *Tribune politique* et signé *Un habitant de Longeville*.

Il y est dit, à propos de plusieurs médecins de la troisième ambulance internationale (retenue prisonnière à Gravelotte) : « ...... ils s'empressèrent de mettre leur cœur et leur personne à la disposition de l'administration de Metz, et j'apprends qu'après plusieurs tentatives, ils viennent d'obtenir de M. le docteur Grellois l'autorisation de soigner 800 malades au fort Moselle. »

La vérité est que trois médecins et élèves de la troisième ambulance internationale se présentèrent à moi et m'offrirent leurs services, que je m'*empressai* d'accepter. S'ils avaient fait ailleurs quelques tentatives, il n'est pas surprenant qu'elles soient restées infructueuses, puisque j'ai seul mission de répartir le personnel médical dans les hôpitaux et ambulances, mais j'ignore complétement si ces tentatives ont été faites. Il n'est pas vrai de dire que j'ai accordé à ces messieurs l'autorisation de soigner 800 malades au fort Moselle. J'ai attaché deux d'entr'eux à l'ambulance des magasins d'artillerie du Fort, contenant 800 malades, à peu près, mais pourvue d'un nombre suffisant de médecins pour assurer l'exécution du service, en voyant chacun 150 fiévreux. La gracieuse intervention de ces messieurs a permis de faire une répartition du service mieux en rapport avec les besoins réels, mais il y a loin de là aux 800 malades que je les aurais autorisés à soigner. Le troisième médecin a été attaché à l'ambulance de la caserne d'artillerie du Fort pour concourir, avec le personnel militaire de cet établissement, aux opérations et aux pansements des blessés. M. l'abbé X... et deux infirmiers, échappés également de l'ambulance prisonnière, le secondent dans cette dernière tâche.

Monsieur le Général commandant supérieur.

35) — 23 SEPTEMBRE. J'ai la satisfaction de vous faire connaître qu'une amélioration sensible se manifeste dans l'état sanitaire de la place de Metz, au point de vue de la gravité des maladies. Des dysentériques nombreux sont entrés dans les diverses ambulances, mais la plupart guérissent promptement, sous l'influence d'un traitement approprié et de conditions hygiéniques moins mauvaises.

La diarrhée prédomine toujours et je suis tout disposé à croire, avec quelques-uns de nos chefs de service, que cette affection est due, en grande partie, à la faible quantité de sel dans les aliments. La physiologie peut donner une explication satisfaisante de ce rapport remarquable.

Les affections typhoïdes, qui règnent à peu près également partout, entraînent proportionnellement plus de décès que les précédentes, mais elles montrent une tendance incontestable à diminuer. Je n'ai point encore observé le typhus, quoique quelques médecins aient cru en reconnaître les caractères. Chez la plupart des malades c'est un état intermédiaire entre la fièvre typhoïde et le typhus, mais moins meurtrier que chacune de ces affections.

Beaucoup d'amputés en voie de guérison ont succombé et succombent chaque jour aux maladies intermittentes que je viens de signaler, affections abdominales et typhoïdes.

La pourriture d'hôpital diminue par suite de la diminution des blessés, qui laisse de nombreux lits vacants.

La rareté du sel m'inspire une nouvelle crainte, c'est le développement du scorbut, causé par l'absence, dans le sang, d'un agent chimique qui contribue à sa plasticité. Quelques cas de scorbut ont été signalés dans les camps ; je n'en connais pas encore à Metz. Mais jouirons-nous longtemps de cette immunité ? — J'avais compté sur la source chlorurée sodique de Belle-Croix, mais il est difficile d'en tirer un parti bien sérieux. Cette eau contient une certaine proportion de sulfate calcaire (0^{gr},28 par litre) et de sulfate de soude (0^{gr},19) qui la rend d'une digestion difficile, peu propre à la cuisson des légumes et donne à la soupe un goût désagréable ; on signale des diarrhées partout où elle est employée. Cette observation, toutefois, mériterait confirmation, car on en rencontre aussi où elle n'est pas en usage. Dans les conditions actuelles il semble, d'ailleurs, impossible d'en faire l'évaporation en grand ; ce ne peut être qu'une opération de laboratoire, tout à fait insuffisante. D'autre part, on ne trouve plus à Metz les agents chimiques nécessaires pour en extraire le chlorure de sodium à peu près pur.

Notre état sanitaire est favorisé par un temps magnifique, qui permet de faire partout une large aération, en ouvrant les croisées ou soulevant les tentes. C'est une heureuse circonstance, car la plupart de ces dernières sont infectées, et leur déplacement est presqu'impossible. Si le froid arrivait et obligeait à renfermer les malades, la situation se compliquerait de nouveau.

Les ambulances des quartiers généraux fonctionnent partout et conservent un grand nombre de malades, notamment celle du 3e corps, qui en compte environ 800 à Plantières et à Vallières. Les autres corps sont beaucoup plus favorisés. Cette mesure est, sans nul doute, fort avantageuse, mais que deviendrions-nous, dans le cas où l'armée, faisant un mouvement, nous reverserait ses malades et reprendrait partie de ses médecins? Je puis, heureusement, toujours compter sur le zèle infatigable de mes collaborateurs.

L'ambulance des magasins du Fort, qui renferme aujourd'hui 764 malades (diarrhées et états typhoïdes), fonctionne convenablement, mais il y fait très-froid la nuit. Il serait bien désirable que le génie terminât les clôtures intérieures en planches qu'il a commencées, le salut de beaucoup de malheureux y est attaché. Combien il est regrettable de ne pouvoir augmenter le nombre des couvertures, au moins pour les cas les plus graves.

Monsieur le Maréchal commandant en chef.

36) — 24 SEPTEMBRE. (Rapport détaillé sur la situation sanitaire de la place de Metz. Ce rapport

n'est, en grande partie, que la reproduction du précédent.)

Note à M. le Sous-Intendant militaire.

37) — 25 SEPTEMBRE. (J'exprime de nouveau le besoin de deux couvertures à chaque malade des tentes, des wagons, des magasins d'artillerie; d'une couverture et d'un couvre-pieds à ceux des hôpitaux et des casernes.)

Monsieur le Général commandant supérieur.

38) — 26 SEPTEMBRE. La mesure en voie d'exécution relative aux blessés recueillis chez les habitants présente de grandes difficultés. J'étais, il y a quelques jours, assailli de demandes tendant à provoquer la sortie des blessés; aujourd'hui, ce sont des plaintes nombreuses sur la rigueur d'une mesure nuisible à beaucoup de soldats dont la guérison n'est pas complète. — Les uns et les autres ont raison. C'est une lourde charge, pour les gens peu aisés, de pourvoir, avec une indemnité de 2 francs par jour, à tous les besoins d'un blessé; leur subsistance étant à eux-mêmes mal assurée, ils ne peuvent convenablement assurer celle de leurs pensionnaires. Dans la classe aisée ou riche, au contraire, cette situation est plus rarement considérée comme une charge; beaucoup de familles se sont attachées à leurs blessés, et elles considèrent, avec quelque raison, la guérison comme leur œuvre; dans ces familles on est disposé à traiter d'inhumain tout ordre qui les priverait de la joie de voir compléter une cure heureusement commencée.

Une seule solution me paraît possible. Prévenir

les habitants qu'à partir du 1ᵉʳ octobre l'indemnité de 2 francs ne sera plus perçue et qu'ils sont tenus, d'ici à cette époque, de remettre leurs blessés à la disposition de l'autorité militaire. Pour cette dernière condition une exception serait établie en faveur des personnes qui exprimeraient le désir de continuer leurs soins aux blessés traités chez elles, sous la réserve qu'un médecin militaire serait appelé, quand le commandement le jugerait opportun, à s'assurer de la position de ces blessés et à prescrire leur sortie dès qu'ils seraient guéris. Chacun, je pense, souscrirait à ces conditions, et satisfaction serait ainsi donnée aux bons sentiments des habitants, aux blessés eux-mêmes et aux intérêts de l'armée.

M. le Maire de Metz au médecin en chef.

39) — 29 SEPTEMBRE. En raison de l'extension que prennent, dans les quartiers populeux de la ville la variole et la dysenterie, j'ai l'honneur de vous prier de faire constater, par une inspection, le nombre des soldats blessés qui, de Bon-Secours et Saint-Nicolas, pourraient être évacués sur d'autres ambulances.

Nous sommes dans une position très-critique, malgré une mesure fort rigoureuse qui n'autorise l'admission que des malades indigents arrivés à une période ultime.

Monsieur le Maire de Metz.

39 bis) — 30 SEPTEMBRE. M. le médecin-major de première classe Vézien est allé, par mon ordre,

visiter les hôpitaux civils de Saint-Nicolas et de Bon-Secours.

Le premier de ces établissements renferme 59 blessés ; 12 à 15 sont atteints de blessures graves, la plupart des autres pourront être guéris d'ici à une quinzaine de jours.

A Bon-Secours il y a 120 blessés et 2 fiévreux ; la proportion des blessures légères est un peu plus forte ici qu'à Saint-Nicolas.

Dans ces conditions, je pense qu'on pourrait, sans inconvénient, évacuer, dès à présent, la plupart des militaires traités dans ces deux établissements.

MM. les Médecins chargés de la direction de chacun de ces services, pourraient, suivant les cas, prescrire l'évacuation, soit sur d'autres ambulances, soit dans les wagons de la place Royale, pour ceux qui ne réclament qu'un pansement simple et facile, soit au dépôt des convalescents, pour ceux qui ne réclament plus aucun traitement.

Il serait, toutefois, convenable de conserver encore les blessés qui ne pourraient être déplacés sans danger. Il appartient à MM. les Médecins traitants d'apprécier la situation de chacun d'eux.

Monsieur le Général commandant supérieur.

40) — 1ᵉʳ OCTOBRE. Conformément à vos ordres, je viens de visiter l'ambulance du Lycée, dont M. le Proviseur demande l'évacuation, en vue d'assainir les locaux occupés par nos blessés, avant d'y admettre les élèves. Sur les 133 malades qui occupent cet établissement, un certain nombre, peu gravement atteints ou près d'entrer en convalescence, peuvent être admis à l'ambulance des wagons ; la plus grande

partie peut être dirigée sur toute autre ambulance; enfin, 25 blessés environ, fractures ou amputations, sont dans une situation telle qu'on ne saurait songer à les déplacer. M. le Proviseur les conservera volontiers. Dans ces conditions, rien ne s'oppose à ce que l'évacuation se fasse lundi prochain.

Bien que l'ambulance du Lycée ait été, *à peu près,* exempte de maladies infectieuses, ce serait commettre une grave imprudence que d'admettre des enfants dans les dortoirs sans que ceux-ci aient été préalablement assainis. J'ai conseillé à M. le Proviseur de laisser ces locaux ouverts pendant plusieurs jours, d'y faire d'abondantes fumigations chlorurées, puis ensuite de passer une couche de vernis sur les panneaux peints, de changer les papiers-tentures, de laver et savonner les parquets avant d'y passer un nouvel enduit.

Nous devons nous attendre à une demande d'évacuation de la plupart des établissements d'instruction. Ce sera, pour l'administration et le service de santé, une nouvelle source d'embarras et de dangers; plus que jamais la continuation du beau temps nous sera nécessaire; le moindre encombrement serait fatal si le froid survenait. Je sais aussi que bon nombre d'ambulances particulières demandent la sortie de leurs blessés; elles demandent, au moins, qu'on n'en envoie point de nouveaux. La cherté des subsistances et la difficulté de se procurer les objets de première nécessité, rendent suffisamment compte de ce désir.

Au même. — A Monsieur l'Intendant militaire.

41) — 2 OCTOBRE. J'ai fait, ce matin, une visite aux principales ambulances, spécialement au point de vue des affections typhoïdes et typhiques ; j'ai acquis la triste certitude, après l'examen attentif d'un assez grand nombre de malades, que le typhus proprement dit, avec ses symptômes caractéristiques, a fait invasion dans la place de Metz et tend à se répandre dans la population. Indécis d'abord, je ne conserve aucun doute aujourd'hui, et si la maladie ne constitue pas encore une véritable épidémie, nous devons cependant nous attendre, d'un jour à l'autre, à lui voir prendre de formidables proportions.

Déjà l'agglomération n'est plus une condition indispensable. Ainsi, un officier traité à l'ambulance du Dispensaire, dans des conditions relativement bonnes, sans encombrement, a été pris de typhus bien déterminé, auquel il a succombé en deux jours. Dans ces conditions, cependant, le point essentiel est de ne pas accumuler les malades en trop grand nombre dans les mêmes hôpitaux, dans les mêmes salles ; de respecter, plus que jamais, la spécialisation des fiévreux et blessés, d'éviter tout contact entre les uns et les autres ; de desserrer les lits, même où ils ne semblent pas trop rapprochés ; d'ouvrir, si c'est possible, de nouveaux locaux. Les froids peuvent nous assaillir d'un jour à l'autre ; la situation se compliquerait, dès lors, d'une manière épouvantable ; nous avons pu, jusqu'à ce jour, opposer une digue au fléau par une large et efficace ventilation ; du moment où le froid nous contraindra à fermer les salles et les tentes ; du moment où la boue de l'Esplanade, du Polygone et du Saulcy ne permettra plus aux malades de passer au dehors la plus grande partie de leurs journées, la situation me parait des plus compromises. — J'ajoute à ce tableau peu rassurant que le nombre de nos médecins décroît en proportion de l'aggravation des malades; plusieurs sont, en ce moment, hors de service; plusieurs autres ne résistent que par énergie qui ne saurait longtemps se soutenir.

Au milieu de ces menaces, nous voyons une tendance générale à faire rentrer dans les hôpitaux régulièrement constitués, les blessés traités dans les petites ambulances et chez les particuliers. J'ai moi-même, je l'avoue, favorisé cette tendance; mais je crois devoir aujourd'hui prier le commandement et l'administration de l'arrêter. Une concession dans ce sens en entraînerait d'autres. Je ne voyais hier, au point de vue médical, aucun inconvénient à accéder à la demande de M. le Proviseur du Lycée; je viens, aujourd'hui, proposer de surseoir à la mesure qu'il provoque, ainsi qu'à l'évacuation qui pourrait être réclamée pour les autres établissements d'instruction. Les élèves rentreront en classe dans des temps meilleurs, c'est un léger mal pour en éviter un bien plus grand. — Je ne vois pas, cependant, qu'il soit possible de refuser à la municipalité l'évacuation qu'elle demande des hôpitaux Saint-Nicolas et Bon-Secours. Il y a, pour la classe pauvre, d'énormes besoins à satisfaire, et l'administration de la guerre ne pourrait, ce me semble, mettre obstacle à cette satisfaction. Pour le même motif, je propose d'accueillir favorablement la proposition du Bureau de bienfaisance, qui consiste à laisser, par voie d'extinction, tomber à 80 le chiffre des blessés et malades traités dans cet établissement. Mais j'insiste pour qu'il ne soit laissé aucun typhique dans les maisons particulières ou dans les petites ambulances, qui n'auraient aucun moyen efficace de les isoler. Pourquoi la gare, disposée actuellement en infirmerie, ne serait-elle pas exclusivement réservée aux malades de cette catégorie, autant que leur état permet de les transporter ? On pourrait y installer un excellent service, dans de bonnes conditions d'aération ; on chercherait un autre local pour les malades légèrement atteints qui y sont aujourd'hui.

Le docteur Isnard aux administrateurs du Polygone.

42) — 29 SEPTEMBRE. L'hôpital temporaire du Polygone a été, en principe, établi pour recevoir des blessés dans la proportion de 50 par baraque. Depuis cette époque ce chiffre a été si souvent dépassé, à cause de l'encombrement des blessés arrivant coup sur coup, que rien de régulier n'a jamais pu être établi. Le nombre des baraques est aujourd'hui de 30, desquelles il faut distraire la salle des officiers et une salle spéciale consacrée aux grands blessés, lesquelles ne peuvent contenir 50 malades. Aujourd'hui que, d'après M. le Sous-Intendant lui-même, le nombre des malades diminue au point qu'il trouve utile de licencier les médecins requis, nous arrivons nécessairement au moment le plus favorable pour rentrer dans l'état normal, c'est-à-dire de 50 malades par baraque. Ce chiffre ne saurait être dépassé sans danger d'encombrement et, jusqu'à nouvel ordre, le personnel médical serait insuffisant pour les visites. Pour ma part, je n'ai pas demandé mieux que de

recevoir un certain nombre de fiévreux, en m'inclinant devant les raisons majeures qu'on a fait valoir; mais dépasser le nombre que nous avons déjà, et qui s'élève à 617, c'est détourner d'abord l'hôpital du Polygone de sa destination première [1] et, puisqu'on a fait valoir un motif analogue, c'est imposer à des chirurgiens qui ne sont engagés que pour le service des blessés des fonctions qui n'entrent ni dans leur goût, ni dans leur aptitude.

Je viens donc vous prier, Messieurs les Administrateurs, de vouloir bien accueillir les observations qui me paraissent justes, et qui consistent à vous demander :

1º De ne pas admettre de nouveaux fiévreux;

2º De ne pas dépasser le chiffre total qui résulte de l'addition de 28 baraques à raison de 50 lits chacune, plus 2 baraques à 37 [2]. Si les baraques sont convenablement espacées cette disposition est profitable aux blessés comme aux fiévreux, et le nombre des malades allant chaque jour en diminuant, la saison devenant chaque jour plus froide, le danger de la contagion des maladies diminue dans la même proportion, sans compter que les baraques du Polygone sont très-froides et plus exposées que les autres hôpitaux aux variations de température et aux inconvénients qui en découlent.

---

[1] Mais il ne pouvait avoir d'autre destination que de recevoir les malades de l'armée, suivant les besoins, à quelque catégorie qu'ils appartinssent, absolument comme tous les autres établissements du même genre.

[2] 1474 au lieu de 2000. — 524 places en moins.

M. Michaux, médecin en chef intérimaire du Polygone, aux administrateurs.

42 bis) — 30 SEPTEMBRE. J'ai l'honneur de prévenir MM. les Administrateurs que les salles réservées aux fiévreux sont complétement remplies. Les salles de blessés ne peuvent contenir, sans inconvénient grave, plus de 50 malades; dans un cas d'urgence extrême il a fallu les entasser, il est vrai, les uns sur les autres; mais normalement il y a danger à le faire. D'un autre côté, introduire une salle de fiévreux au milieu de salles de blessés me paraît une chose des plus fâcheuses, l'orientation des salles étant telle que si l'on affectait du côté des blessés une salle pour les fiévreux, il serait à craindre qu'une infection générale ne s'ensuivît.

Je tiens, pour mon compte, à dégager complétement, sur ce point, ma responsabilité. Tout ce qui me semble pouvoir se faire, c'est de déclarer que nous avons encore quelques lits pour recevoir des blessés; mais ces lits sont en petit nombre.

Les administrateurs du Polygone au sous-intendant.

42 ter) — 30 SEPTEMBRE. Nous nous empressons de vous écrire que depuis hier nous avons reçu environ 200 fiévreux aux ambulances du Polygone et que cette masse, envoyée en si peu de temps, nous amène des difficultés extrêmes. Pour nous conformer aux instructions données nous avions fait, d'après l'avis des médecins et en raison de l'orientation des baraques, évacuer toutes les salles impaires pour les affecter au service des fiévreux. Ces salles sont

entièrement pleines et il nous serait impossible d'y recevoir de nouveaux malades. Les salles de numéros pairs, réservées aux blessés, avaient été complétées autant que possible. Pour le moment il y a donc lieu de surseoir absolument à de nouveaux envois de fiévreux. Mais si, dans l'avenir, et après que nous aurions eu le temps de prendre pour cette transformation du service toutes les mesures nécessaires, on voulait changer d'une façon absolue l'hôpital du Polygone en un hôpital de fiévreux, il faudrait nous en prévenir, afin que nous nous concertions avec les médecins, pour savoir s'il faudrait évacuer sur d'autres hôpitaux nos blessés, puisque, d'après la note ci-jointe de M. Michaux, médecin en chef en l'absence de M. Isnard, il y aurait danger grave à mêler ces deux catégories de malades.

Peut-être alors, et si cette affectation spéciale était décidée, pourrait-on chercher encore d'autres planches pour construire de nouvelles baraques. Nous devons faire observer à l'avance qu'il est probable que cette mesure rencontrera certaines difficultés de la part du service médical, plusieurs de nos médecins ayant surtout entendu prêter leur concours à un traitement chirurgical.

Monsieur le Sous-Intendant militaire.

42) — 3 OCTOBRE. J'ai pris connaissance du dossier que vous m'avez adressé au sujet de l'ambulance du Polygone et du désir exprimé par MM. les Administrateurs de ne pas voir cet établissement exclusivement destiné aux fiévreux. Les événements de la guerre ne permettent pas de prévoir quelle affectation peut être donnée à telle ou telle ambulance. Si

l'armée n'a point de nouveaux engagements, le chiffre des blessés diminuera rapidement, mais, comme celui des fiévreux croît dans une proportion supérieure, il faudra suivre la situation. Je partage entièrement l'avis des administrateurs et des médecins relativement à la nécessité de ne pas augmenter le nombre de malades affecté à chaque baraque, soit 50; mais s'il fallait que toutes les baraques fussent occupées par des fiévreux, je ne vois guère d'objection sérieuse à opposer à cette mesure, qui ne serait qu'un résultat de la nécessité. L'observation de M. le Médecin en chef de cette ambulance, relative aux aptitudes plus spécialement chirurgicales de la plupart des praticiens qui y fonctionnent, ne me semble nullement fondée. Dans la pratique civile l'exercice de la chirurgie ne constitue guère qu'une exception, et je ne sache pas qu'aucun de ces messieurs se soit jamais déclaré incompétent pour traiter une fièvre ou une pneumonie. Il en est de même parmi les médecins de l'armée, classés suivant leur spécialité professionnelle et se livrant cependant, suivant les besoins, à la pratique de l'une et de l'autre branche de l'art. Il importe, comme je n'ai cessé de l'exprimer, de séparer les blessés et les fiévreux, mais je verrais peu d'inconvénients à les placer dans des baraques voisines et je n'admets pas la nécessité de réserver un côté aux uns, un côté aux autres.

Ce qui m'émeut surtout dans cette situation, c'est le froid qui nous menace et peut d'un jour à l'autre nous atteindre. Les blessés en voie de guérison pourront, à la rigueur, supporter un certain abaissement de température; mais le froid, dans ces baraques ouvertes à tous vents, tuerait les typhiques et les dysentériques. La municipalité propose, si c'est nécessaire, de construire de nouvelles baraques; ce serait, je crois, une grande faute : si la guerre continue, force sera bien d'abandonner le Polygone pendant l'hiver ; si elle cesse prochainement, la situation ne pourra manquer de s'éclaircir.

En résumé, pour l'ambulance du Polygone, comme pour les autres, il faut surtout songer aux besoins présents et n'engager en rien l'avenir, qui est plein d'incertitudes ; si, comme je le crains, nous avons besoin de nouveaux locaux pour nos malades, il faut tourner nos vues vers les lieux clos, parmi lesquels je ne vois que les casernes, quoiqu'elles fassent de mauvais hôpitaux. Je reviens à ma proposition d'utiliser les casemates pour y loger les hommes valides ; le service des ambulances pourrait alors disposer des casernes de la Basse-Seille et de Chambière. Si ces deux casernes nous étaient accordées, l'une au moins, nous pourrions, en peu de temps, arriver à une complète séparation des fiévreux et des blessés.

Au même.

43) — 4 OCTOBRE. M. le Maire de Metz me fait l'honneur de m'écrire pour me demander l'évacuation des hôpitaux civils Saint-Nicolas et Bon-Secours, en se basant sur les besoins urgents de la population pauvre. Il résulte d'un rapport, que j'ai sous les yeux, de M. le Commissaire central de police, que dans la première section on observe de nombreux cas de variole et de dysenterie, attribués au mauvais état des logements et à l'encombrement ; que dans les deuxième et cinquième section les mêmes maladies commencent à se déclarer, mais, jusqu'à pré-

sent, dans une moindre proportion. Dans cette fâcheuse situation les femmes ne peuvent plus être reçues à Saint-Nicolas, faute de place, ni les hommes à Bon-Secours, où ils sont exclusivement admis. Dans la maison n° 43 de la rue du Pontiffroy, vingt personnes couchent dans une même chambre; l'une d'elles est gravement atteinte de variole, et, malgré la crainte de la contagion, on ne peut transporter cette personne à l'hôpital.

Malgré mon vif désir d'éviter l'accumulation de nos malades et blessés, je ne saurais qu'appuyer très-fortement cette trop légitime demande de M. le Maire.

Au même.

44) — 8 OCTOBRE. En présence de la déclaration de M. Marmy, médecin en chef du 2e corps d'armée, j'estime qu'il y a urgence à évacuer le dortoir du Sacré-Cœur (Montigny) occupé par des militaires blessés. La crainte de l'infection et des maladies graves qui en sont la conséquence, doit être pour nous, en ce moment, une sérieuse préoccupation, et l'abandon des locaux infectés est le seul moyen efficace à opposer aux complications de cette nature. On ne saurait admettre de nouveau des jeunes filles dans ce dortoir sans l'avoir, au préalable, soumis à de puissants moyens de désinfection, semblables à ceux que j'avais indiqués pour le Lycée.

Monsieur le Général commandant supérieur.

45) — 9 OCTOBRE. Ainsi qu'on devait s'y attendre nous sommes arrivés à une période de temps pluvieux, qui peut durer longtemps, et il importe de

prévoir la fâcheuse influence qu'exerceront sur l'armée le froid et l'humidité. Les malades augmentent chaque jour, et nous sommes chaque jour réduits à leur trouver de nouveaux locaux. Plus que jamais il faut, à tout prix, éviter l'encombrement, et loin de songer à les accumuler dans d'étroits espaces, il faut, au contraire, leur donner à l'intérieur l'air qu'ils ne pourront plus bientôt prendre au dehors. Cette dissémination crée de grandes difficultés à l'administration et au service de santé, mais ce n'est là qu'un point secondaire; les uns et les autres n'ont qu'à redoubler d'efforts pour se maintenir au niveau de la situation. Cette situation, pleine d'obstacles, est si évidente, mon général, que je n'aurais point songé à vous en entretenir si je n'avais eu en vue un sujet plus important encore que la conservation de nos malades, je veux parler de la conservation de notre armée. Peut-être ici vais-je sortir de mon rôle, qui se borne à la place de Metz, mais, peu importe, il faut, avant tout, communiquer les idées qui peuvent être utiles, et insister, si c'est nécessaire, sur leur mise en pratique.

Les opérations militaires semblent désormais impossibles; il faut, à tout prix, enlever les troupes à leurs campements humides, contaminés, malsains; il faut arracher les soldats à ces terriers, qu'ils se creuseront ici comme ils en creusaient en Crimée, et qui ont été l'une des grandes sources du typhus de l'armée d'Orient. Bon nombre de villages sont encore à nous autour de Metz; il faut y loger les troupes chez l'habitant, en remplir les maisons vides, quelque graves en puissent être les inconvénients. L'armée toute entière ne pourra y trouver asile, mais il sera plus facile alors de choisir les emplacements à distribuer à la portion restante, en évitant de la laisser dans la plaine. (Le choix de ces emplacements devrait être confié à une commission dans laquelle figureraient des médecins.) Il importe que l'armée reste en dehors de la place et ne vienne point compliquer les conditions d'insalubrité dans lesquelles nous vivons. C'est nécessaire pour l'armée elle-même et pour la population.

Les ressources alimentaires deviennent de plus en plus bornées; mais une ration journalière de 300 grammes de pain peut suffire, à la condition de compléter, par de la viande, ce qui est nécessaire à l'alimentation normale; la viande ne paraît pas encore près de manquer. Le service pharmaceutique de l'armée pense être en mesure de confectionner des conserves de viandes, peut-être 80000 rations par jour. Ce serait une grande ressource, qui nous permettrait de tenir longtemps encore. Le sel fait défaut; il faut mettre en œuvre tous les moyens de s'en procurer artificiellement, en quelque petite quantité que ce soit, et sans calculer le prix de revient. C'est un condiment de première nécessité. — Quoiqu'il en soit, il faut que l'armée et la population fassent cause commune, qu'il n'y ait pas d'un côté pénurie, de l'autre abondance relative.

Les ambulances des quartiers généraux avaient envoyé à Metz leurs malades, en prévision d'un prochain mouvement; il est à désirer qu'elles recommencent à les garder, si les éventualités de départ sont remises ou au moins ajournées.

Au même.

46) — 10 OCTOBRE. J'ai visité, après la pluie, la gorge du fort Belle-Croix où vous avez prescrit d'élever des baraques pour l'installation d'une nouvelle ambulance. Permettez-moi, mon général, de faire à ce projet quelques objections qui vous engageront peut-être à l'abandonner. Le mur contre lequel seraient adossées les baraques (face au nord-est) laisse suinter une humidité et même des veines d'eau qui doivent être abondantes dans la saison pluvieuse. Les latrines du fort s'ouvrent sur cet emplacement dans toute la longueur du mur; il faudrait nécessairement les supprimer et où les placerait-on?

Le sol sur lequel s'élèveraient les baraques est argileux, ce qui ne serait point un inconvénient; mais tout le terrain environnant l'est aussi, ce qui rendrait le service bien difficile par les mauvais temps et priverait les malades de toute sortie. La déclivité du sol causerait probablement quelques obstacles aux constructeurs, mais il en causerait certainement aux malades en état de se promener. La situation des baraques en une longue file enlèverait beaucoup à la promptitude des secours nécessaires, lorsque le médecin serait appelé vers l'une et l'autre des extrémités. Enfin, il est une considération morale qui a bien aussi quelque valeur : un vaste cimetière s'étend tout au long de cet emplacement et les malades n'auraient, de leurs baraques, que cette triste perspective; ils en seraient, sans nul doute, péniblement impressionnés.

Je reviens donc, mon général, à la proposition que j'avais déjà eu l'honneur de vous faire, d'élever ce baraquement contre les faces du mur d'enceinte de la manufacture des tabacs et, subsidiairement, le long du front Saint-Vincent. Le choix de cet emplacement aurait le grand avantage de ménager certaines ressources administratives, en ne constituant qu'une annexe de l'ambulance des tabacs. Cet espace n'est guère occupé que par des voitures de convois qu'on pourrait, s'il était nécessaire, transporter à la gorge de Belle-Croix. Des considérations stratégiques militeraient peut-être aussi en faveur de ce projet, mais il ne m'appartient point d'aborder les questions de cet ordre.

Monsieur le Sous-Intendant militaire.

47) — 11 OCTOBRE. Au moment où l'administration militaire et le service de santé de l'armée s'occupent activement à chercher de nouveaux locaux à convertir en ambulances pour faire face à des besoins éventuels, j'apprends que les bâtiments de la poudrerie sont ou vont devenir inoccupés. Ce serait une précieuse ressource si le service de l'artillerie pouvait en faire la cession temporaire à l'administration de la guerre.

M. le Maréchal commandant en chef.

48) — 12 OCTOBRE. Il me coûte beaucoup de venir vous importuner au milieu de vos grandes préoccupations; cependant le service qui m'est confié dans la place de Metz présente aujourd'hui de telles difficultés que je prends la liberté de les signaler à votre sollicitude.

Les entrées de fiévreux dans les ambulances augmentent dans une proportion considérable, supérieure, en ce moment, à une moyenne de 100 par jour. En même temps le chiffre du personnel médical diminue par la maladie et il devient impossible, avec nos ressources actuelles, de faire face aux exigences de la situation. Il y a trois jours, par exemple, j'avais placé dans un service nouvellement ouvert un médecin-major de première classe, M. Servier, et un aide-major, M. Longet ; depuis ces trois jours ils ont reçu 800 fiévreux et j'ai dû, ce matin, y ajouter deux aides-majors qui cumulent un service de 200 fiévreux avec celui des blessés, qu'ils font dans une autre ambulance.

Je vous en prie avec instance, Monsieur le Maréchal, donnez des ordres pour que les ambulances des quartiers généraux et surtout les médecins des corps de troupes (un sur deux par régiment, deux sur trois) nous viennent en aide. La plupart se plaignent de leur inaction et ne demandent qu'à rendre des services. Ils remplaceraient ceux qui tombent malades d'épuisement, de dysenterie, de fièvre typhoïde, de variole, et assureraient le service des établissements nouveaux que nous sommes forcés d'ouvrir chaque jour.

Il est peu de nos médecins qui, sans être précisément malades, ne présentent quelques symptômes vagues d'empoisonnement miasmatique, qui s'expliquent trop facilement. En vérité, Monsieur le Maréchal, les récompenses que j'ai demandées et que je sollicite encore pour les plus dignes de nos collaborateurs sont bien justifiées par l'étendue de leur dévouement et si je n'avais écouté que mon sentiment d'admiration pour eux j'aurais, plus largement encore que je ne l'ai fait, usé de mon droit d'initiative dans les propositions que j'ai soumises à votre justice autant qu'à votre bienveillance. J'ose espérer, Monsieur le Maréchal, que vous aurez envers tous une main libérale; si l'étroitesse de nos cadres leur donne peu d'espérance d'avancement, que, du moins, les distinctions honorifiques soient une récompense des rudes épreuves qu'ils ont déjà subies, un encouragement pour celles qu'ils sont encore appelés à subir.

Au même.

49) — 16 OCTOBRE. Je tiens à vous remercier du secours en personnel que vous avez bien voulu envoyer aux ambulances de Metz, qui en avaient le plus urgent besoin. Nos services sont bien assurés aujourd'hui et nous pouvons faire face à tous événements. Les malades augmentent il est vrai, mais la gravité des maladies ne suit pas, heureusement, la même progression, et, jusqu'à ce jour, rien ne peut être considéré comme épidémie. La population, quoique beaucoup plus frappée par la maladie que dans les conditions ordinaires, reste calme à ce point de vue de la situation.

Je tiens aussi, Monsieur le Maréchal, à vous exprimer la reconnaissance de ceux de mes collaborateurs dont il vous a plu de reconnaître les bons services, et ma propre reconnaissance pour l'accueil favorable que vous avez fait à mes propositions.

. . . .

Monsieur le Maire de Metz.

50) — 23 OCTOBRE. J'ai pris connaissance de la lettre que vous m'avez fait l'honneur de m'adresser en date du 22 courant, et de la lettre collective de MM. les administrateurs de l'ambulance des écoles israélites, qui appellent mon attention sur le zèle vraiment remarquable du médecin de leur ambulance. J'aurais désiré pouvoir étendre, plus que je ne l'ai fait, la demande de distinctions honorifiques en faveur de MM. les médecins civils qui ont prodigué leurs soins à nos blessés avec un si louable empressement; le plus grand nombre, sinon la totalité d'entr'eux, aurait honorablement porté la croix de la Légion d'honneur, mais il y a limite à tout, et une distinction ne mérite ce titre qu'à la condition d'être réservée à quelques élus. Aussi, quoique bien loin de la pensée d'avoir obtenu récompense pour tous les mérites, j'ai la satisfaction d'avoir eu plus que je ne pouvais l'espérer. Dans les propositions que j'ai soumises au commandement, j'ai dû faire entrer, pour le classement, un certain nombre de coefficients basés sur l'âge, l'ancienneté d'exercice, le nombre et l'étendue des services gratuits, la notoriété, et enfin, ce qui semblait devoir être le principal n'a pu être que l'accessoire, les services rendus à l'armée dans les circonstances actuelles. C'est qu'il était bien difficile, impossible même, d'établir une différence fondée sur un zèle et un dévouement qui n'ont présenté, entre l'un et l'autre, que des nuances souvent insaisissables. L'autorité militaire m'avait demandé cinq ou six propositions pour les médecins civils; vous savez, Monsieur le Maire, combien j'ai été plus

heureux en prenant sur moi de dépasser cette limite. Cependant, je regretterais vivement que les services qui n'ont pu être récompensés par cette haute distinction, n'obtinssent aucune marque d'estime et de reconnaissance de l'armée. Mon intention est de solliciter de la bienveillance si connue de M. le Général commandant supérieur, que des médailles de différents métaux soient frappées et remises aux personnes, médecins ou gens du monde, hommes ou femmes, qui se sont distinguées par la grandeur et la continuité de leur dévouement envers nos blessés et malades. Dans ce but, Monsieur le Maire, je réclamerai votre concours et celui de MM. les membres du Conseil municipal, pour dresser une liste des personnes méritantes qu'on ne saurait oublier sans injustice, et pour éviter certains écarts qui pourraient nuire à cet hommage de reconnaissance en le prodiguant outre mesure ou le faisant dévier des voies honorables [1].

Tout cela, Monsieur le Maire, répond à la lettre de MM. les Administrateurs de l'ambulance des écoles israélites; ils peuvent être assurés que je n'oublierai point leur chaude recommandation en faveur de M. le docteur Ramlow [2]. Le bienveillant patronage qu'ils accordent à ce médecin serait à mes yeux un témoignage assuré de son mérite, si je n'avais pu l'apprécier par moi-même.

---

[1] Le modèle de cette médaille avait été dessiné, sur mes indications, par notre habile graveur M. Bellevoye. L'issue malheureuse de la guerre n'a pas permis de donner suite à ce projet.

[2] De la première ambulance volontaire française.

Au même.

51) — 23 octobre. J'ai été moi-même saisi, par un grand nombre de médecins chefs de service dans les ambulances, de réclamations sur la mauvaise confection du pain, qui est à peine cuit et renferme, en abondance, des matières étrangères autres que le son *nécessité par les circonstances*. J'en ai prévenu M. le sous-intendant Pérot et lui ai même adressé plusieurs échantillons d'un pain réellement détestable et qu'on ne saurait livrer à la consommation. Ce fonctionnaire en a rendu compte immédiatement à son collègue, M. Antoine, qui, je l'espère, apportera un remède à cette déplorable situation, qu'on ne saurait attribuer à la spéculation, *supposition trop odieuse*, mais à une négligence déjà bien coupable. Soyez certain, M. le Maire, que dans l'étroite limite de mes attributions je ne néglige rien pour améliorer le sort de nos pauvres malades et blessés, et que je frappe à toutes les portes d'où peut sortir, pour eux, une main secourable. J'ai donc l'espérance que de semblables plaintes ne se produiront plus.

Monsieur Ehrmann, médecin en chef de l'hôpital militaire.

52) — 24 octobre. J'ai communiqué à M. le Sous-Intendant votre note relative au régime alimentaire. Il ne conteste pas qu'on trouve en ville des œufs, légumes, etc.; mais les caisses publiques sont vides et l'argent monnayé fait complétement défaut au comptable. En second lieu, en admettant la possibilité d'améliorer le régime de l'hôpital militaire, les

ressources ne permettraient pas d'étendre ce bénéfice aux nombreux établissements hospitaliers qui couvrent et entourent la ville ; dans ce cas il semblerait équitable de traiter un peu mieux les malades des tentes et des baraques, plus mal logés, plus exposés au froid et à l'humidité. Enfin, patientons un peu les uns et les autres ; un dénoûment très-prochain est inévitable et alors nous pourrons, je l'espère, opérer de larges évacuations en même temps que de plus grandes ressources afflueront vers la ville.

Monsieur le Général commandant supérieur.

53) — 25 OCTOBRE. Le chiffre de nos malades augmente incessamment et leur situation s'aggrave. Ils sont, en général, extrêmement affaiblis et, si l'on ne peut bientôt améliorer leur alimentation et se procurer quelques médicaments indispensables, nous aurons bien des malheurs à déplorer. Jusqu'ici, mon Général, personne ne saurait être incriminé, la faute en est aux circonstances seules. Mais les pauvres malades ont bien froid dans les baraques et sous les tentes ; cette influence commence à se manifester, chez les hommes affaiblis, par des engelures avec œdème des pieds, état que l'on peut considérer comme une des formes initiales du scorbut. J'avais prévu cette situation et, à la date du 11, j'indiquais un moyen pratique et simple de réchauffer les hommes dans leurs lits. C'était l'emploi de cruchons d'eau chaude, que la bienfaisance des particuliers aurait apportés en abondance et que l'administration aurait pu fournir en partie. Un appel inséré dans les journaux aurait, sans nul doute, été suivi d'un effet

immédiat. Où s'est arrêtée ma lettre? Je l'ignore. Toujours est-il qu'il n'y a point été donné suite, au grand détriment des malades et blessés.

Le service médical est de plus en plus pénible. Plusieurs médecins sont gravement malades, mais tous sont sous l'influence d'un empoisonnement miasmatique qui, sans constituer une véritable maladie, les jette dans un état de malaise et de langueur. Je ressens moi-même cette influence, qui se manifeste par des accès de fièvre biquotidiens, fièvre qui résiste au sulfate de quinine et aux préparations de quinquina. Aucun de nous n'interrompt son service pour ces légers accidents, mais la plupart de nos camarades auraient grand besoin de quelques jours de repos. Le 14 de ce mois j'avais reçu des quartiers généraux des corps une vingtaine de médecins, qui arrivaient fort à propos et que j'avais immédiatement casés ; puis des ordres successifs les ont presque tous rappelés, de telle sorte que les services, que je croyais bien assurés, sont désorganisés de nouveau et que la rude besogne du service médical augmente chaque jour au lieu de diminuer. Le bruit court qu'on va nous rendre ce personnel inutilement enlevé. C'est bien désirable. Quand donc la direction du service médical de l'armée sera-t-elle remise aux mains les plus compétentes et les plus capables d'assurer sa bonne exécution?

A Messieurs les Médecins civils requis.

CIRCULAIRE.

54) — 29 OCTOBRE. En présence du grand nombre de médecins militaires attachés à la place de Metz, par suite des douloureux événements qui viennent

de s'accomplir, M. l'Intendant militaire de la 5ᵉ division a prescrit, à la date de ce jour, le licenciement de MM. les Médecins civils requis. En vous notifiant cette mesure je suis heureux de vous exprimer la reconnaissance de toute l'armée pour les soins éclairés que vous avez prodigués à nos blessés et malades; ma propre reconnaissance pour le concours que vous m'avez prêté dans la tâche difficile qui m'était imposée et que vous avez partagée avec tant de dévouement.

M. Ouradou, médecin-major de première classe au médecin en chef.

55) — 4 NOVEMBRE. J'ai l'honneur de vous informer qu'au moment où nos troupes ont quitté le fort de Plappeville j'ai reçu l'ordre d'y rester pour soigner les malades et blessés de l'hôpital-infirmerie, s'élevant à 25. Dans ce nombre sont deux amputés dont la guérison avance rapidement.

Hier il m'a été versé, en plus, 152 malades ou convalescents provenant d'une évacuation des hôpitaux de Metz. J'ai procédé à leur installation immédiate dans trois chambres contiguës. Des couchettes ont pu être improvisées avec un peu de paille et les sacs-abris ou les couvertures.

J'ai fait donner un peu de biscuit et préparer de la soupe au riz, qu'on a mangé le soir. En un mot, tout ce qui pouvait être fait l'a été, avec le concours le plus empressé de M. le Commandant du fort, de la bienveillance duquel j'ai beaucoup à me louer.

Mais les vivres ne sont pas assurés pour les jours suivants et je viens vous prier de vouloir bien faire une démarche auprès de M. le Gouverneur de la place de Metz pour qu'il puisse donner, à ce sujet, les ordres nécessaires [1].

Monsieur le Gouverneur de la place.

56) — 5 NOVEMBRE. Trois médecins et un pharmacien militaires français se sont offerts pour porter quelques secours en vin, sucre, thé, café, à ceux de nos prisonniers qui, retenus à quelque distance de la place, ne sont pas encore partis pour l'Allemagne. J'ai l'honneur de vous prier, Monsieur le Gouverneur, de vouloir bien autoriser cette généreuse mission, et d'ordonner qu'un guide de l'armée prussienne soit mis à la disposition de ces Messieurs, qui désirent commencer aujourd'hui même leur bienfaisante tournée [2].

Au même.

57) — 5 NOVEMBRE. Le service des hôpitaux et ambulances devient impossible par suite du départ d'un grand nombre de gardes mobiles employés dans ces établissements à titre d'infirmiers. J'ai l'honneur de vous prier, Monsieur le Gouverneur, de vouloir bien donner l'ordre qu'aucun sauf-conduit ne soit,

---

[1] Ce service a été assuré selon les désirs de M. Ouradou. On connaît la catastrophe dont ce fort a été le théâtre peu de jours après. Un magasin à poudre fit explosion et coûta la vie à quatorze soldats français retenus à l'ambulance et dont l'identité, pour plusieurs, n'a pu être établie, malgré les soins de M. Peyras, officier d'administration, envoyé sur les lieux dans ce but. Des soldats prussiens ont aussi été victimes de cet accident dont la cause, certainement accidentelle, est restée inconnue.

[2] L'autorisation fut immédiatement accordée.

désormais, délivré à ces agents subalternes sans une autorisation préalable de leur chef de service.

Conseil de santé des armées.

58) — 8 OCTOBRE. (Je ne reproduis point cette lettre parce qu'elle n'est que le résumé de tous les faits déjà connus et d'une situation que nous avons fait suffisamment apprécier.)

Messieurs Ehrmann, médecin en chef de l'hôpital militaire, et Gouget, de l'ambulance des tabacs.

59). — En prévision d'un abaissement du chiffre des malades qui permette de ne conserver que l'hôpital militaire et l'ambulance des tabacs, j'ai l'honneur de vous prier de vouloir bien m'indiquer, pour l'établissement dont vous avez la direction médicale, et en le supposant complet, le nombre de médecins et d'aides ou élèves nécessaire pour assurer la bonne exécution du service. Je vous engage, d'ailleurs, à renfermer votre appréciation dans les limites les plus étroites, parce que grand nombre de nos camarades sont animés du désir de porter leurs services sur d'autres points de la France, et conserver ici trop de médecins serait priver nos armées d'un secours qui peut leur être extrêmement utile.

Monsieur Heuschling, de Liége.

60) — 12 NOVEMBRE. J'accepte bien volontiers, en ce qui me concerne, l'offre que vous nous faites de vous charger, à l'hôpital de Liége, de 200 blessés choisis dans les deux armées. Je vous donne mon entier assentiment et vous remercie, par avance, des bons soins que recevront nos malades dans un pays

dont nous avons déjà, en maintes circonstances, reconnu la solide amitié.

Monsieur le Ministre de la guerre.

61) — 17 NOVEMBRE. La Convention de Genève, (article 4) établit que le matériel des ambulances n'est point soumis aux lois de la guerre et reste la propriété de la nation à laquelle il appartient, tandis que le matériel des hôpitaux est soumis à ces lois.

Lors de la dissolution des ambulances divisionnaires, le personnel et le matériel en furent en partie versés aux ambulances des quartiers généraux, en partie dirigés sur notre ville. Cette dernière portion du matériel fut déposée à l'hôpital militaire, tout en restant distincte de celui de cet établissement, mais pouvant, par le lieu même du dépôt, faire naître des contestations.

Après la reddition de la place, les malades et le personnel des ambulances furent répartis dans les divers établissements hospitaliers de Metz; le matériel dut être versé sur cette place, mais une grande partie en fut abandonnée et dispersée.

Je n'examinerai pas si de grandes fautes n'ont point été commises, comme on l'a dit et répété, et si, dans ces deux circonstances, on n'a point à reprocher à quelques fonctionnaires une fâcheuse imprévoyance ou une regrettable incurie. Je n'ai pas de jugement à porter, je n'ai que des faits à établir.

Quoi qu'il en soit, le personnel de santé, réuni dans la place de Metz, s'est ému de cette situation, compromettante pour les intérêts de la France et de l'armée. Animés d'un vif désir d'arriver à un bon résultat, quelques officiers de santé se sont résolument mis à l'œuvre, et ils sont aujourd'hui parvenus à rassembler déjà d'importantes épaves; tout ce qui peut être recueilli, rendu à la France, le sera (caissons de chirurgie et de pharmacie, voitures de transport, voitures Masson, cacolets, litières, etc.). Le commandement prussien reconnaît, en principe, le droit de notre revendication; la patience et une volonté ferme feront le reste.

Monsieur Maujean, sous-intendant militaire.

62) — 23 NOVEMBRE. Je crois devoir appeler votre attention sur la position pécuniaire d'un grand nombre de médecins militaires retenus dans la place de Metz et qui, par suite du prix élevé des logements et des objets de première nécessité pendant le blocus se trouvent aujourd'hui, sans communications possibles avec leurs familles, dans un état de pénurie complète. La solde brute a été faite par anticipation pour le mois courant, mais l'indemnité de logement reste due. La somme de 30 francs, à payer à chaque aide-major, est évidemment insuffisante pour couvrir les dépenses indispensables pendant le mois de décembre. Ne pourriez-vous pas, Monsieur le Sous-Intendant, proposer à l'administration allemande de régler la solde complète pour le mois de novembre, sauf recours ultérieur à l'administration française si elle ne consent point à considérer la solde anticipée de ce mois comme une simple gratification ?

Messieurs les Médecins en chef des hôpitaux et ambulances.

CIRCULAIRE.

63) — 23 NOVEMBRE. Plusieurs réclamations m'ont été adressées par des médecins aides-majors de première classe au sujet du service de garde, auquel plusieurs d'entr'eux sont astreints. En principe, et à moins d'insuffisance de personnel, je désire que le service de garde soit uniquement attribué à MM. les aides-majors de deuxième classe et stagiaires, qu'on ne doit qu'*exceptionnellement* considérer comme médecins traitants. Les aides-majors de première classe, toujours plus âgés, ayant acquis plus d'expérience, me semblent devoir en être distingués, et une visite peut leur être confiée. Je vais donc m'occuper d'établir, entre nos jeunes collaborateurs, une répartition telle qu'ils soient, dans chaque hôpital ou ambulance, au moins quatre, ou plutôt de cinq à six, de telle sorte que la garde ne constitue pas pour eux une charge trop lourde. Mais que MM. les aides-majors de première classe acceptent provisoirement cette obligation, si c'est nécessaire, c'est l'affaire de peu de jours.

Monsieur Geeland, vice-président de l'Association belge de secours aux blessés.

64) — 24 NOVEMBRE. J'ai reçu dix colis venant de Bruxelles et renfermant, entr'autres objets, une grande quantité de linge. Ils ont été remis par mes soins à votre excellente compatriote, Mme la baronne

EXTRAITS DE LA CORRESPONDANCE OFFICIELLE. 343

de Crombrugghe, pour l'ambulance de la caserne du génie, dans laquelle elle multiplie ses bienfaits.

Nous avons une ambulance belge, que j'ai installée dans une maison religieuse de femmes (Sainte-Chrétienne), où elle est fort bien et dans d'excellentes conditions pour l'accomplissement de sa mission.

Je ne saurais, Monsieur, laisser passer cette occasion de vous exprimer toute la reconnaissance dont je suis pénétré pour la noble conduite de la Belgique à l'égard de ses malheureux voisins. Nous n'oublierons jamais ces élans du cœur, ces accents d'une vraie sensibilité, qui répondent si bien à nos besoins et savent adoucir l'amertume de notre situation. De meilleurs jours luiront encore pour la France ; une grande nation ne peut aussi violemment tomber sans espoir de se relever ; mais quel que soit l'avenir qui nous est réservé, la France aura contracté envers la Belgique une dette sacrée qui doit à jamais resserrer les liens d'amitié qui nous unissent déjà[1].

Monsieur Maujean, sous-intendant militaire.

65) — 25 NOVEMBRE. De nombreuses protestations se sont élevées parmi les médecins militaires au sujet du refus de M. l'Intendant divisionnaire de demander à l'administration prussienne l'allocation intégrale de la solde pour le mois de novembre.

Le prix excessif des objets de première nécessité, nourriture, logement, vêtement, entretien des chevaux, pendant le blocus, a rendu complétement insuffisante la solde mensuelle, surtout pour les grades inférieurs, et, ainsi que j'ai eu déjà l'honneur de

---

[1] Cette lettre a été reproduite par la presse belge.

vous le dire, l'avance de la solde brute de novembre a été considérée comme une indemnité destinée à couvrir cet excédant forcé de dépenses.

Si le commandement français a cru devoir faire cette largesse, l'administration prussienne n'a point à y intervenir, et c'est à celle-ci à assurer la solde des fonctionnaires et officiers soumis momentanément à l'autorité allemande [1]. Ces officiers, retenus à Metz en vertu de conventions, se trouveraient, par ce refus, dans une position moins favorisée que celle des officiers prisonniers qui, sans nul doute, toucheront pour novembre leur solde de captivité, bien qu'étant dans les mêmes conditions que nous pour la solde anticipée de ce mois.

Enfin, il est un point de vue de la question qui prime tous les autres : la nécessité. La plupart de nos jeunes gens sont dans l'impossibilité absolue de régler aucun compte de pension ou de logement, dans l'impossibilité non moins absolue de trouver le vivre et le couvert pendant le mois de décembre. On les contraint, cependant, à rester à Metz pour assurer l'exécution du service médical ; il faut, par une équitable réciprocité, leur assurer les moyens d'existence, au moins à titre d'avance. L'administration française saura bien, plus tard, exiger le remboursement de ce qui lui semblerait du trop perçu.

Tels sont les principaux motifs allégués par les auteurs des protestations, et j'avoue pour moi que

---

[1] La conférence diplomatique de Genève, en octobre 1868, a établi, comme addition à la Convention de 1864, que le personnel sanitaire tombé au pouvoir de l'ennemi aurait la jouissance intégrale de son traitement.

je ne vois aucune raison sérieuse à leur opposer. Si M. l'Intendant persiste dans sa manière de voir, il est à craindre que quelques manifestations regrettables viennent exprimer le mécontentement général, manifestations qui pourraient trouver l'autorité désarmée [1].

Monsieur le Médecin en chef prussien.

66) — 28 NOVEMBRE. Savez-vous si les secours médicaux sont suffisamment assurés à Thionville? Si c'était utile je serais disposé à aller moi-même m'enquérir des besoins de cette place ; et dans ce cas, je vous serais obligé de me remettre un sauf-conduit. Si vous êtes mieux renseigné que moi sur cette situation, veuillez me le faire savoir [2].

L'Angleterre, la Belgique, la Hollande et le Luxembourg avaient assez fait en faveur de nos blessés pour qu'en l'absence d'une voix plus autorisée que la mienne je prisse sur moi d'offrir aux souverains de ces pays l'hommage de notre gratitude. Voici, quant au fond des idées, sinon quant à la forme, la lettre que j'adressai, par l'intermédiaire de MM. les Ambassadeurs ou chargés d'affaires de France, à

Sa Majesté la Reine d'Angleterre,
Sa Majesté le Roi des Belges,
Sa Majesté le Roi des Pays-Bas, Grand-Duc de
    Luxembourg.

67) — 29 NOVEMBRE. J'accomplis un devoir qui

---

[1] Il n'a pas été donné de suite à cette réclamation, cependant bien fondée.

[2] La place de Thionville était convenablement approvisionnée en médicaments.

m'est bien doux en portant humblement jusqu'au trône de V. M. l'expression de la profonde reconnaissance des blessés français de la place de Metz pour les secours inestimables et de toute nature qu'ils doivent à la généreuse sympathie de l'Angleterre (ou Belgique, etc.). C'est une grande consolation, dans nos malheurs, de sentir près de nous des cœurs battre à l'unisson de nos cœurs, de voir vos femmes, anges de charité, prodiguer leurs soins à nos pauvres soldats. Merci pour vous, Sire, merci pour les sujets de V. M. du bien que vous nous faites. Il ne s'adresse pas à des ingrats. Quelqu'avenir que le sort nous réserve, l........ est assurée de trouver dans tous les Français des amis. La guerre, avec toutes ses horreurs, aura, du moins, contribué à resserrer les liens qui unissent déjà les deux nations.

Messieurs les Médecins chefs de service des ambulances.

CIRCULAIRE.

68) — 29 NOVEMBRE. J'ai l'honneur de prier M. le Médecin en chef de.........., de me faire connaître, après avoir pris l'avis des médecins traitants placés sous ses ordres, le chiffre approximatif des malades ou blessés qui, d'ici un mois, seront hors d'état d'être transportés, soit en Allemagne, soit en France, et sont destinés à former un fonds de malades pour l'hôpital militaire de cette ville, en tenant compte de la mortalité probable. Cette donnée m'est indispensable pour servir de base à la désignation du personnel médical devant assurer l'exécution du service jusqu'à complète évacuation.

Aux mêmes.

CIRCULAIRE.

69) — 2 décembre. — MM. les Médecins en chef des hôpitaux et ambulances sont invités à préparer, *sur une très-large échelle,* des listes d'évacuations de malades et convalescents à diriger, par les lignes ferrées, sur des ambulances créées à Pont-à-Mousson, Nancy, Lunéville et Toul. Il importe de mettre promptement un terme à l'encombrement de nos hôpitaux[1] dans lesquels la pourriture continue à menacer tous nos blessés et où nous avons encore à redouter l'invasion d'affections contagieuses que nous avons eu, jusqu'à ce jour, le bonheur d'éviter. Il importe aussi de rendre disponible le personnel médical militaire, que je désirerais faire complétement rentrer en France, pour répondre aux besoins urgents des diverses armées de l'intérieur.

Monsieur le Médecin en chef prussien.

70) — 3 décembre. Nos malades et nos blessés diminuent rapidement; dans quelques jours ils seront notablement réduits encore, par les évacuations sur Toul et Lunéville, ainsi que par le rapatriement de nombreux blessés impropres au service. J'ai fait dresser, dans chaque ambulance, l'état numérique approximatif des hommes qui, avant la fin du mois, ne pourront supporter aucun transport et sont, par conséquent, destinés soit à mourir dans les hôpitaux,

---

[1] Les nombreuses évacuations qui se faisaient diminuaient peu l'encombrement, parce que l'autorité allemande diminuait, dans la même proportion, le nombre des établissements occupés.

soit à y faire un long séjour. Le chiffre n'en paraît pas devoir dépasser une moyenne de 500. Voici, je pense, comment pourrait être assuré le service de ces malades, fussent-ils même plus nombreux encore, sans le concours de médecins militaires. — La Société internationale hollandaise se charge du traitement de 100 gros blessés, environ, et vous savez dans quelles bonnes conditions ils sont placés au jardin Fabert et à l'hôtel de M. de Gargan. La Société belge en fait autant à l'ambulance de Sainte-Chrétienne ; enfin, la Société anglaise se chargerait encore de 150 à 200 blessés. Supposons, en tout, seulement 300 ; le surplus des malades serait confié aux soins de médecins civils volontaires [1] (1 pour 50 malades), pris parmi les praticiens de la ville. Si la situation se réglait ainsi, tous les médecins militaires, sans exception, seraient libres et pourraient quitter Metz pour porter leurs secours aux armées de l'intérieur, où, sans doute, ils sont bien nécessaires.

Les Allemands ont, évidemment, l'intention de faire évacuer toutes les casernes pour y loger leurs troupes ; c'est naturel et bien désirable pour la ville. Nous devons peu compter aussi, je le crois, sur l'hôpital militaire, dans lequel les Prussiens tendent à placer exclusivement leurs malades. Il ne resterait donc que la manufacture des tabacs, et j'exprime le désir que cet établissement nous soit laissé jusqu'à extinction complète.

---

[1] Nous avons vu qu'il avait été peu répondu à l'appel que j'avais fait à cet effet.

Note à Monsieur Maujean, sous-intendant militaire.

71) — 5 DÉCEMBRE. Les blessés renvoyés dans leurs foyers se plaignent qu'à l'ambulance on leur refuse des couvertures, malgré la rigueur du temps. Ils en ont, cependant, autant besoin que ceux qui partent pour l'Allemagne ou qui sont évacués sur d'autres hôpitaux de l'intérieur. J'appelle la sollicitude de Monsieur le sous-intendant Maujean sur cette question, qui me semble importante, par le froid qui court. MM. les Comptables motivent leurs refus sur des ordres qu'ils auraient reçus. J'ai distribué moi-même au départ un grand nombre de couvertures qui m'avaient été envoyées de Bruxelles; mais je suis à bout de ressources [1].

De tous côtés, aussi, on me demande des poêles. Que faire, hélas!

Monsieur l'Intendant de la cinquième division.

72) — 8 DÉCEMBRE. Vous m'avez fait l'honneur, à la date de ce jour, d'appeler mon attention sur un article qui avait antérieurement paru dans une publication périodique de cette ville, et vient d'être reproduit dans un autre journal, le 7 de ce mois.

Cet article renferme, au sujet de certains points de la Convention de Genève, des attaques contre l'administration de la guerre qui ont soulevé de légitimes susceptibilités.

---

[1] Ces distributions, par les soins de l'Administration, ont depuis été faites régulièrement.

Je regrette vivement cette double publicité, et si l'auteur de cet écrit avait bien voulu me consulter, je l'en aurais dissuadé; j'ai lieu de croire qu'il se fût rangé à mon avis; mais il faut accepter le fait accompli.

Je tiens d'abord, Monsieur l'Intendant, à dégager des explications dans lesquelles je vais entrer, toute question personnelle, tant à l'égard de l'intendance qu'à l'égard des officiers de santé militaires. Les principes qui nous régissent ne sont point appréciés au même point de vue dans l'un et l'autre corps, et nous pouvons attaquer une organisation qui nous semble vicieuse; mais chacun de nous rend justice à la parfaite honorabilité, souvent à la bienveillance, toujours au sentiment du devoir qui anime chacun des membres de l'intendance. Ils sont les premiers à reconnaître qu'ils ne pourraient, sans abuser, user des droits que leur confère une réglementation dont certains détails nous font monter la rougeur au front. Pendant ma très-longue carrière j'ai constamment vécu en bonnes relations avec les fonctionnaires de l'intendance, et je n'en ai conservé que des souvenirs sympathiques; depuis quatre mois mes rapports de service m'en ont rapproché davantage encore, et ces sentiments d'estime et d'affection n'ont fait que s'accroître.

J'aborde, Monsieur l'Intendant, le sujet de votre lettre. — Je reçus, dans les premiers jours de novembre, une note de M. le Médecin principal Fuzier, qui m'exprimait toute sa peine de voir le matériel des ambulances dispersé ou tombé au pouvoir de l'ennemi, tandis qu'il devait être et rester la propriété de la France; il m'indiquait quelques moyens pratiques pour rentrer en possession de ce matériel et le rapatrier, tout ou partie, pour le remettre à la disposition des armées de l'intérieur. Cette note, écrite dans un excellent esprit, était exempte de toute pensée blessante, de toute récrimination; elle constatait une situation, rien de plus. Je savais déjà que M. l'adjoint à l'intendance, Maquin, s'occupait officiellement de cette question ; je lui donnai connaissance des propositions de M. Fuzier pour qu'il en prît ce qui pouvait lui sembler réellement applicable.

Quelques jours après il me fut adressé une lettre collective revêtue d'une soixantaine de signatures. Vous la connaissez, Monsieur l'Intendant. Puis une réunion fut proposée, dans un hôpital d'abord, le lendemain dans un café. Je refusai d'y prendre part. Cependant, pour éviter l'animation, peut-être même le scandale qui pouvait naître d'une telle manifestation dans un lieu public, j'offris de se réunir chez moi, dans la pensée de guider moi-même la discussion et de la maintenir dans la limite des principes. Je ne me trompai point. Chacun ne parut animé que d'un même esprit : faire acte de patriotisme, être utile à l'armée.

Je pus exprimer à M. Pérot combien j'avais été satisfait de cette réunion, toute conciliante. On y déplora l'abandon d'un matériel considérable, nous appartenant en vertu de la Convention de Genève; on avisa aux meilleurs moyens d'en réunir les épaves; tous offrirent leurs chevaux et, au besoin, leur bourse, pour la réussite d'un projet auquel ils attachaient un véritable point d'honneur.

Je n'ai pas à rechercher, Monsieur l'Intendant, si l'administration a fait, en cette circonstance, tout ce qu'il était possible qu'elle fit. Je ne vous cache point, cependant, qu'à tort ou à raison, elle a été accusée d'indifférence. Il est certain que les efforts combinés d'un grand nombre de volontés, recevant quelqu'encouragement, pourraient arriver à un bon résultat, tandis qu'abandonnés à eux-mêmes, ces efforts individuels ne peuvent qu'imparfaitement aboutir. — M. le pharmacien principal Jeannel est déjà parvenu à rentrer en France avec deux caissons de pharmacie complets ; M. le médecin-major Arnaud rentre avec trois ; il a loué dans ce but, de ses propres deniers, un attelage de douze colliers. D'autres sont disposés à suivre ces exemples.

Quoi qu'il en soit, Monsieur l'Intendant, les auteurs de la lettre incriminée ont été mus par un bon sentiment : faire retourner le plus promptement aux ambulances un matériel qui peut rendre en ce moment d'importants services. Tous ignoraient que l'intendance s'en fût déjà occupée. Les officiers de santé ont-ils cru trouver là un appoint aux motifs qu'ils font depuis longtemps valoir en faveur de leur émancipation ? Peut-être bien. Mais ils ont tenu surtout à éviter le reproche, qu'on ne pouvait manquer de leur adresser, de n'avoir pas su protéger et conserver leurs instruments de travail, le public et même l'armée comprenant mal le mode de fonctionnement de notre service. Quoi qu'il en soit, le moyen employé, — intervention de la presse — me semble regrettable. Le corps de santé, dans ses aspirations vers l'autonomie, ne doit rien emprunter qu'à la logique des faits et à leur discussion sage, modérée, exempte de passions. C'est ainsi seulement qu'il peut espérer une prochaine satisfaction à ses désirs, désirs que j'ai toujours partagés, car je crois le bien du service essentiellement lié à cette émancipation. Ainsi, j'ai obtenu, pendant toute la durée du blocus, au milieu de difficultés de toute nature, des prodiges de zèle et de dévouement de la part des médecins militaires, et certainement un tel résultat eût été impossible sous l'exercice d'une autorité étrangère au corps lui-même. J'ai trouvé une obéissance absolue, un bon vouloir à toute épreuve; c'est une belle page à insérer dans les annales de la médecine militaire. Si, depuis la capitulation, quelques reproches peuvent être adressés à un petit nombre, on ne saurait en accuser que l'extrême lassitude de trois mois d'un travail excessif et la surexcitation due aux événements douloureux dans lesquels nous avons été, les uns et les autres, acteurs, témoins et victimes.

En résumé, Monsieur l'Intendant, les médecins signataires de l'article ignoraient que l'administration se fût occupée de l'objet du débat (elle s'en était occupée à si petit bruit), et je ne pense pas que cette ignorance dût leur mériter un blâme bien sévère; je ne saurais même admettre qu'ils aient commis un acte contraire aux règles hiérarchiques; car, si le règlement place les médecins du service hospitalier sous les ordres du sous-intendant mis à la tête de l'établissement, on ne peut en conclure que le corps des officiers de santé soit, en totalité, placé sous les ordres du corps de l'intendance; il n'existe qu'une subordination individuelle et toute de fonction.

Pour en terminer permettez-moi, Monsieur l'Intendant, de vous conseiller de ne donner aucune suite à cette affaire. Pourrais-je empêcher la polémique de se continuer, peut-être même de prendre un caractère fâcheux? Quant à une plainte au ministre, elle ne pourrait avoir aucun résultat, comprenant une collection nombreuse d'individus, non une personnalité déterminée.

OBSERVATIONS

EXTRAITES DES BULLETINS JOURNALIERS.

XVI.

La plupart des faits de détail consignés dans ces extraits sont peut-être d'un médiocre intérêt. J'ai cru cependant devoir les reproduire, parce qu'ils expriment la marche irrégulière de la santé générale, et les efforts constants du personnel médical pour améliorer une situation que, le plus souvent, il ne pouvait que déplorer. Les mêmes plaintes se renouvelaient à chaque bulletin ; j'ai supprimé ces répétitions incessantes, sans oublier le principe qui guidait nos chefs de service : « Demander beaucoup et souvent pour obtenir un peu ».

Hôpital militaire (M. EHRMANN).

2 Septembre. — Les malades graves s'accumulent à l'hôpital et nous menacent d'épidémies meurtrières.

24 Octobre. — Je demande que les légumes frais,

les fruits et les œufs fassent partie du régime alimentaire.

Caserne d'artillerie (M. Blanvillain).

27 Août. — Situation générale bonne, malgré la tendance à la pourriture d'hôpital.

28. — Quelques cas de tétanos promptement mortel.

1er Septembre. — La pourriture tend à augmenter. Pas d'imminence épidémique.

4. — Situation moins bonne. L'intercalation des dysentériques au milieu des blessés commence à amener de fâcheux résultats.

7. — Aggravation de la pourriture d'hôpital, par suite du mélange des blessés et fiévreux.

8. — On nous a enlevé tous les infirmiers de visite et une grande partie des infirmiers d'exploitation. Dans cet état de choses, le service devient impossible pour plusieurs médecins traitants qui n'ont pas d'aides-majors et se trouvent seuls avec 200 blessés.

10. — Oscillation dans la situation générale, qui s'amende ou s'aggrave d'un jour à l'autre.

12. — Affections typhoïdes graves, mais peu nombreuses.

14. — Toujours de la pourriture. Tendance à l'infection purulente.

27. — Situation assez bonne. Peu d'imminence épidémique.

6 Octobre. — La situation continue à être bonne, malgré une légère augmentation de fièvres typhoïdes. — Nous avons pu séparer les fiévreux des blessés.

12. — Nourriture insuffisante. Affaiblissement et anémie des malades.

22 Octobre. — Situation assez mauvaise, par suite de l'encombrement et du manque de médicaments. Aggravation des maladies par la misère.

31. — Nourriture de plus en plus insuffisante. Les vins généreux qui étaient destinés aux malades ont été pris par quelques soldats allemands. — En somme, situation médiocre.

3 Novembre. — Les malades se plaignent de plus en plus de la faim.

5. — Les malades sont entassés; il n'y a que 1 600 places, bien serrées, et nous avons 1 750 malades. Les tentes devraient être abandonnées; il s'y produit des congélations ; un certain nombre présentent déjà quelque gravité.

16. — La situation s'améliore.

21. — Quarante hommes se sont évadés.

5 Décembre. — Situation passable. — Un cas de cholérine.

13. — La pourriture augmente, pas en nombre, mais en intensité.

23. — Un cas de scarlatine, évacué sur la manufacture de tabacs.

Magasin d'artillerie (M. Masnou).

13 Septembre. — Fièvres typhoïdes et diarrhées. État général assez satisfaisant.

22. — La réunion des typhoïdes (60 environ) n'a pu encore être faite, le génie ayant complétement cessé les travaux commencés. Les malades souffrent du froid par les ouvertures pratiquées dans la toiture.

25. — L'état général semble s'améliorer.

28. — L'amélioration se prononce davantage.

Cependant quelques flux intestinaux persistent d'une manière opiniâtre et entraînent une prompte débilitation des malades.

10 et 20 Octobre. — Amélioration soutenue dans l'état général. Pas d'augmentation dans les affections typhoïdes. Rechutes de diarrhées.

1er Novembre. — La situation des malades serait assez bonne si nous avions de quoi les nourrir. Ce matin nous n'avons ni pain ni vin ; le pain est remplacé par du biscuit tout moisi.

(M. Morgon).

4. — Situation peu satisfaisante. La température froide a fait retomber un assez grand nombre de malades.

7. — Beaucoup de rechutes. Nous aurions grand besoin de vin. L'alimentation laisse malheureusement beaucoup à désirer.

10. — Beaucoup de bronchites et de rechutes de diarrhée, par suite du froid. Notre ambulance est une vraie glacière et l'on ne peut songer à la chauffer.

(M. Leplat).

28. — La pharmacie est complétement dépourvue. Il ne reste que de l'opium.

Caserne Chambière
(MM. Servier, Th. de Maugras, Allaire).

26 Août. — Situation générale bonne. Aucune imminence d'épidémie.

29. — Quelques érysipèles.

2 Septembre. — Quelques érysipèles. Fièvres et états typhoïdes ; dysenteries.

6 Septembre. — État médiocre. Cholérines.

17. — État médiocre. Diarrhées cholériques.

10 Octobre. — Érysipèles des plaies. Il y a trop de malades pour que la situation soit bien satisfaisante.

11. — « En trois jours 800 fiévreux, environ, sont entrés à l'hôpital. Je dis *environ*, car le bureau des entrées n'a pu en relever le chiffre exact. M. Longet et moi avons donc chacun 400 malades. Sans doute nous pouvons parcourir nos salles, mais il est matériellement impossible de donner des soins suffisamment éclairés à tous ces pauvres gens. J'ai donc l'honneur, Monsieur le Médecin en chef, de vous prier de nous adjoindre deux médecins traitants (Servier)[1]. »

21. — Dysenteries, fièvres typhoïdes en grand nombre ; pourriture d'hôpital, érysipèles.

25. — « Je signale la présence d'un cheval mort sous les fenêtres des malades, depuis hier matin, ainsi que des tas de fumiers et immondices dans les cours. Avec notre grand nombre de malades graves des accidents sérieux peuvent s'ensuivre. » (Allaire)[2].

4 Novembre. — « Je suis entré aujourd'hui à quatre heures et demie dans la cuisine de l'hôpital et y ai trouvé le désordre le plus complet. Elle était encombrée par des malades faisant fonctions d'infirmiers, sous la direction de l'un d'eux. La moitié des beaftecks préparés avaient déjà disparu, enlevés par les envahisseurs. Le bouillon est assez bon, mais les

---

[1] Nous n'avons pu le faire qu'en désorganisant d'autres services.

[2] J'en ai de suite rendu compte au commandement, qui a donné les ordres nécessaires.

portions trop petites. Les potages consistent en riz à l'eau, vert, aigre et mauvais. Pour légumes, du riz aussi à l'eau; de sorte que le régime, qui devrait être réparateur, est représenté par un peu de riz à l'eau. Il n'est pas étonnant que nos soldats aillent mendier en ville et que nos diarrhéiques ne se relèvent pas. Les dames, dont le concours pourrait être si efficace pour la surveillance et pour la préparation des aliments, sont rebutées par l'accueil qui les attend lorsqu'elles se présentent à la cuisine. Ma chambre, et je ne suis pas le seul dans ce cas, ressemble à un magasin d'épicerie: vins rouges, vins de Porto, cognac, potages, lait concentré, chemises, caleçons, linge de tout genre, généreusement donnés par les sociétés de secours, l'encombrent. Je distribue moi-même ou par l'intermédiaire d'une dame ce qui peut être donné directement. Mais ce qui doit passer par la cuisine, faut-il le livrer soit au gaspillage, soit à une préparation défectueuse? Comment faire? l'Administration a jeté le manche après la cognée : il faut que le médecin soit tout, fasse tout, surveille tout. Aujourd'hui un industriel de bas étage a été trouvé dans les salles, venant acheter des effets. Les malades ne pouvant plus sortir on vient les trouver ; la montagne vient à eux puisqu'ils ne peuvent plus aller à elle. Au milieu de tout ce désordre, que devient la médecine? Le rôle que nous remplissons ici n'est pas le nôtre ; notre sollicitude pour nos malades nous force à l'accepter, mais pour ma part je proteste énergiquement contre l'obligation à laquelle je suis réduit. » (ARONSSOHN.)

6 Novembre. — La concentration des malades dans le bâtiment A s'est faite dans le plus grand désordre, au lieu de s'opérer par service. Ils se sont trouvés

mêlés et il a fallu faire de nouveaux transports pour établir un peu de régularité. A certains escaliers il n'y a qu'un infirmier pour 45 blessés ; presque tous étant employés au déménagement du matériel les malades ont été, pour ainsi dire, abandonnés. Plusieurs services sont entièrement à organiser. L'établissement est dans un état de malpropreté indicible. Mais aussi tous les jours on nous enlève des infirmiers et beaucoup se sauvent. Le service devient impossible, car il n'y a plus de malades pouvant aider. Une cantine a été installée au rez-de-chaussée. Il est bien désirable que les escaliers occupés par nos malades soient évacués par les soldats allemands. » (ARONSSOHN.)

École d'artillerie (M. VÉZIEN).

27 Août. — Situation assez bonne. Pas d'imminence d'épidémie.

5 Septembre. — Diarrhées, peut-être dues aux raisins non mûrs.

8. — Situation médiocre. Plusieurs plaies prennent un aspect fâcheux et se couvrent de fausses membranes.

11. — Les diarrhées diminuent. Un peu de pourriture d'hôpital.

16. — Amélioration. Érysipèles paraissant peu graves.

5 Octobre. — Situation toujours assez bonne. Continuation des érysipèles.

16. — Presque toutes les chemises revenues ce matin du blanchissage sont dans un état de malpropreté repoussante ; il est impossible de les donner aux malades.

18 Octobre. — La pourriture d'hôpital a disparu.

22. — Pain détestable. Comme celui qu'on mange en ville est de meilleure qualité, serait-il possible d'en obtenir de ce dernier?

Manufacture de tabacs (M. Gouget).

25 Août. — L'état des blessés est généralement satisfaisant; deux cas de tétanos et trois érysipèles. Quelques cas de dysenterie et de fièvres typhoïdes.

3 Septembre. — Le chiffre des varioleux s'élève.

4. — Le grand nombre des entrants fiévreux a forcé à en placer beaucoup sous les tentes.

5. — Il existe un certain nombre de diarrhées et de fièvres intermittentes déclarées à l'hôpital.

8. — Il serait bien désirable que mon service ne fût pas à chaque instant bouleversé, que je fusse un peu plus souvent consulté et que l'administration surtout fût un peu moins omnipotente.

16. — La réduction de la ration journalière me paraît très-préjudiciable au bien des malades. J'ai l'honneur de prier M. le Médecin en chef de vouloir bien intervenir auprès de l'administration pour que les allocations en vivres restent ce qu'elles étaient.

17. — Des diarrhées graves, cholériformes, existent en assez grand nombre; un malade a succombé cette nuit par suite d'un véritable choléra algide; plusieurs fièvres typhoïdes très-graves.

21. — Nous avons 67 varioles dont 12 confluentes. Les maladies prennent un caractère grave; il existe beaucoup de fièvres typhoïdes, quelques cas de typhus et quelques cholériques; beaucoup de malades se typhisent rapidement.

25 Septembre. — Nous avons aujourd'hui quelques nouveaux varioleux.

6 Octobre. — Quatre cas de variole se sont déclarés dans mes salles ; il serait peut-être bon de cesser de nous envoyer tous les varioleux.

21. — Bon nombre d'érysipèles et de pourriture d'hôpital.

Lycée (M. Bertrand).

26 Août. — Deux cas de tétanos chez un amputé de trois doigts et chez un homme ayant eu l'épaule enlevée par un éclat d'obus.

29. — Trois nouveaux cas de tétanos.

11 Septembre. — Un cas de tétanos ; quelques cas d'infection purulente.

16. — La plupart de nos décès proviennent des évacués de l'Esplanade.

21. — Deux cas d'érysipèle traumatique.

28. — Pas d'affections épidémiques. Quelques diarrhées déterminées par l'uniformité de l'alimentation.

7 Octobre. — Quelques fièvres typhoïdes ; toujours des érysipèles traumatiques.

10. — Deux cas de variole, évacués à la manufacture de tabacs.

École d'application (M. Rizet).

15 Septembre. — Les derniers jours d'orage ont été funestes à plusieurs de nos amputés, pris instantanément de résorption purulente.

20. — Depuis deux jours l'aspect des plaies est meilleur et les opérés vont mieux.

22. — L'état sanitaire continue à s'améliorer.

9 Octobre. — Depuis le règne du vent du sud trois cas de pyohémie se sont déclarés.

Wagons (M. Dexpers).

14 Septembre. — Les plaies vont généralement bien et ont bon aspect. — Dysenteries et fièvres typhoïdes, que nous évacuons sur d'autres ambulances désignées à cet effet.

1ᵉʳ Octobre. — Les malades se plaignent du froid de la nuit. Diarrhées nombreuses. Il serait à désirer que chacun eût trois couvertures, une ceinture de flanelle et un caleçon.

11. — On dirige de divers établissements sur les wagons beaucoup d'hommes à peine entrés en convalescence de maladies internes graves, et des blessés qui ne peuvent monter dans les wagons ni en descendre. Nous sommes obligés de renvoyer tous ces malades.

22. — Le pain est défectueux sous tous les rapports, cuisson, manutention, etc. Il est resté très-mauvais après être retourné au four.

27. — Situation bonne, malgré l'augmentation des cas de pourriture d'hôpital.

2 Novembre. — Situation assez bonne. Les prisonniers que les Prussiens ont renvoyés comme incapables de supporter un voyage, sont très-faibles et très-épuisés.

3. — Le pain distribué hier est très-mauvais ; il n'est ni levé ni cuit.

5. — Si le froid continue les wagons ne seront plus tenables.

Esplanade (M. Leplat).

25 Août. — Situation bonne.
26. — Quelques dysenteries graves. Pas d'imminence épidémique.
27. — Une dizaine de fièvres typhoïdes assez légères ; 69 dysenteries. Ces affections, de provenances diverses, ne paraissent pas avoir de caractère épidémique.
17 Septembre. — Pourriture d'hôpital ; je fais isoler les blessés qui en sont atteints.
20. — La pourriture augmente. Il y aurait urgence de renouveler les tentes, qui commencent à s'infecter.
22. — Quelques cas d'infection purulente. La situation générale est cependant passable. Il pourrait être utile de répandre du tan sous les tentes.
26. — Situation médiocre, mais ne s'aggravant pas. La restauration qu'on fait subir aux tentes amènera, j'espère, quelqu'amélioration.
24. — Les fièvres typhoïdes se comportent très-bien. Toujours de la pourriture et de l'infection purulente chez les blessés graves.
31. — Par ce temps humide la paille pourrit ; il serait urgent de la renouveler.
8 Novembre. — Situation générale passable.

Jardin Boufflers (M. Chabert).

8 Septembre. — Situation générale satisfaisante.
22. — Situation médiocre. Diarrhées. Fièvres typhoïdes graves.
27. — La situation s'améliore.
30. — Deux hommes atteints de pourriture d'hôpital

sont arrivés du fort Moselle. Cette complication ne s'était pas encore montrée ici. Il est à craindre qu'elle se propage si de nouveaux cas sont envoyés.

2 Octobre. — Depuis l'arrivée de malades atteints de pourriture, cette complication a envahi plusieurs plaies.

18. — Situation médiocre. Diarrhées, dysenteries, pourriture.

23. — Il n'y pas eu de distribution de viande hier pour le repas du soir, sans que j'en ai été prévenu à l'avance. Les amputés n'ont pu en avoir que grâce à la charité de quelques dames. La distribution a cependant été complète à l'Esplanade.

27. — Situation médiocre. L'orage a renversé cette nuit un grand nombre de tentes, heureusement sans accidents.

30. — Situation médiocre. Fièvres typhoïdes.

3 Novembre. — Situation mauvaise. La pharmacie ne donne plus de tisanes. — Une boucherie de moutons a été établie par les Allemands près de nos tentes, à l'angle du jardin.

Caserne du génie. Service civil (M. Beaumont).

24 Août. — Situation bonne. Nulle imminence d'épidémies.

26. — Quelques diarrhées et dysenteries.

28. — Grande amélioration. Peu de dysenteries.

5 Septembre. — Situation médiocre. Les plaies offrent un moins bon aspect. Alimentation insuffisante.

7. — Diarrhées fréquentes. Résorptions purulentes, qui ont forcé à suspendre les opérations.

10. — Situation peu satisfaisante; dysenteries et diarrhées tenaces.

26. — Alimentation des plus défectueuses; mauvais bouillon sans sel; portions de viande trop faibles. Pain mal fabriqué, peu cuit; vin médiocre.

28. — Alimentation toujours mauvaise; il n'est donné que quarante portions de riz pour 400 malades (le comptable manque de marmites pour en cuire davantage). Mauvais bouillon.

23 Octobre. — L'alimentation est de plus en plus mauvaise; le pain surtout est détestable.

Même caserne. Service militaire (M. CHAMPOUILLON).

24 Août. — Situation assez bonne. Érysipèles. — La nourriture laisse beaucoup à désirer.

30. — Cas de tétanos assez fréquents. Tendance typhoïde.

2 Septembre. — La tendance typhoïde semble diminuer. Pas de nouveaux cas; les anciens vont un peu mieux.

4. — Beaucoup de diarrhées avec coliques semblent tenir à la nourriture. Le pain est mauvais, en partie moisi.

9. — L'anémie des malades, déjà accusée, se prononce de plus en plus. Les amputés meurent d'épuisement et nullement par des causes inhérentes à l'opération elle-même.

12. — La diarrhée s'améliore avec le régime qui, depuis trois jours, est meilleur. Les amputations continuent à donner un trop grand nombre de décès, par affaiblissement de l'organisme.

15. — Les diarrhées reparaissent en grand nombre.

19 Septembre. — Plusieurs amputés, dont la plaie était à peu près cicatrisée, ont succombé, soit à la diarrhée, soit à un état typhoïde.

22. — La diarrhée sévit toujours. L'absence de sel pourrait n'y être pas étrangère. Une certaine quantité de lard est déjà mise à la marmite. Peut-être faudrait-il l'augmenter en usant de la réserve de lard salé.

24. — Toujours beaucoup de diarrhées. Fièvres à forme typhoïde.

29. — Les diarrhées diminuent; les dysenteries ont disparu. Affections typhoïdes stationnaires; quelques pneumonies typhoïdes; beaucoup d'états intermédiaires entre le typhus et la fièvre typhoïde.

6 Octobre. — La succursale établie au magasin à blé de la Citadelle nous enlève des infirmiers de visite, ce qui portera un trouble sérieux dans le service. Nos blessés graves, qui sont en grand nombre, exigent un personnel aussi habitué que possible au mode de faire des médecins. Ne serait-il pas possible de conserver au moins une bonne partie de ces infirmiers [1]?

8. — Les fièvres typhoïdes s'accentuent dans le sens typhique.

17. — États fébriles nombreux; diarrhées; ictères; affections typhoïdes; en somme situation mauvaise.

23. — Anémie croissant par suite de la mauvaise alimentation.

26. — Une dizaine de malades sont atteints de typhomanie, sans pétéchies (magasin au blé).

---

[1] La répartition des infirmiers n'est pas dans mes attributions. M. le Sous-Intendant n'a ordonné cette mesure que sous l'empire de la nécessité.

27 Octobre. — Les affections des entrants ont beaucoup plus de gravité depuis vingt-quatre heures.

4 Novembre. — Les malades amenés hier ont été placés dans des locaux du sous-sol. Beaucoup sont atteints de diarrhée, et l'on doit craindre parmi eux l'invasion du typhus. Une évacuation faite aujourd'hui nous laissera des places disponibles aux étages supérieurs et nous y ferons monter ces malades. Mais s'il en arrive de nouveaux aujourd'hui nous retomberons dans les mêmes dangers, et l'infection à haute dose ne tardera pas à se manifester.

Grand Séminaire (M. Boyer).

24 Août. — Situation satisfaisante.
9 Septembre. — Quelques dysenteries.
13. — Situation moins bonne. Quelques fièvres typhoïdes et dysenteries.

(Indication générale sur tous les bulletins suivants : situation satisfaisante ou assez satisfaisante.)

Dispensaire (M. Bécœur).

25 Août. — Situation générale bonne; aucune imminence épidémique.
30. — Un accident typhique.
2 Octobre. — Situation assez bonne. Imminence de typhus.
9. — Situation assez bonne. Imminence de varioles.
15. — Situation assez bonne. Diarrhées.
19. — Situation assez bonne. Diarrhées. Quelques fièvres typhoïdes.

Caserne Coislin (M. DAVID DE LESTRADE).

9 Septembre. — Parmi les fiévreux reçus le 6 et le 7, nous avons trouvé trois hommes atteints de diarrhée à forme cholérique. La peau était froide, le visage grippé, la voix éteinte; langue froide, pouls insensible, selles incessantes riziformes, mais sans crampes.

17. — Beaucoup de résorptions purulentes. États typhiques assez nombreux, généralement graves, se terminant le plus souvent par la mort.

21. — Depuis deux jours, quelques cas de pourriture d'hôpital. Plusieurs fièvres typhoïdes très-graves, à forme adynamique. Quelques blessés en sont atteints.

3 Octobre. — Beaucoup de pourriture d'hôpital. Nombre de blessés, presque guéris, ne peuvent quitter leur lit, n'ayant ni pantalons ni souliers.

Saulcy (M. DEXPERS).

24 Août. — Le service augmente et le personnel médical diminue. Nos médecins sont presque tous atteints de mauvais ulcères aux mains[1]. Nous ne pouvons plus faire de grandes opérations, à moins de négliger complétement les pansements, dont bon nombre exigent une demi-heure et même davantage. Il ne faudrait pas juger la besogne par le nombre des blessés, mais bien par leur qualité. Tous ceux

---

[1] Dans toutes les ambulances, les médecins ont été atteints d'ulcérations aux mains qui, sans rien présenter de grave, étaient du moins un grand embarras, par la difficulté qu'elles apportaient aux opérations et aux pansements.

de nos blessés de Gravelotte et Rezonville qui paraissent susceptibles de reprendre du service, sont restés prisonniers des Allemands.

27 Août. — Hier, plusieurs médecins des corps de troupes sont venus nous prêter leur utile concours; les blessés, pour la première fois depuis plusieurs jours, ont été tous vus et pansés. Il est désirable que nos camarades des corps viennent ainsi pendant quelques jours; les opérations en souffrance seront faites.

(M. Baudouin).

7 Septembre. — Situation des blessés assez bonne. Fièvre typhoïde; dysenterie; pourriture d'hôpital.

9. — Un fiévreux a présenté des symptômes cholériformes, comme M. Dexpers.

12. — La pourriture diminue. — Diarrhées séreuses. Fièvre typhoïde d'intensité moyenne, sans apparence de typhus. L'infection purulente s'accentue à mesure que la pourriture d'hôpital décroît. Les résultats des amputations secondaires sont tout à fait mauvais.

16. — Situation assez bonne. Toujours des dysenteries et fièvres typhoïdes. Les fiévreux et blessés sont plus efficacement séparés que dans un hôpital ordinaire. Il n'y a plus de blessés au manège.

25. — Un cas de fièvre typhoïde sans symptômes abdominaux; ce serait du typhus type, si l'éruption ne faisait défaut.

28. — On a amené cette nuit, sous la rubrique *choléra*, un homme du 2ᵉ grenadiers, qui est mort presqu'immédiatement. Cet homme n'avait certainement pas le choléra; il n'avait ni crampes ni cya-

nose, mais présentait des symptômes d'affection gastro-intestinale.

6 Octobre. — On cesse de signaler la pourriture d'hôpital. Toujours dysenteries et fièvres typhoïdes.

9. — Beaucoup d'héméralopies.

10. — La dysenterie disparaît; les fièvres typhoïdes persistent.

17. — Retour des dysenteries; continuation des fièvres typhoïdes.

25. — Mêmes affections. L'influence du froid commence à se manifester par des engelures avec œdème des pieds, chez les fiévreux affaiblis.

26. — Un certain nombre de tentes sont tombées par la tempête de cette nuit. La devanture de la première baraque est enlevée. Le châssis d'une fenêtre du magasin à fourrages est tombé et a blessé un malade, heureusement sans gravité. Si le temps continue, nous serons cette nuit dans un grand embarras. Le vent est d'une telle violence que l'on ne peut ouvrir la baraque pour évacuer les malades, de crainte de la voir s'écrouler tout à coup.

RAPPORTS ET NOTE

SUR LE SERVICE MÉDICO-CHIRURGICAL.

XVII.

Le 20 octobre j'adressai la circulaire suivante aux médecins attachés de la place :

« Le moment semble venu de réunir tous les documents destinés à établir une histoire aussi complète que possible, de la situation médicale de la place de Metz, avant, pendant et après son blocus. Ce travail, dont chacun appréciera l'importance, ne peut être l'œuvre d'un seul; tous doivent y concourir, dans la mesure de ce qu'ils ont ressenti, de ce qu'ils ont vu, de ce qu'ils ont fait. Le médecin en chef fait appel au zèle, tant éprouvé déjà, de ses collaborateurs, en les priant instamment de lui faire part, dès qu'ils le pourront, de tout ce qu'ils ont observé, science et critique, dans la sphère de leurs attributions respectives. Il est à peine besoin de dire que tout document, quelque peu important soit-il, sera utilisé dans ce travail d'ensemble, et publié *in extenso* ou en résumé, sous le nom de son auteur. Le médecin en chef ne se réserve que la tâche ardue de coordonner ces documents, de les faire cadrer avec le plan général, et la tâche, plus douce, de faire ressortir la part spéciale de mérite qui revient à chacun dans ces circonstances douloureuses où la médecine, fière des sympathies qu'elle a su conquérir, n'a connu d'autre rivalité que celle du dévouement et du désir d'être utile à l'armée.

» Tous, sans nul doute, tiendront à honneur de figurer dans cette œuvre collective, appelée à une publicité étendue, et destinée à transmettre à une autre génération les fruits d'une expérience durement acquise par la génération actuelle. »

Il était facile de prévoir que bien peu répondraient immédiatement à cet appel. Ce n'est pas au milieu des labeurs d'un service écrasant qu'on songe à prendre des observations au lit du malade, à rassembler et à coordonner ses idées. J'espérais, du moins, qu'après la campagne de Metz le calme renaissant permettrait à chacun de se recueillir. Illusion! De nouveaux travaux nous attendaient et chaque jour suffisait à peine à sa tâche; l'Est, la Loire, Paris, firent oublier Metz. Puis survint la lassitude morale, résultat inévitable d'une guerre malheureuse; le besoin de repos, le besoin surtout d'endormir de douloureux souvenirs. Je dus me contenter des documents trop peu nombreux que je reproduis ici, selon ma promesse de rendre à chacun ce qui lui appartient.

Extrait du rapport de M. Leplat, *médecin-major de première classe, sur le service de l'ambulance de l'Esplanade.*

4 Janvier 1871.

J'ai été chargé de la direction médico-chirurgicale de l'ambulance de l'Esplanade, du 20 août jusqu'à son évacuation. Outre les médecins militaires ou civils qui ont pris part à notre tâche, nous avons été fort heureusement secondés par les dames de la ville et les habitants de toutes les classes de la société, qui avaient transformé leur promenade de prédilection en un lieu de bienfaisance.

Deux cent cinquante tentes, symétriquement alignées dans les allées de la belle promenade de l'Esplanade, l'endroit le plus gai et le plus salubre de la ville, ont reçu cinq mille cinq cents (5500) malades, à peu près. Ceux-ci étaient couchés sur de la paille ou sur des paillasses placées sur des chalits improvisés et élevés de 2 ou 3 décimètres au-dessus du sol. Le terrain de notre emplacement était dans les meilleures conditions. De bonnes couvertures protégeaient les malades contre le froid et le vent, les garantissant contre la chaleur et les effets de l'encombrement ; il est vrai de dire qu'il n'y a jamais eu plus de 6 malades par tente. Notre installation laissait donc peu à désirer sous le rapport de la salubrité générale. Cependant, pendant les mois très-pluvieux de septembre et d'octobre, les blessés ont eu à souffrir de l'humidité, que le manque de paille de rechange nous a empêché de combattre autant que nous l'aurions voulu.

Nos 5500 malades ont fourni 176 décès qui sont

répartis par mois et par genres de maladies dans le tableau suivant :

Tableau des décès par mois et par genres de maladies.

Septembre.	Plaies par armes à feu.	64
	Fièvre typhoïde.	7
	Dysenterie.	4
	Tétanos.	2
	Amputations.	20
Octobre.	Plaies par armes à feu.	48
	Fièvre typhoïde.	10
	Tétanos.	1
	Amputations.	5
Novembre.	Plaies par armes à feu.	5
	Fièvre typhoïde.	4
	Diarrhée et débilité générale.	6
		176

Relativement au chiffre des malades, la mortalité est peu élevée (176 sur 5500) ; il ne faudrait pas cependant en faire tous les honneurs à l'hôpital sous tentes ; car plusieurs de nos grands blessés, pour la commodité des soins à leur donner, ont été évacués sur d'autres hôpitaux, notamment à l'hôpital du génie ou à l'ambulance de la Société internationale, et beaucoup de ceux qui étaient sur le point de mourir ont été envoyés ailleurs, à la sollicitation d'une partie de notre personnel hospitalier qui était aussi impressionnable que plein de dévouement.

Nous avons eu, comme partout, de la pourriture d'hôpital et de l'infection purulente ; mais ces terribles complications ne se sont guère produites que sur les plaies vastes et les grandes amputations.

La pourriture d'hôpital a paru céder assez facilement à l'usage du perchlorure de fer. Jamais nous n'avons ressenti les fâcheux effets de l'encombrement : c'est au mois de septembre que la mortalité a été la plus considérable, c'est-à-dire au début de notre installation. L'infection produit habituellement le résultat contraire : ses effets vont toujours s'aggravant.

Les décès par fièvre typhoïde n'ont pas été approximativement de plus de un sur sept malades, et jamais aucune affection fébrile n'a revêtu les caractères du typhus pétéchial. La mortalité par fièvre typhoïde a eu son maximum en octobre; en novembre elle avait diminué. Ce qui prouve surabondamment que parmi les fièvres typhoïdes, il n'y avait pas de typhus, car les conditions génératrices du typhus une fois produites, celui-ci gagne rapidement en extension; d'ailleurs aucun des médecins ni des infirmiers de l'Esplanade n'a été atteint de cette affection, dont la propagation au personnel des hôpitaux est un fait trop manifestement acquis.

Les dysenteries ont été surtout fréquentes en septembre; mais elles étaient peu meurtrières et jamais elle n'ont eu, pour le nombre et la gravité, les proportions de cette maladie à l'état franchement épidémique : ce n'étaient, à vrai dire, que des affections saisonnières, comme les diarrhées dont elles étaient précédées ou suivies dans presque tous les cas.

Sur cinq ou six tétaniques, un a guéri par l'administration du chloral à haute dose. Le tétanos était complet, aigu, avec toutes les apparences de la plus haute gravité.

Nous avons fait trente-sept (37) grandes amputations dont douze avec succès, comme il résulte du tableau ci-contre :

Amputations.

Amputation de l'avant-bras.	4	mort. . . 1 / guéris . . 3
Amputation du bras.	14	morts. . . 10 / guéris . . 4
Amputation de la jambe.	7	morts. . . 6 / guéri. . . 1
Amputation de la cuisse.	8	morts. . . 7 / guéri. . . 1
Désarticulation carpo-métacarpienne avec conservation du pouce.	1	guéri. . . 1
Désarticulation du coude.	2	guéris . . 2
Désarticulation de l'épaule.	1	mort. . . 1

Le nombre de nos amputations est trop restreint pour qu'il soit possible d'en tirer une conclusion pratique.

Notre résultat n'est pas brillant; mais il l'a été moins encore dans beaucoup d'autres hôpitaux. A quoi tiennent ces insuccès? A ce fait, peut-être, que les amputations n'ont été pratiquées qu'exceptionnellement sur le champ de bataille, mais seulement le deuxième ou le troisième jour de la blessure. Les amputations immédiates auraient sans doute mieux réussi, puisque notre opéré de la cuisse, qui a guéri, a été opéré le jour de la blessure.

L'infection purulente a été la cause principale de la mort des amputés; la pourriture d'hôpital n'a occasionné que quatre décès; beaucoup des opérés ont succombé, du vingtième au trentième jour, à un épuisement général déterminé par la fièvre traumatique compliquée de diarrhée ou de dysenterie ; car il est remarquable que l'époque la plus meurtrière pour les amputés a été celle où les dysenteries sévissaient avec le plus d'intensité.

Les amputations du mois d'octobre ont mieux réussi que celles des mois d'août et de septembre : je constate le fait sans chercher à en donner l'explication.

Extrait du rapport de M. ARNAUD, *médecin-major de 2e classe, à l'ambulance de la caserne du génie.*

Du 16 août au 1er octobre nous avons opéré, mes collaborateurs et moi, outre les blessés de notre service proprement dit, ceux que nous amenaient des dames charitables et des médecins de la ville ou de sociétés internationales, qui désiraient ne pas opérer. Une boîte à amputations, une boîte de couteaux de rechange, quelques instruments offerts par M. de B......., le linge d'un caisson d'ambulance et une grosse table de chambrée du génie, tels ont été les moyens d'action dont nous avons dû nous contenter pendant les premiers jours. Nos blessés passaient ainsi de notre table d'opérations dans les salles des sociétés internationales qui étaient à nos côtés, quelques-uns étaient reportés en ville, d'autres enfin rentraient dans les salles de notre service ; ce sont surtout ces derniers dont j'ai pu suivre le traitement et connaître les suites de l'opération.

Pendant ces 45 jours, nous avons pratiqué un minimun de 93 opérations réglées, que j'ai inscrites sur mon carnet, car je ne puis comprendre dans ce cadre les extractions de projectiles et d'esquilles primitives ou secondaires, des résections osseuses, des désarticulations incomplètes de phalanges où nous avions plutôt à régulariser les ravages d'un projectile qu'une opération chirurgicale à faire.

Les opérations indiquées au tableau ci-joint sont de celles que l'on désigne sous le titre de grosses opérations : les désarticulations de vastes articles, les amputations de gros segments de membres, et enfin j'ajouterai quelques résections qui témoigneront au moins et de la variété des lésions qui se sont présentées, et de notre désir de suivre dans la chirurgie d'armée les tentatives de chirurgie conservatrice que les praticiens d'outre-mer, dans leur grande guerre, ont employée, disent-ils, avec quelques succès.

Tableau des opérations pratiquées.

1. Désarticulation de l'épaule....	droite...	4
	gauche..	8
2. Amputation du bras........	droit....	8
	gauche..	10
3. Désarticulation du coude.....	droit....	1
	gauche..	1
4. Résection du coude........	droit....	1
5. Résection de l'olécrane (coude gauche)....		1
6. Amputation de l'avant-bras....	droit....	2
	gauche..	5
7. Désarticulation du poignet....	droit....	2
	gauche..	1
A reporter..........		44

Report.	44
8. Amputation partielle de la main droite (procédé Chopart).	1
9. Amputation partielle de la main gauche.	1
10. Désarticulation de phalanges des pieds et des mains { multiples.	4
{ simples.	8
11. Résection coxo-fémorale gauche.	1
12. Amputation de cuisse { droite.	8
{ gauche.	7
13. Désarticulation du genou { droit.	1
{ gauche.	»
14. Résection du genou { gauche.	1
15. Amputation de la jambe { droite.	5
{ gauche.	11
16. Amputation médio-tartienne du pied droit (Chopart).	1
Total.	93

La gravité de ces différentes séries d'opérations se révèlera surtout dans le tableau comparatif qui fait le fond de ce travail, mais que je désire faire précéder des réflexions suivantes :

Je n'ai pas cru devoir passer sous silence douze opérations pratiquées sur les doigts ou les orteils, car les complications inflammatoires et nerveuses en ont rendu le traitement si laborieux qu'elles doivent prendre leur rang dans notre travail.

Les désarticulations de l'épaule ont été, de toutes nos opérations, les plus graves, celles qui nous ont donné le moins de succès; les amputations de cuisse se placent en deuxième ligne dans l'échelle de léthalité.

De nos quatre résections, une seule, la moins

grave, la résection de l'olécrane (résection partielle du coude, si l'on veut), a réussi.

Les amputations du bras, de la jambe, de l'avant-bras, les désarticulations du coude et les amputations plus ou moins étendues de la main ont donné des résultats assez favorables.

Les causes de mort, chez nos amputés, ont été les suivantes : la résorption purulente, l'ostéo-myélite, la gangrène du moignon, la pourriture d'hôpital, le phlegmon diffus, le tétanos, le délire nerveux, enfin le typhus famélique causé par le défaut d'alimentation.

Les conditions défectueuses de nos moyens analeptiques, de notre installation, de notre mince arsenal chirurgical, dans lesquelles nous avons opéré, sont trop connues pour qu'il soit utile de les signaler; je crois devoir ajouter cependant que nous avons trouvé chez les dames de Sainte-Chrétienne et beaucoup de dames de la ville, les soins personnels et les secours alimentaires auxquels nous devons la vie de plusieurs de nos opérés, et qui compensaient, jusqu'à un certain point, l'insuffisance des ressources administratives.

Tableau comparatif des opérations et de leurs résultats.

GENRE DES OPÉRATIONS.		Nombre d'opérations pratiquées.	Nombre des opérés guéris ou en traitement au 1er octobre.
Désarticulation de l'épaule	droite	4	»
	gauche	8	1
Amputation du bras	droit	8	3
	gauche	10	5
Désarticulation du coude	droit	1	1
	gauche	1	1
Résection du coude	droit	1	»
Résection partielle du coude (olécrane)	gauche	1	1
Amputation de l'avant-bras	droit	2	2
	gauche	5	2
Désarticulation du poignet	droit	2	2
	gauche	1	1
Amputation partielle de la main droite (procédé Chopart)		1	1
Amputation de la main gauche		1	1
Désarticulation de phalanges des pieds et des mains	multiple	4	3
	simple	8	8
Résection coxo-fémorale gauche		1	»
Amputation de la cuisse	droite	8	2
	gauche	7	2
Résection du genou gauche		1	»
Désarticulation du genou droit		1	»
Amputation de la jambe	droite	5	2
	gauche	11	5
Amputation médio-tarsienne du pied droit (procédé Chopart)		1	1
Totaux		93	44

Note de M. Duauthier, *médecin-major de première classe, sur l'ambulance du quartier d'artillerie (fort Moselle).*

14 Décembre 1870.

En tenant compte des circonstances présentes, généralement mauvaises, nous pouvons considérer l'état sanitaire de nos malades comme assez satisfaisant. Néanmoins, la dégénérescence des plaies, dite pourriture d'hôpital, a fait ici son apparition il y a quelques semaines. Aujourd'hui, cette affection semble aux médecins traitants augmenter un peu, non en nombre, mais en intensité. Les causes de la pourriture d'hôpital sont nombreuses, mais les principales, pour notre ambulance, se rattachent évidemment à l'alimentation et à l'état des locaux. C'est sur ces deux points que nous allons insister dans cette note.

Les médecins traitants m'ont fait connaître qu'antérieurement il n'y avait pas à l'ambulance de pourriture d'hôpital, quoique l'effectif des blessés fût beaucoup plus considérable qu'aujourd'hui. Ils ont ajouté que cette affection s'était montrée peu de temps après que les écuries, qui sont en grand nombre dans le quartier, furent encombrées de chevaux, et, par suite, de grandes quantités de fumier qui infectait non-seulement les écuries, mais la cour et les étages supérieurs.

Nous pensons donc qu'il faut faire disparaître toutes ces immondices, nettoyer à fond les écuries, et même les fermer, pour qu'on ne puisse plus, par surprise, y mettre de chevaux. Les latrines aussi demandent une surveillance et des soins particuliers.

Nous avons employé dans les chambres plusieurs poudres désinfectantes, mais ce service n'est pas toujours fait avec soin par les infirmiers ; nous pensons qu'il vaudrait mieux user du chlorure de chaux sec, parce que, en mettant un ou deux vases remplis de ce sel dans chaque chambre, on n'aurait pour ainsi dire plus à s'en occuper, puisqu'il suffirait de remuer un peu chaque jour ce contenu. Ces précautions étant prises, nous croyons qu'on pourrait continuer d'une manière presque indéfinie à se servir de ces bâtiments pour hôpital ou ambulance. Cependant, comme on a parlé d'évacuer ici des officiers blessés ou malades, nous émettons l'avis que les chambres nous paraissent peu convenables à cette destination.

Le régime des malades est loin d'être convenable pour favoriser la guérison. Il serait nécessaire d'augmenter la ration de certains aliments et de faciliter aux médecins plus de variété dans le régime. Pour cela, il serait désirable que la ration entière de pain pour un jour fût de 600 grammes ; celle de viande, bouillie et autant que possible rôtie, de 300 grammes. Nous voudrions aussi qu'on pût prescrire chaque jour des légumes frais ou secs à tous les malades, et des œufs frais à quelques-uns. Une ration de vin, que les médecins traitants pourraient accorder à tous ceux auxquels ils le jugeraient convenable, me semble aussi nécessaire. Le lait conservé, du chocolat et surtout du sucre rendraient également de grands services. Par ces moyens, nous croyons que les malades, quels qu'ils fussent, arriveraient à la guérison aussi bien ici que partout ailleurs.

PROCÈS-VERBAUX DES CONFÉRENCES

TENUES CHEZ LE MÉDECIN EN CHEF.

XVIII.

Conférence du 15 septembre.

M. le Médecin en chef a réuni tous les médecins chefs de service et médecins traitants des hôpitaux et ambulances de Metz, pour leur exposer notre situation, surtout au point de vue de la pénurie de médecins et de la nécessité imposée à chacun de multiplier ses efforts pour ne point laisser en souffrance le service confié à ses soins ; soulever diverses questions relatives au bien du service ; recevoir les avis de chacun.

L'ordre du jour comprend l'examen des questions suivantes :

1° Répartition du personnel médico-chirurgical dans les divers hôpitaux et ambulances ;

2° Répartition des diverses catégories de malades dans ces établissements ;

3° Visite et examen des militaires blessés ou malades traités dans les maisons particulières ;

4° Est-il possible, dans l'état actuel du personnel médical (aides-majors et stagiaires), d'établir un service régulier de garde dans les ambulances de nouvelle création?

5° Existe-t-il, ou non, des blessures devant ou pouvant être attribuées à l'action de balles explosibles ?

Chacun reconnaît que le personnel est au minimum possible et qu'on ne saurait, sans apporter au service de graves perturbations, enlever des médecins aux hôpitaux ou ambulances actuels pour les placer dans les établissements en création, sauf quelques stagiaires qui peuvent être empruntés à l'hôpital. Mais chacun reconnaît en même temps qu'il faut céder aux circonstances et que les services médicaux, déjà fort chargés, seront doublés s'il le faut, pour faire face aux nouveaux besoins.

La seconde question (mélange des blessés et des fiévreux) a soulevé une discussion animée ; mais d'après les explications données par M. le Médecin en chef, chacun est tombé d'accord que *malgré les très-graves inconvénients* de cette promiscuité, il était impossible, dans la situation actuelle, d'agir autrement qu'on ne le fait, sauf à revenir à un placement plus rationnel des malades dès que les circonstances le permettront. — (Un seul médecin, M. Leplat, pense, d'après sa propre expérience, qu'on a exagéré les inconvénients d'un pareil état.)

C'est le but vers lequel tendent tous les efforts de M. le Médecin en chef, but qu'il espère atteindre par l'ouverture d'une nouvelle ambulance dans les magasins d'artillerie du fort Moselle [1] et par le développement des baraques du Polygone.

Les visites faites par quelques médecins militaires dans plusieurs ambulances privées leur ont montré qu'il règne, sous ce rapport, un grand désordre; certains blessés ne reçoivent pas les soins qui leur seraient nécessaires; d'autres sont guéris; d'autres, enfin, n'ont jamais été malades. Il importe que le commandement en soit informé.]

La question du service de garde est aussi importante que difficile à résoudre. Ce service, dans les grands établissements, est extrêmement pénible, mais le personnel est, en général, suffisant pour l'assurer, en éloignant assez les tours de garde pour permettre un repos nécessaire. Dans les établissements de petite ou de moyenne importance, la difficulté devient plus sérieuse. Une ambulance de 100 malades n'a qu'un aide-major, en moyenne; 200 malades, deux aides-majors. Dans ces cas, le dernier surtout, un service de garde serait bien nécessaire, mais il est impossible de le prescrire. Rien d'absolu ne peut être fixé à cet égard. L'intérêt et même la santé des médecins doivent être sacrifiés à l'intérêt et à la santé des malades; il est, cependant, des limites qu'on ne saurait dépasser.

Chacun des membres de la conférence se livre à l'examen d'un projectile supposé *explosible*. Quoique les avis restent partagés sur la nature de cet engin, en raison de sa déformation, plusieurs médecins militaires, notamment M. Allaire, restent convaincus de l'existence et de l'emploi, dans l'armée allemande, de semblables projectiles et signalent quelques bles-

---

[1] On sait combien cette espérance a été déçue.

sures qu'ils croient devoir attribuer à leur action.
Cependant la majorité de l'assistance est loin d'être
convaincue [1]. D'ailleurs si quelques faits semblables
s'étaient produits, ils seraient fort regrettables, sans
doute, mais on ne saurait les considérer que comme
des faits individuels, déshonorants pour leurs auteurs,
mais ne pouvant être imputés à l'armée prussienne,
qui n'en prohibe pas moins l'emploi que l'armée
française, que toutes les armées civilisées. (Surtout
depuis la *déclaration de Saint-Pétersbourg* des 4-
16 novembre 1868, concernant les balles explosibles [2].)

---

[1] Je reçus, à l'occasion d'un de ces projectiles douteux, la lettre suivante de M. le général de Vercly :

« Je ne partage pas l'opinion de M. le général Coffinières [*] sur l'espèce de balle qui vous a été présentée par Mlle X. Il m'a semblé que le drap annexé à cette balle était brûlé, et si le fait pouvait être constaté, nul doute que cette balle ne soit explosible. Je n'ai jamais vu une balle projetée contre un corps dur, se partageant en deux, présenter une surface de séparation aussi concave ; sa concavité est manifeste, et je crois que le diamètre est plus grand que celui de la balle ordinaire prussienne. Vous feriez bien de soumettre à l'analyse chimique un centimètre carré du drap fixé à la balle. S'il a été brûlé légèrement, la laine a dû recueillir quelques-uns des éléments constitutifs de la poudre fulminante contenue dans la cavité. »

Cette analyse n'a pu être faite, mais un examen ultérieur et attentif nous a fait ranger à l'avis exprimé d'abord par M. le général Coffinières.

[2] Nous ne voulons croire au mal que lorsqu'il est impossible de le nier. Aussi nous empressons-nous de rappeler que M. Larrey a présenté à l'Institut une note adressée à lui par M. le professeur Coze, de Strasbourg, sur la fragmentation des balles et leur fusion probable dans les blessures d'armes à feu. Lorsque les balles sont

---

[*] M. le général Coffinières n'y avait pas reconnu les caractères d'un projectile explosible.

Le médecin en chef fait connaître à ses collègues que la ration de pain, réduite de 750 à 500 grammes pour les hommes valides, peut être maintenue au premier chiffre pour les convalescents, lorsque les médecins le reconnaîtraient nécessaire.

Enfin il les invite à lui communiquer leurs appréciations sur les plus méritants de leurs subordonnés, pour servir de base aux mémoires de propositions qu'il doit soumettre à la sanction de S. E. M. le Maréchal commandant en chef.

M. Ehrmann demande s'il ne conviendrait pas de solliciter quelques récompenses en faveur des élèves de l'École de santé militaire qui se distinguent par leur zèle et leur dévouement, et dont la jeunesse ne devrait point être un motif d'exclusion? Chacun applaudit à ces sentiments généreux et vrais ; cependant, une personne fait observer que le nombre des récompenses étant nécessairement fort restreint, il serait regrettable d'en voir accorder à de tous jeunes gens, au détriment d'hommes non moins méritants, non moins dévoués, mais comptant déjà plusieurs années de service. Cette observation est prise en sérieuse considération.

Le secrétaire de la conférence,
Boulongne.

brusquement arrêtées par un corps dur, os, pièce de monnaie, etc., elles se divisent en fragments ; cela fit croire, pendant la dernière guerre, à l'emploi de balles explosibles. Le fait s'explique par les effets du choc et aussi par la fusion probable du métal. Le projectile, brusquement arrêté, subit la chaleur intense qui résulte du mouvement supprimé. Des expériences nombreuses ont constaté ce phénomène qu'un médecin allemand, M. Mühlhauser, avait déjà signalé.

Conférence du **26** septembre.

ORDRE DU JOUR :

1º Situation médicale de la place; armée et population;

2º L'état sanitaire tend-il à s'aggraver ou à s'améliorer ?

3º Quelles sont les maladies dominantes ; leur marche ? — diarrhée et dysenterie, fièvre typhoïde, état typhoïde, typhus, scorbut. Ce dernier existe-t-il dans la place? — Variole ;

4º Conditions qui donnent ou semblent donner naissance à ces maladies ; — eaux, miasmes, alimentation, conditions atmosphériques ;

5º Blessés. État général des plaies. Complications : — pourriture d'hôpital, gangrène, tétanos ; amputations primitives et secondaires. Résultats.

M. *le Médecin en chef.* Le principal but de cette réunion est d'arriver à la connaissance, aussi exacte que possible, de l'état sanitaire de l'armée campée sous Metz et de la population renfermée dans cette ville. Si le nombre des malades augmente sensiblement il ne paraît pas en être de même de la gravité des maladies régnantes. Quoi qu'il en soit, il importe que le commandement soit éclairé sur ce point. Dans quel sens se sont donc modifiées, depuis quelque temps, les conditions médicales auxquelles est soumise la population?

M. *Méry*. Il est incontestable que ces conditions s'aggravent de jour en jour ; l'atmosphère est de plus en plus viciée par la grande agglomération d'hommes et surtout de blessés réunis dans nos murs. On en trouve une preuve évidente dans l'état sanitaire de la population civile, beaucoup moins satisfaisant que dans ces temps derniers.

M. *Didion* a pu voir clairement dans son service, aux hôpitaux civils, l'invasion des fièvres continues et de la fièvre typhoïde.

M. *Blanvillain* a remarqué, au contraire, qu'à la caserne d'artillerie, dont il a la direction, la constitution médicale est en voie d'amélioration.

M. *Gouget* n'est pas aussi heureux à l'ambulance de la manufacture des tabacs ; il y constate l'extension et les progrès de la variole et des affections typhoïdes.

En somme, l'état sanitaire varie suivant les établissements ; mais d'une manière générale et d'après l'avis de la majorité de l'assemblée, les conditions sanitaires *semblent* se modifier dans un sens favorable.

Ces indications générales données sur la constitution médicale, M. *le Médecin en chef* propose d'examiner successivement chacune des maladies régnantes. Et d'abord, quelle marche suivent les diarrhées et les dysenteries ? Ces maladies sont-elles de nature distinctes, ou des phases différentes d'une même affection ?

M. *Didion* n'a pas remarqué, depuis quinze jours, de modifications dans la marche de ces maladies.

M. *Michaux*, au contraire, a observé une notable extension de l'une et de l'autre.

M. *Marchal (Eugène)* a fait la même observation, mais ces affections lui ont paru, le plus souvent, sans la moindre gravité.

M. *Dexpers*. La diarrhée et la dysenterie semblent ici une seule et même maladie ; rien de plus commun que de voir ces deux états se substituer l'un à l'autre chez les mêmes malades.

M. *Gouget* fait remarquer qu'il ne faut pas confondre la diarrhée sanglante avec la dysenterie; la première de ces affections guérit comme la diarrhée simple; la dysenterie véritable, infiniment plus grave, donne lieu à une plus grande mortalité, ce qui n'est pas le cas actuel.

M. *Chabert* a observé, à l'ambulance du jardin de Boufflers, de nombreux cas de diarrhée, mais pas de dysenterie; depuis quelques jours les premières diminuent de fréquence.

M. *Vézien*. La diarrhée qui, à l'ambulance de l'École d'artillerie, avait pris une certaine extension, a complétement disparu depuis quelques jours; mais il existe dans cet établissement deux cas de dysenterie.

M. *Masnou* partage l'opinion de M. Gouget au sujet de la dysenterie et de sa gravité. Il a vu, dans son service, au magasin d'artillerie, des diarrhées devenir sanglantes au moindre écart et revêtir une gravité remarquable; ce n'étaient point des dysenteries. Il attribue ce fait aux fâcheuses conditions des locaux et surtout au froid qui règne dans les salles.

M. *le Médecin en chef* s'est ému de cette situation. Il a obtenu de l'administration qu'une couverture de plus serait donnée aux malades de cette ambulance.

En résumé, des différentes opinions émises sur la question des affections intestinales, il semble résulter que la situation est stationnaire ou s'améliore dans l'armée et qu'elle s'aggrave un peu dans la population.

Toutefois M. *Méry* reconnaît qu'il est bien difficile de formuler à ce sujet une proposition générale, le développement de ces affections dépendant presque exclusivement des conditions locales de milieu, de couchage, d'alimentation. Ainsi, à l'ambulance du palais de justice, les malades, bien couchés et bien nourris, n'ont pas eu de diarrhées.

Cependant M. *Richon*, parcourant les ambulances particulières, a noté dans une seule une petite épidémie de diarrhée ; c'est à l'ambulance Pidancet, l'une de celles qui fonctionnent dans les meilleures conditions (chambres vastes et aérées au premier étage, lits en petit nombre, nourriture de bonne qualité).

M. *Marchal (de Mondelange)* dirige deux établissements : dans l'un, l'école supérieure, les malades sont beaucoup mieux couchés et mieux nourris que dans l'autre, une salle du Polygone. Cependant c'est à l'école supérieure que la diarrhée se présente avec le plus de fréquence, de gravité, et avec de plus nombreuses récidives. Parmi les conditions de milieu il en est certainement qui échappent à nos investigations ; elles rendraient sans doute compte de l'apparente bizarrerie de ces faits.

M. *le Médecin en chef*. On a remarqué que les ambulances sous tentes, elles-mêmes, n'ont pas échappé à l'infection diarrhéique. Deux causes nouvelles se présentent dans ces établissements : ce sont, d'une part, le froid assez vif des nuits d'automne ; d'autre part, l'impossibilité presqu'absolue d'exercer sur le régime des malades une surveillance suffisante.

D'après M. *Leplat* ce fait ne ressort pas avec évidence à l'ambulance de l'Esplanade ; les cas de diarrhée et de dysenterie, après s'y être quelque temps multipliés, y deviennent moins nombreux depuis quelques jours.

La discussion se porte ensuite sur les différents

états compris sous les dénominations d'état typhoïde, fièvre typhoïde et typhus.

M. *Didion* voit depuis huit jours, dans les hospices civils, des entrées beaucoup plus fréquentes pour fièvre typhoïde ; c'est surtout parmi les gens récemment arrivés dans la ville, paysans, convoyeurs ; dans la population ancienne, l'accroissement de cette affection est beaucoup moins sensible.

M. *Marchal (Eugène)* observe, dans sa clientèle, un accroissement notable des cas de fièvre typhoïde ; la mortalité des jeunes enfants a surtout beaucoup augmenté.

M. *Méry* confirme cette observation. L'affection revêt une marche progressive qui, sans arriver encore à l'épidémicité, dénote une aggravation dans les conditions de vie de la population.

M. *le Médecin en chef* exprime le regret, au point de vue de la question du diagnostic différentiel du typhus et de la fièvre typhoïde, que les circonstances actuelles ne permettent de faire que de rares autopsies cadavériques.

M. *Ehrmann* déclare qu'à l'hôpital militaire il n'a observé absolument aucun cas de typhus. Du reste, dans l'opinion de la majorité des membres de la conférence il n'existe pas de typhus à Metz.

M. *Rizet* déclare, cependant, qu'il y a un mois, lorsqu'il avait un service à l'ambulance des tabacs, il a observé chez trente ou trente-cinq malades des accidents caractérisés par de la prostration, du délire, des taches rosées, du ballonnement du ventre sans gargouillement ; que ces accidents lui semblaient réellement de nature typhique, et que, chez ces malades, la mortalité a été assez grande.

M. *Weber*, qui a succédé à M. Rizet dans ce service, n'y a plus constaté que des états typhoïdes s'améliorant de jour en jour, et dont deux, seulement, ont eu une terminaison funeste.

M. *Gouget,* dans le même établissement, a vu deux cas *positifs* de typhus.

Au Saulcy, dans le service de M. *Baudouin,* les fièvres typhoïdes, d'abord fort nombreuses et d'une extrême gravité, se sont heureusement modifiées sous le double rapport de la fréquence et de la léthalité.

Il ressort de cette discussion que, s'il n'y a pas encore de typhus à Metz, il y a au moins une tendance marquée à l'apparition et au développement de cette maladie, en un mot, il y a menace.

M. le Médecin en chef. En face des circonstances défavorables auxquelles nous sommes soumis, y a-t-il à prendre de nouvelles mesures relatives à la prophylaxie ?

L'assistance est unanime à proclamer qu'il est surtout important de recourir à tous les moyens propres à faciliter une large ventilation. Quelques affections peuvent en souffrir, mais on doit passer outre en vue du bien général. Il faut enlever les portières des tentes, ouvrir largement les croisées des établissements hospitaliers. M. le Médecin en chef recommande à tous de veiller à la stricte exécution de ces mesures, dont l'importance ne saurait échapper à personne. Les malades se prêtent difficilement à cette large aération ; ils s'empressent de fermer les fenêtres qu'on vient d'ouvrir. Il ne faut pas craindre, si c'est nécessaire, de briser quelques carreaux dans les salles de malades, pour assurer l'aération qu'on ne peut obtenir ni par des ordres, ni par la persuasion.

MM. *Gouget, Leplat* et quelques autres déclarent qu'on ne peut rendre les médecins responsables de l'imparfaite exécution de ces prescriptions, vu que les infirmiers ne sont pas sous leur direction, et échappent complétement à leur autorité. Les médecins ne peuvent que donner des conseils et rendre compte à qui de droit s'il n'en est pas tenu un compte suffisant.

M. *le Médecin en chef* reconnaît, dans une certaine mesure, la justesse de ces observations. Il ne peut que regretter des dispositions réglementaires si contraires au bien du service ; mais il provoquera des ordres tendant à faire cesser une pareille anomalie, au moins dans les conditions actuelles.

Quelques médecins des différents corps d'armée ayant signalé dans leurs rapports l'apparition du scorbut, M. le Médecin en chef demande si cette affection a été observée à Metz.

Deux médecins seulement constatent sa présence : M. Thierry de Maugras en a observé quelques cas bien caractérisés à l'ambulance de Chambière; M. Weber, deux cas à l'hôpital des tabacs ; mais ces derniers semblent résulter de conditions tout individuelles.

M. *le Médecin en chef* exprime la crainte que la diminution du sel dans les aliments ne prédispose, au moins, au développement de cette maladie, bien qu'on ait, mais à tort, attribué le scorbut des gens de mer à l'usage abusif des salaisons.

La variole suit, en ce moment, une marche ascendante assez accentuée. M. *Gouget* en a cent cas (ambulance des tabacs), parmi lesquels un certain nombre de varioles confluentes ou hémorrhagiques donnant lieu à une grande mortalité.

A l'hôpital militaire, M. *Ehrmann* en compte environ cinquante cas.

A Bon-Secours (population civile), on a reçu quinze cas en huit jours, la plupart très-graves.

Si, cependant, on tient compte du grand nombre de militaires agglomérés dans et autour de Metz, ainsi que de l'augmentation accidentelle de la population, on voit que ces chiffres, bien qu'assez élevés, ne suffisent pas à dénoter une véritable épidémie.

Quant aux conditions spéciales aux blessés, on doit mentionner la fréquence des cas d'*infection purulente*. C'est à cette terrible affection qu'il faut surtout attribuer la grande mortalité qui a frappé et frappe encore les opérés dans la plupart de nos ambulances. D'autres insuccès sont attribuables au *tétanos* et à l'épuisement produit par la diarrhée ; ces deux causes de mort, de l'avis général, tendent à disparaître.

La *pourriture d'hôpital*, observée dans presque tous les établissements, persiste, mais heureusement sans grande intensité. A l'ambulance des tabacs, M. Gouget n'a pas eu encore à déplorer cette affreuse complication des plaies.

L'ordre du jour étant épuisé, un médecin se plaint de l'imparfaite construction des toits des baraques du Polygone : il pleut dans les salles, au grand préjudice des malades qu'il serait urgent d'abriter d'une manière plus complète. Ce médecin ajoute que l'Administration des chemins de fer de l'Est avait proposé gratuitement des bâches, qu'elle offrait même de faire poser par ses ouvriers. Cette proposition a été refusée.

M. *le Médecin en chef* n'a pas connaissance de cette proposition et ne sait, par conséquent, de qui émane ce refus, qu'il considère comme très-regrettable.

M. *Sonrel* fait remarquer que les rues de la ville laissent beaucoup à désirer sous le rapport de la propreté; il croit urgent de provoquer, de la part de l'autorité municipale, des mesures tendant à régulariser cette partie importante du service de la voirie.

M. *le Médecin en chef* reconnaît la justesse, en principe, de cette observation ; mais depuis la suppression dans Metz des eaux jaillissantes et courantes, il existe, pour l'entretien des rues, de grandes difficultés d'exécution qui lui ont été signalées par M. le Maire lui-même.

Un grand nombre de médecins se plaignent de la mauvaise qualité du pain distribué aux malades ; il est trop compacte et n'a généralement subi qu'une cuisson imparfaite. Dans ces conditions il est très-indigeste et se couvre rapidement de moisissures.

Certains chefs d'ambulances se plaignent également de la suppression complète des légumes dans le régime de leurs malades. Ce régime, réduit à la soupe et à la viande qui a servi à faire le bouillon, est complétement insuffisant, surtout depuis que les circonstances ont forcé à réduire la ration du pain dans d'assez larges proportions.

Le Secrétaire de la conférence,
RICHON.

(Le procès-verbal de cette séance a été adressé à M. le Commandant supérieur qui l'a transmis à M. le Maréchal commandant en chef.)

SÉANCES DU CONSEIL CENTRAL D'HYGIÈNE

DU DÉPARTEMENT DE LA MOSELLE.

XIX.

Extraits des procès-verbaux.

22 juillet. — Présents : MM. le Préfet de la Moselle, président; Maréchal, maire de Metz, vice-président; Monard, Scoutetten, Defer, Degott, Berveiller, Dieu, Grellois, Parisot, Duporq et Samson, membres du Conseil; de Bouteiller, député de la Moselle; Ehrmann, médecin en chef de l'hôpital militaire; Pérot, sous-intendant militaire; Isnard et Méry, médecins principaux d'armée en retraite; Géhin, secrétaire du Conseil.

M. *le Préfet* annonce que le but de la réunion est d'examiner les propositions faites par l'intendance militaire pour l'organisation d'ambulances et d'infirmeries où seraient reçus les malades de l'armée du Rhin.

M. *le Maire* fait l'exposé des négociations qui ont eu lieu entre l'intendance et la Commission administrative des hôpitaux civils de Metz. Il termine en

disant : « J'ai eu l'honneur de conférer de ce sujet
» avec M. l'Intendant général de l'armée et de cher-
» cher à lui démontrer l'impossibilité, pour les admi-
» nistrations civiles, de prendre à forfait une sem-
» blable entreprise. Il n'en reste pas moins acquis
» que toutes feront de leur mieux et que, dans les
» limites du possible, leur concours est accordé avec
» le plus patriotique empressement. J'ai rappelé
» enfin à M. l'Intendant général qu'en 1814 il y a
» eu, à Metz, 9000 décès militaires et 1506 décès
» civils occasionnés, en partie, par l'encombrement
» des malades. Il faut donc profiter des expériences
» si chèrement acquises à Metz, en Crimée, en
» Italie, et chercher à utiliser ce qui a si admira-
» blement profité en Amérique lors de la guerre de
» sécession... etc. »

M. le Maire donne ensuite quelques détails sur ce qui pourra être fait, à Metz, pour l'installation des ambulances.

M. *Grellois* pense qu'il y aurait de graves inconvénients à accepter l'offre faite par l'Administration des hospices de Metz de disposer, pour les blessés, 75 à 80 lits dans le rez-de-chaussée de l'hôpital Bon-Secours. Cette proposition doit être repoussée, d'abord à cause du peu de ressources que le local peut présenter, ensuite par la considération de l'encombrement qui devra en résulter pour l'hospice Saint-Nicolas et, enfin, en raison du voisinage des malades de Bon-Secours. Aux bâtiments dont a parlé aussi M. le Maire, pour l'organisation des ambulances, on pourrait ajouter, peut-être, l'École d'application, qui permettrait d'installer environ 140 lits pour des officiers. La seule solution pratique et efficace consiste dans la construction de baraques isolées pouvant contenir de 40 à 50 lits et placés soit au Ban-Saint-Martin, soit au Polygone. Il ne faut qu'en cas de nécessité songer aux tentes, à moins, toutefois, qu'on ne fasse usage de tentes doubles.

Comme médecin en chef de l'hôpital militaire, M. *Ehrmann* a eu l'occasion d'étudier la question sous toutes ses faces, de visiter les locaux et les terrains, et il en est arrivé aux appréciations suivantes: l'hôpital militaire peut recevoir 850 malades, dont 4 à 500 nouveaux; le bâtiment des tabacs pourrait en loger 450, le séminaire de Montigny 120, Saint-Clément 120, la caserne du génie 450, mais tout cela réuni ne forme que 2000 lits, et il en faut de 4 à 5000. M. Ehrmann repousse le lycée à cause des conséquences ultérieures; le séminaire comme manquant d'air et de lumière; le marché couvert comme trop au centre de la ville et plusieurs autres établissements proposés, pour le même motif, ou pour insuffisance ou mauvaise installation. Il faut donc avoir recours à une installation provisoire et sans hésiter il faut en arriver à faire ce que l'expérience a mis hors de conteste, ce qui a si bien réussi dans la guerre d'Amérique, et déjà même dans la guerre d'Italie: c'est la construction de baraques pouvant contenir de 40 à 50 lits, disposés parallèlement ou autour d'un centre commun où se trouvent les bureaux, les cuisines, la pharmacie, etc., tandis qu'aux extrémités se placent les services gênants pour la salubrité. Des baraques construites suivant un modèle que M. Ehrmann fait passer sous les yeux du Conseil (brochure publiée en 1870 par le Dr Stromayer, de Berlin), offriraient toutes les conditions d'aération, de destruction facile en cas d'invasion du typhus, d'accroissement successif à mesure des besoins, etc.,

L'emplacement le plus convenable serait la plaine du Ban-Saint-Martin, où 6000 hommes viennent de camper très à l'aise pendant quelques jours. Voilà pour l'installation matérielle à laquelle il convient de songer immédiatement. Quant au service, il faut absolument qu'il reste concentré dans des mains fermes et actives. Il faut, de toute nécessité, une unité de vue pour l'organisation générale. Si le concours moral des sœurs de charité, et celui des femmes en général peuvent être pris en très-grande considération, il ne faut pas trop y compter pour un service chargé et continu.

M. *Pérot* ne voudrait pas voir la question se déplacer; ce qu'il était d'abord chargé de demander, c'est si la ville de Metz pouvait, comme vient de le faire la ville de Nancy pour 1500 lits, se charger du service absolu d'un nombre déterminé de malades, dans le cas où elle ne voudrait pas le faire pour les 4 ou 5000 qui sont prévus, de manière à laisser l'intendance militaire entièrement libre de porter toutes ses ressources dans la direction de l'armée. On a parlé de la caserne du génie, mais il ne sait pas si le commandement y consentirait; car en cas de siége, cette caserne, étant voûtée, serait le seul refuge où des hommes fatigués par le service pourraient trouver un repos nécessaire. — Dans le cas où le système de baraquement proposé serait adopté, il faudrait d'abord savoir si le Ban-Saint-Martin peut être mis à la disposition du service des ambulances, et si, à son défaut, les terrains de Chambière, sur lesquels se trouvait la pyrotechnie, pourraient être utilisés de cette façon, ainsi que les bâtiments abandonnés qui s'y trouvent et qui pourraient rapidement être appropriés. Mais, dit encore

M. Pérot, ce ne sont pas là les dispositions qui nous conviendraient le mieux ; ce que nous cherchons, c'est notre plus grande liberté d'action, laquelle n'existe plus si nous devons conserver à Metz un personnel médical et administratif suffisant pour la bonne direction des services. Il ne faut pas non plus se préoccuper de ce qui arriverait si Metz était assiégé, car alors on évacuerait les malades du dehors et il n'y resterait plus que ceux de la place, lesquels trouveraient facilement à se loger dans les bâtiments visités par M. Ehrmann et dont il vient d'apprécier la valeur. Il est bon de dire, enfin, qu'il est arrêté qu'au fur et à mesure que les malades pourront voyager, ils seront dirigés par chemin de fer dans l'intérieur de la France, et que ceux qui seront entrés en convalescence et pourront se passer de soins médicaux réguliers, seront évacués dans les campagnes environnantes.

M. *Scoutetten* insiste pour que le marché couvert soit affecté au service des malades. Le froid n'y est pas à redouter, car, dans sa pensée, ce n'est pas là ce qu'il y a de plus nuisible aux blessés [1].

En cas d'insuffisance des bâtiments, notre honorable collègue n'hésite pas à proposer l'emploi de tentes. Il a expérimenté ce système sur une large échelle en Crimée, et cette installation lui a paru préférable à celle des baraques, qui semblent cependant réunir le plus de suffrages.

---

[1] Je crains que notre savant et vénéré maître n'ait pas clairement exprimé sa propre pensée. Il n'ignorait certes pas que le froid est redoutable pour les blessés, qu'il les impressionne très-péniblement et détermine une aggravation sensible dans la mortalité.

M. *Maréchal* repousse, comme MM. Grellois et Ehrmann, l'appropriation du marché couvert, et cela par les raisons qui ont déjà été données, et aussi parce qu'il est tout à fait inopportun, en raison des habitudes qui tiennent à l'alimentation de la ville. Prendre le marché couvert pour un service quelconque, c'est d'abord s'imposer de nombreuses indemnités envers les locataires dépossédés, c'est ensuite changer leurs habitudes et nuire ainsi à l'approvisionnement de la ville, alors que celui-ci devient à la fois plus difficile et plus nécessaire; c'est enfin obliger la ville à installer les marchés dans des lieux qui recevront peut-être d'autres destinations. Ainsi que le propose M. le Médecin en chef de l'hôpital militaire, un baraquement convenablement installé et muni d'un système suffisant de ventilation, lui paraît pouvoir répondre à tous les besoins......., etc. Nous pouvons et nous devons nous mettre immédiatement à l'œuvre, mais il faut que toutes ces questions d'emplacement et d'aménagement soient préalablement résolues par l'autorité militaire. Le Conseil municipal va en délibérer demain et, aussitôt après, le Comité d'hygiène pourra être réuni et arrêter la marche à suivre pour créer les services réclamés par l'intendance militaire.

M. *Méry* se prononce formellement pour la construction de baraques au Ban-Saint-Martin. L'expérience n'est plus à faire. En Crimée, les Anglais avaient des baraques, petites, légères et très-nombreuses, et c'est à peine s'ils ont eu 30 ou 40 typhiques; les Français avaient des tentes de toutes sortes, et c'est par milliers que leurs malades mouraient du typhus. C'est donc, aujourd'hui, une affaire jugée ; autant que possible, il ne faut pas d'agglomération dans des bâtiments : prohibition absolue des tentes et construction de baraques suivant le système américain proposé par M. Ehrmann.

M. *Grellois* dit que nous avons encore trois mois de belle saison, les premières baraques peuvent être construites légèrement, sauf à leur donner plus tard le complément qui sera jugé nécessaire. Comme M. Ehrmann, il est d'avis qu'il faut un service bien organisé et une main ferme pour en diriger toutes les parties. Il ne faut compter qu'accessoirement sur le dévouement des personnes étrangères au service des hôpitaux ; leur zèle dure peu et leur empressement crée, bien souvent, des embarras. Dans les premiers moments on éprouvera peut-être quelques difficultés, mais au bout d'un mois on trouvera facilement, dans l'armée, des hommes n'ayant que des blessures légères ou des convalescents qui feront volontiers le service d'infirmiers. Il faut donc que l'intendance organise entièrement ces services, sauf à recevoir de l'administration civile le complément le plus étendu en personnel, matériel et locaux.

M. *Isnard* a été chargé, lors de la campagne d'Italie, du service général des hôpitaux de Brescia, ville qui, moins importante que Metz, a néanmoins beaucoup d'analogie avec notre cité. Là il a acquis une expérience dont il est bon de citer quelques exemples très-utiles à mettre à profit. Brescia avait un hôpital central et quatre ou cinq petits hôpitaux ; tous les services avaient été disposés pour recevoir 1200 malades et, dès la première affaire, il en est arrivé 5000 ; en quelques jours il y en avait 12000. On a été débordé de toute façon ; toutes les prévisions étant mises en défaut on a couru au plus pressé et une grande partie des malades a été placée dans les églises, dans les casernes, chez les habitants, etc., partout enfin où l'on a pu. La mortalité a été considérable, dans les églises elle était effrayante et il a fallu les évacuer aussitôt; c'est pour ces motifs qu'il repousse entièrement les églises comme devant servir à faire des ambulances. La population de Brescia a été admirable de dévouement : en une nuit elle a procuré 1 200 lits; mais les femmes qui s'étaient proposées pour faire le service d'infirmières n'ont causé que des embarras et il a fallu les expulser des salles de blessés. Dans ces sortes d'affaires il n'y a que des hommes qui puissent être utilisés convenablement. Au bout de quelques jours il a fallu descendre les malades dans les cours pour leur faire respirer un air non infecté. On s'est mis à construire des baraques, on a évacué tous les convalescents, et c'est à partir de ce moment que la mortalité a cessé et que l'état sanitaire s'est amélioré au point qu'il n'y a pas eu de typhus, car il est bon d'insister sur ce point qu'on n'a pas le typhus quand on sait éviter l'encombrement. Les baraques contenaient de 40 à 50 malades, et elles ont rendu un immense service aux blessés dirigés sur Brescia. — Une autre observation importante concerne la direction à donner, à leur arrivée, aux malades. A Metz, ceux-ci vont entrer par une ou par plusieurs portes, il faut de toute nécessité qu'il y ait à chacune d'elles un médecin chargé d'examiner les arrivants et de les diriger vers l'hôpital ou vers la baraque qui sera affectée à la maladie dont ils seront reconnus atteints. Sans cette précaution préliminaire, il y aura de l'encombrement et une confusion préjudiciable aux malades et aux services généraux. — Enfin, dit

M. Isnard, il faut aussi profiter des expériences faites en Crimée et en Italie, lesquelles sont relatives à la nationalité des blessés recueillis dans les hôpitaux. Au premier aperçu, il semble naturel de chercher à séparer les Français et les Prussiens, afin d'éviter des rixes ou des querelles préjudiciables à l'ordre, à la discipline et aux malades eux-mêmes. C'est cependant tout le contraire qu'il faudra faire, car dans nos hôpitaux, nos Français sont admirables de résignation, de dévouement, d'entrain et de gaîté, et, bien des fois, c'est à ces précieuses qualités que l'on a dû de sauver des malades et de conserver le moral et le courage des blessés russes, italiens ou autrichiens. Autant que possible, cependant, les officiers devront être séparés, mais c'est là toute la distinction qu'il importe de faire. En résumé, dit M. Isnard en terminant, unité de direction, le moins d'agglomération possible, séparation dès le début des diverses affections, baraquement suivant le système américain et évacuation sur la plus large échelle des malades pouvant supporter le voyage et des convalescents ne réclamant plus que des soins hygiéniques.

M. *Defer*: On parle de l'unité dans le service et d'une direction donnée aux soins médicaux, mais il ne faut pas oublier qu'il y a des médecins civils ayant des services réguliers, et il ne paraît pas possible de leur faire accepter la position qu'on semble leur préparer..., etc.

M. *Parizot* juge nécessaire que l'on se préoccupe de deux services également indispensables, celui des inhumations et celui de la concentration des secours de toute nature qui pourront être adressés de tous les points de l'Empire ou organisés à Metz......, etc.

M. *le Préfet* pense que la question est suffisamment éclairée et résume le débat en proposant les conclusions suivantes, qui sont adoptées à l'unanimité :

1° Utiliser d'abord les bâtiments reconnus convenables par M. le Médecin en chef de l'hôpital militaire, à savoir : l'hôpital militaire pour 4 à 500 malades nouveaux ; le bâtiment des tabacs, à demander à l'administration des finances, pour 450 malades ; le petit séminaire de Montigny pour 120 lits ; peut-être encore l'École d'application, le grand séminaire, la caserne du génie, etc. ;

2° Laisser à l'intendance militaire le soin d'organiser les services généraux, sauf à recevoir de la municipalité le concours le plus étendu en médecins, en infirmiers, en ouvriers pour le baraquement, la literie, la centralisation et la répartition des secours, etc. ;

3° Négocier au plus tôt avec l'administration militaire pour savoir quels sont les terrains qu'elle met à la disposition du Comité pour la construction des baraques ;

4° Prier M. le Maire de convoquer immédiatement le Conseil municipal pour lui demander les crédits nécessaires pour faire, à l'administration de la guerre, les avances indispensables pour l'organisation des services qui vont lui être confiés ;

5° Enfin se mettre à l'œuvre aussitôt ces questions résolues, car les moments sont comptés et d'un jour à l'autre nous pouvons être pris au dépourvu.

31 AOÛT. — Présents : MM. le Préfet de la Moselle, président ; Maréchal, Monard, Scoutetten, Defer, Berveiller, Grellois, Dieu, Parizot, Duporq, Samson, membres du Conseil ; Pérot, sous-intendant militaire ;

Isnard et Méry, médecins principaux en retraite ; Géhin, secrétaire du Conseil.

M. le Préfet donne lecture du rapport adressé à M. le Maire de Metz par M. Geisler, conseiller municipal, chargé de la surveillance de l'ambulance du Saulcy. Dans ce rapport sont signalés les graves inconvénients qui se sont révélés dans l'installation et le régime actuel de cette ambulance [1]. C'est, ajoute M. le Préfet, pour répondre au vœu exprimé par M. le Maire de Metz, qu'il a convoqué extraordinairement à cette occasion le Conseil central d'hygiène....., etc.

Comme membre du Conseil central et surtout comme médecin en chef des hôpitaux de Metz, M. Grellois demande à répondre à diverses assertions contenues dans la lettre dont il vient d'être donné lecture. La création de l'ambulance du Saulcy a été décidée le 17 août, le lendemain de la bataille de Gravelotte, mais elle n'a été ouverte que le 20 ; en ce moment la ville de Metz renfermait déjà 6000 blessés et 800 nouveaux étaient annoncés pour le soir ; il a donc fallu faire au plus vite. Après avoir examiné, sur les lieux mêmes, tous les emplacements propres à établir, hors de l'enceinte de la ville, une ambulance nouvelle, M. le Général commandant le génie de la place a décidé que l'île du Saulcy était le seul emplacement dont on pût disposer encore sans nuire aux nécessités de la défense. — Dans l'intérieur de la ville on a proposé d'utiliser les magasins d'artillerie de la place Saint-Thiébault et ceux de la rue des Prisons-Militaires ; mais ces locaux ayant été visités,

---

[1] Voir le procès-verbal de la séance du 30 août du Conseil municipal. — *Blocus de Metz*. (Append. XXXV.)

ont été trouvés obscurs, mal aérés, encombrés de matériel et peu propres à recevoir des malades..., etc. On a donc dressé des tentes dans l'île du Saulcy pour y recevoir surtout des blessés. Quant aux autres malades, fiévreux, typhoïques ou varioleux, il n'a pas été fait de choix; mais comme les arrivants n'avaient pas reçu de soins depuis deux, trois, quatre et même cinq jours, il s'en est trouvé un plus grand nombre proportionnellement atteints de ces affections. D'ailleurs, continue M. Grellois, depuis quelques jours tous les varioleux ont été concentrés dans l'un des bâtiments de la manufacture des tabacs et il est tout à fait inexact de dire qu'on ait envoyé au Saulcy les plus infectieux des malades des autres ambulances. Une installation aussi rapide et si peu prévue, a certainement laissé beaucoup à désirer dès le début; mais, en ce moment, le service médical est aussi assuré et le matériel aussi complet que partout ailleurs. On a aussi parlé de malades baignés dans l'eau, lors de l'averse du 20 août; mais là encore il y a une grande exagération, ainsi que nous avons pu nous en assurer le 21 au matin..., etc. Enfin, dit M. Grellois en terminant, on a parlé de déjections dysentériques versées dans la Moselle. Que des faits de cette nature se soient accidentellement produits, dans les premiers jours, c'est possible ; mais alors on ne puisait pas l'eau dans la Moselle pour alimenter la ville de Metz et depuis, une consigne sévère a interdit les approches de la rivière....., etc.

M. le Sous-Intendant confirme les renseignements fournis par M. Grellois. Il ne croit pas possible de transporter les malades de l'ambulance du Saulcy dans les locaux de la ville dont il a été question, ni au Polygone de Chambière, dans de nouvelles baraques à construire, ni dans le fort Miollis, M. le Commandant supérieur du génie ayant formellement refusé tout autre emplacement que celui qui a été adopté le 17 août....., etc.

M. Géhin croit aussi qu'il y a eu de l'exagération dans quelques parties de la lettre qui est soumise à l'examen du Conseil. Il a visité très-attentivement les lieux et les tentes de l'ambulance du Saulcy, et voici ce qu'il a constaté aujourd'hui même. D'abord il est loin de partager la satisfaction [1] de M. le Médecin en chef et celle de M. le Sous-Intendant. Certainement il y a plus de 200 mètres entre le point où se vident les déjections dans la Moselle et celui où, près de la place des Roches, fonctionnent les pompes de la ville depuis la coupure de l'aqueduc de Gorze ; sans doute aussi les vents régnants à Metz sont ceux du sud-ouest et du nord-ouest, surtout en cette saison, et ni les uns ni les autres ne portent sur la ville les émanations du Saulcy ; mais il n'en est pas moins vrai que toute cette ambulance laisse considérablement à désirer. Ainsi, à part l'emplacement du manège de l'École d'application, qui ne semble pas trop mauvais, tous les terrains environnants sont fangeux, peu perméables, composés en grande partie de décombres rapportés de la ville. On a placé sur ces terrains les tentes sans ordre ni

---

[1] Je ne sais, en vérité, où l'honorable M. Géhin a vu, chez M. Pérot et chez moi, des marques de *satisfaction*. Nous n'avons jamais trouvé la situation du Saulcy satisfaisante, mais nous avons pu dire, et je le répète ici, qu'elle n'était pas moins satisfaisante que celle des autres ambulances, tant pour elle-même que pour la sécurité de la ville. Les unes et les autres laissaient considérablement à désirer, mais on ne pouvait faire mieux. Il a été répondu ailleurs aux observations qui suivent.

discernement ; les malades y sont très-mal installés et ne témoignent nullement la satisfaction dont on a parlé. A côté du terrain si malencontreusement choisi, se trouvent des jardins dont le sol naturel, perméable, en pente, bien exposé, convenait on ne peut mieux pour y établir des tentes ; pourquoi a-t-on réservé ces terrains? Rien ne semble l'indiquer. On a aussi parlé d'une consigne sévère pour empêcher les hommes d'aller sur les bords de la Moselle ; cette consigne n'est pas exécutée, je l'ai vu violer en plein midi, et à trente pas du seul factionnaire chargé de la faire respecter, par deux malades non dysentériques......, etc. Quant au service médical, il est vrai que dans la journée du 30, ce service a été fait dans l'après-midi par des chirurgiens appartenant à l'armée qui campe devant Metz ; mais depuis il n'a plus été fait que par les médecins attachés à l'ambulance du Saulcy ; or, de ces *trois* médecins, deux sont malades et l'autre a fait seul le service pendant le jour et pendant la nuit ! Avec la meilleure volonté du monde, on ne saurait considérer comme suffisant un pareil service quand il s'agit de 900 à 950 malades [1]. Abandonnant l'ambulance du Saulcy, M. Géhin constate que les vents régnants à Metz, en cette saison, sont ceux du sud-ouest ; or la ville de Metz se trouve précisément sous ce vent après qu'il a passé sur l'Esplanade, le palais de justice, l'École

---

[1] Jusqu'au 24 le chiffre des médecins était de 10 à 11. J'ai dû alors en déplacer quelques-uns pour faire face à de nouveaux besoins, mais aux époques indiquées par l'auteur de ces réflexions ils étaient 6, et n'ont jamais été moins, mes registres, tenus à jour, en font foi. Ce chiffre était d'ailleurs insuffisant. En ce qui concerne le service éventuel dû aux médecins des régiments, nous en avons parlé ailleurs.

d'application, la caserne du génie, l'évêché, la maîtrise, etc., bâtiments qui sont tous encombrés de malades; il y a donc là une situation fâcheuse, et il proteste contre le projet de placer de nouveaux malades dans les wagons disposés sur la place Royale....., etc. Si, enfin, on prend en considération le nombre des ambulances qui existent à Metz, on est frappé de n'en trouver, en dehors de l'hôpital militaire, que six établies dans les bâtiments de l'administration de la guerre, tandis qu'il y en a dix-neuf dans les maisons religieuses, quatorze dans celles des administrations civiles et sept dans des maisons particulières.

M. Grellois reconnaît qu'il y a quelque chose de fondé dans les observations qui précèdent, mais, pour lui, il ne saurait en prendre la responsabilité. L'administration supérieure a décidé ; et si les locaux et le personnel ne sont pas suffisants, il faut faire la part de l'imprévu, de la nécessité, des besoins de la défense et de ceux des services généraux......, etc.

M. Isnard veut bien reconnaître qu'en général les ambulances sont installées dans d'aussi bonnes conditions que possible, mais au Saulcy il est loin d'en être ainsi. Il y a là un mélange peu rationnel de typhoïques, de dysentériques, de blessés et de fiévreux qu'il serait facile de modifier en mettant au Polygone les malades auxquels les tentes conviennent moins qu'aux blessés....., etc. [1].

M. Maréchal regrette que les nécessités de la défense aient amené successivement, pour le service

---

[1] On peut voir à la correspondance combien M. Isnard, personnellement, a fait opposition à l'envoi des fiévreux au Polygone (page 289).

des ambulances, l'exclusion des locaux environnant la ville, et qu'il en soit ainsi résulté un encombrement général et l'absorption successive de presque tous les bâtiments départementaux et municipaux, tandis que l'administration de la guerre en possède encore qui, suivant l'avis d'hommes compétents, pourraient être utilisés pour cet objet. Comme M. Isnard, il regrette aussi qu'on n'ait pas continué la construction des baraques en Chambière; car, d'après les résultats obtenus jusqu'ici, il est permis de penser que les malades seraient mieux là que partout ailleurs, ce qui éviterait pour l'intérieur de la ville le fâcheux état de choses qui existe aujourd'hui..., etc.

ÈPILOGUE.

On a vu, dans le cours de ce livre, combien les malades et blessés de l'armée ont inspiré d'intérêt dans tous les rangs de la population messine, notamment chez les femmes. Ils étaient bien dignes de ce puissant intérêt ! Je n'ai point à dire tout ce que l'armée, officiers et soldats, a montré de sentiments d'honneur et de mâles vertus dans cette triste et mémorable campagne : valeur dans les combats, énergie dans les revers, patience dans les longs jours d'inaction, sans pain, sous la pluie, dans la boue. Si des actes blâmables peuvent être reprochés à quelques hommes, ce ne sont que des faits isolés, suite d'une dépression morale causée par tant de misères. L'armée, qui les flétrissait de son indignation, ne saurait en être solidaire.

Mais, je puis et dois exprimer hautement que ces

qualités ont suivi le soldat jusque dans nos ambulances. Nous avons tous, gens du monde et médecins, admiré la résignation des blessés et leur soumission digne aux rigueurs de la guerre. Chacun de nous a été touché de la confiance qu'ils nous témoignaient, de la reconnaissance qu'ils accordaient à nos soins. La douleur semblait plutôt exalter qu'attiédir leurs sentiments généreux. Apportés à l'ambulance avant la fin d'une bataille, ils s'informaient avec anxiété, près des survenants, *de ce qu'on faisait là-bas.* De bonnes nouvelles les enlevaient un instant à la sensation de leurs propres maux ; ils étaient tout à la joie. Au récit de mauvaises nouvelles, ils baissaient la tête et, s'oubliant encore, disaient tristement : *Pauvres camarades !*

Notre malheureuse ville, si française, si longtemps fière de sa couronne virginale, a voulu consacrer, par un témoignage durable, ses sympathies envers cette armée, non moins qu'elle, digne d'un meilleur sort, et qui n'avait, ainsi qu'elle, succombé qu'à la faim. Le 7 septembre 1871, Metz inaugurait, au milieu du concours immense d'une population sombre et recueillie, un monument à la mémoire des braves morts dans ses murs.

D'un style grandiose et simple, ce monument [1] se

---

[1] Dû au talent bien connu de M. Demoget.

compose d'une haute pyramide assise sur un soubassement. Sur les quatre faces de celui-ci sont percées des ouvertures dans lesquelles s'engagent des cercueils empilés, en signe du grand nombre de victimes auxquelles ce monument est consacré. La pyramide est surmontée d'une urne cinéraire qu'enveloppe un long crêpe dont les plis se mêlent à ceux d'une oriflamme aux couleurs de la France.

On lit sur la face principale :

METZ

AUX SOLDATS FRANÇAIS MORTS DANS SES MURS
POUR LA PATRIE.

Sur la face postérieure :

A LA MÉMOIRE DES 7203 SOLDATS FRANÇAIS MORTS
DANS LES AMBULANCES DE METZ.

Sur les faces latérales sont inscrits les noms et les dates des principales batailles livrées par l'armée.

Une médaille [1], dont le spécimen est ci-contre, a été frappée en commémoration de cette cérémonie patriotique.

En avant du monument est placée, sur une table de marbre noir, une magnifique couronne de bronze,

---

[1] Médaille dont la pensée et l'exécution appartiennent à M. Bellevoye.

accompagnée de cette simple et touchante inscription :

LES FEMMES DE METZ AUX SOLDATS QU'ELLES ONT SOIGNÉS.

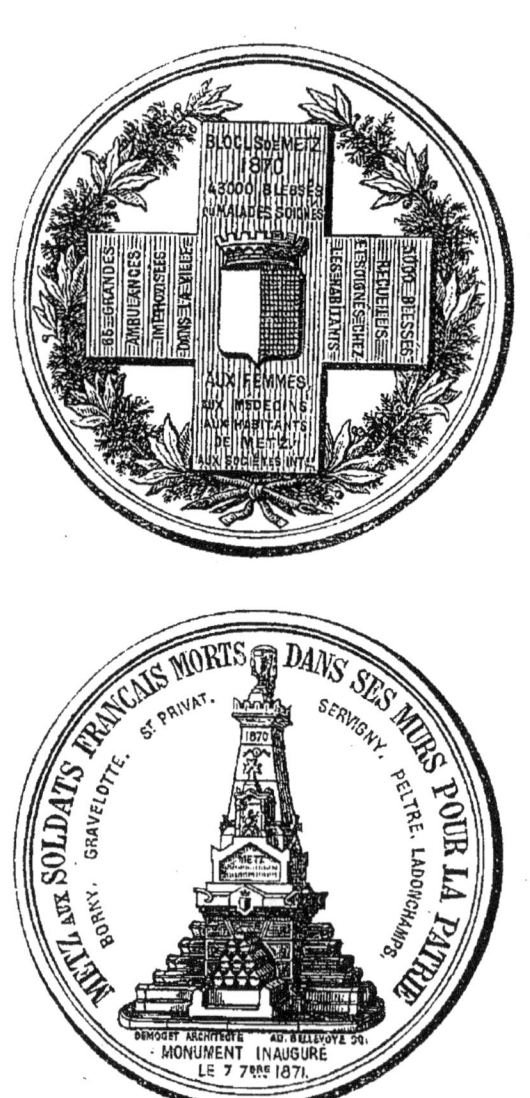

APPENDICE.

Abréviations.

A. pr.	Ambulance privée.	M. a.	Magasins d'artillerie.
B. b.	Bureau de bienfaisance.	M. c.	Magasin central.
C.	Coislin.	M. G.	Maison Geisler.
Conv.	Dépôt de convalescents.	M. R.	Maison Risse.
C. c.	Comité central.	M. S.	Maison Serpenoise.
Ch.	Chambière.	Or.	Orphelins.
Dis.	Dispensaire.	Pol.	Polygone.
E. ap.	Ecole d'application.	P. j.	Palais de justice.
E. ar.	Ecole d'artillerie.	Pr.	Préfecture.
E. c.	Ecoles centrales.	Pr. m.	Pr^{ste} du mag. central.
E. Fr.	Ecoles Friedland.	Pr. s.	Présidente de section.
E. is.	Ecole israélite.	P. Sém.	Petit Séminaire.
E. M.	Ecole Mazelle.	R. C.	Rue de la Chèvre.
E. n.	Ecole normale.	S.	Saulcy.
E. pr.	Ecole protestante.	S. C.	Sacré-Cœur.
Esp.	Esplanade.	S. Cl.	Saint-Clément.
Ev.	Evêché.	S. N.	Saint-Nicolas.
F. M.	Fort Moselle.	S. Si.	Saint-Simon.
G.	Génie.	S. V.	Saint-Vincent-de-Paul.
Gr.	Ambulance de la Grève.	S^{te} Bl.	Sainte-Blandine.
G. Sém.	Grand Séminaire.	S^{te} Ch.	Sainte-Chrétienne.
H. is.	Hôpital israélite.	S. s.	Secrétaire de section.
H. m.	Hôpital militaire.	Tab.	Manufacture de tabacs.
J. B.	Jardin Boufflers.	Vis.	Visitation.
L. m.	Loge maçonnique.	W.	Wagons.
Ly.	Lycée.		

Tableau nominatif des personnes qui ont concouru au service des malades et blessés.

Conseillers municipaux chargés de la surveillance administrative des ambulances.

MM.	MM.	MM.
Bastien.	Didion (général).	Rémond.
Bezanson.	Géhin.	Salmon.
Blondin.	Geisler (L.).	Simon-Favier.
Bouchotte (Émilien).	Moisson.	Sturel (Em.).
Bouteiller (de).	Noblot.	
Collignon.	Prost.	

Dames étrangères à la France.

BELGIQUE.	ANGLETERRE.	HOLLANDE.
Mmes et Mlles	Mmes et Mlles	Mmes et Mlles
Crombrugghe (Bede)[1]	Bushnan.	Præger[3].
Cateaux.	Nélingan.	Bock.
Van Dyck.	Pigot[2].	Arnzénius[4].
Pluys.		

Dames étrangères à Metz.

La Fresnais (comtesse de)[5]. | Cahen (de la 1re ambul. volont.).

Ces dames, que la bienfaisance seule avait attirées dans notre ville, ont été pour nous une providence, et nous leur devons un témoignage tout particulier de gratitude.

Habitants de Metz.

Plusieurs personnes qui avaient assidûment fréquenté les ambulances, notamment quelques membres du Conseil municipal, ont bien voulu me prêter leur concours pour la formation de cette liste. Si, malgré nos efforts, quelques noms recommandables nous ont échappé, j'espère que les personnes intéressées voudront bien me pardonner un oubli tout à fait involontaire.

Pour éviter un double emploi, je ne fais point figurer dans cette liste les noms mentionnés déjà dans le chapitre XII.

Mmes et Mlles		Mmes et Mlles	
Adam (veuve)[6].	C.	Bapts.	C.
Aertz.	Esp.	Barbe.	G.
Alcan.	Esp.	Barthelemy (Alf.).	J. B.
Alexandre.	R. C.	Barthelemy.	H. M.
Altmann (Hélène).	M. G.	Barthelemy.	G.
Altmayer (Julie).	E. ap.	Bastien.	Pr. s.
Ancée.	Esp.	Beer (Adélaïde).	E. is.
Aron Isaac.	E. is.	Beer.	S. C.
Aubrion (veuve).	S. G.	Belair.	C.
Auburtin.	S. C.	Beller.	G.
Andry.	E. M.	Bellevoye.	W.
Bach.	Pol.	Bellot.	Esp.
Bamberger.	R. C.	Berga.	Pr. s.

---

[1] Présidente du Comité des dames belges, mais agissant pour son propre compte. Vint de Saarbruck à Metz avec les trois jeunes filles dont les noms suivent, qu'elle s'était associées comme aides, et ne nous quitta que pour se rendre à Cambrai où l'attendaient d'autres victimes de la guerre. (Auteur du *Journal d'une Infirmière*, in-12.)
[2] A été forcée de quitter Metz par suite d'une piqûre infectante.
[3] A eu la douleur de perdre son mari à Metz.
[4] Sœur du médecin de ce nom.
[5] Bien que d'une santé chancelante, Mme de la Fresnais, habitant Paris, vint à Metz avec une femme de chambre pour améliorer, à l'aide de ses ressources personnelles, le régime alimentaire des malades.
[6] A été gravement malade à la suite d'une piqûre d'épingle.

APPENDICE.

Mmes et Mlles

Bernard.	Esp.	Collignou.	Pol.
Bettinger.	E. M.	Collignon.	G.
Blanchetête (veuve).	B. b.	Collin.	G.
Blanpied.	C.	Cone (Marie) [2].	
Bodart.	Esp.	Cornebois.	Esp.
Boulangé.	Pr. s.	Cotelle.	P. j.
Bourgeois (mère).	G.-Esp.	Coulet.	E. n.
Bourgeois (filles) [1].	G.-Esp.	Cousenove.	C.
Bourgeois.	C.	Croute (de).	P. j.
Bouchotte.	Pr. s.	Cusson (Mme et Mlle).	Ly.
Bouteiller (de).	C. c.	Cuvier.	E. pr.
Boisseaux.	E. c.	Couturier.	Pol.
Bryon.	M. R.	Darnis.	P. j.
Bridey.	E. M.	Dangé.	C.
Bouvier.	Pol.	Défaut (deux sœurs).	E. ap.
Bompard.	C.	Dauphin [3].	S.
Bour.	M. S.	Déselski [4].	E. pr.
Bourset.	Esp.	Deflandre.	E. M.
Boyer.	Esp.	Delacroix.	M. c.
Braun.	S.	Delambre.	G.
Brettenach (veuve).	E. app.	Demangeot.	P. j.
Bretzner.	Esp.	Désiré Lévy.	Pol.
Brusseaux.	Esp.	Dietz.	Esp.
Burguion.	G.	Doisy-Devilly.	S.
Caillet.	M. R.	Dommanget.	Esp.
Cailly et ses filles.	M. c.	Donevers.	C.
Cartel.	E. pr.	Droschude.	Pol.
Camus.	P. j.	Ducolombier.	G.
Carrière (veuve).	C.	Dubuisson.	Esp.
Catherine.	Esp.	Duhamel.	P. j.
Caye.	C.	Dumagnou (Rose) [5].	
Carlier.	Esp.	Duporq.	Esp.
César.	Esp.	Dupré.	Esp.
Champigneulle.	C.	Emard.	Esp.
Champigneulle.	G.	Esling.	E. is.
Chevalier.	G.	Espée (de l').	G.
Charlet.	E. c.	Etienne (veuve).	Esp.
Charpentier.	C.	Eymond.	Esp.
Choné.	J. B.	Fabricius.	S. s.
Chrismann.	E. pr.	Farjon.	P. j.
Claudin.	A. pr.	Fayon.	G.
Clausset.	C.	Feultaine.	E. F.
Clauteaux (Mlles).	E. c.	Flambeau [6].	C.

[1] L'une d'elles morte à la suite d'une maladie contractée près des malades.
[2] Morte, pendant le blocus, victime de son dévouement.
[3] Atteinte de fièvre typhoïde.
[4] A été gravement malade de la variole après le blocus.
[5] A été dangereusement malade.
[6] Gravement blessée pendant un pansement.

394 APPENDICE.

Mmes et Mlles		Mmes et Mlles	
Fleury.	J. B.	Goussin [4].	F. M.
Folliet.	Esp.	Harem (veuve).	E. Fr.
Francfort.	E. is.	Hénot.	C.
François (veuve).	E. Fr.	Hennequin.	F. M.
François (Marie).	F. M.	Henriet.	P. j.
François.	Esp.	Herbin.	Esp.
François.	R. s.	Hermite.	H. m.
Frezoulle.	Pol.	Herpin.	Esp.
Fridrici.	E. c.	Hesse.	G.
Gabernache.	C.	Huet et ses trois filles [5].	
Gargan (de).	Esp.-G.	Humbert.	F. M.
Gaillot.	E. pr.	Humbert.	Esp.
Gandar.	G.	Humblot.	Esp.
Gapper.	G.	Hurel.	Esp.
Gault.	B. b.	Ibrelisle.	G. Sém.
Gazette (Régina).	G.	Kirsch.	F. M.
Gauthier.	Pol.	Klein.	Esp.
Gauthiez.	Esp.	Kleinholtz.	Ev.
Gautiez [1].	A. p.	Kuhn.	P. j.
Gélinet.	Pol.	Kuntz.	E. pr.
Géhin (Amélie) [2].		Kuttinger.	Ev.
Géhin (Florentine).	C.-E. Fr.	Lachapelle.	G.
Geisler.	V.-Pr. s.	Lacroix (de).	M. c.
Geisler.	E. A. pr.	Lallemand (mère et fille).	B. b.
Génot.	C.		
George.	A. pr.	Lallemand.	E. ap.
Gérard.	C.	Lamort.	G.
Gilbrin, née Pierron.	Esp.	Lanty.	M. R.
Gilbrin, née Putz, et sa fille [3].	Esp.	Larivière (sœur Chantal).	G.
Gondolff.	Esp.	Lavrille.	G.
Gougeon.	Esp.	Laurier.	G.
Goujon.	C.	Lecercle (veuve).	G.
Granddidier.	F. M.	Leclère.	G.
Grellois.	M. c.	Leclaire.	E. pr.
Grenier.	J. B.	Leclerc.	G.
Grenu.	E. M.	Lefèvre.	G.
Gremp (de).	G.	Lefèvre.	A. pr.
Griselhonbert.	E. ar.	Legendre (mère et fille) [6].	Esp.
Grosclaude.	Pol.		
Guillemin.	G.	Legendre.	
Gunther.	E. pr.	Leyh.	E. pr.

[1] Morte de fièvre typhoïde contractée près des malades.
[2] Atteinte de fièvre typhoïde et de variole après le blocus.
[3] Mlle Gabrielle Gilbrin (17 ans), morte de fièvre typhoïde après le blocus.
[4] A été gravement malade.
[5] Mlle Emilie Huet (17 ans), est morte d'une maladie contractée près des malades.
[6] Mlle Marie Legendre (20 ans), morte dans les mêmes conditions que la précédente.

APPENDICE. 395

Mmes et Mlles.	
Lévy.	G.
Lhomme.	A pr.
Leneveux (mère et fille)	C. g.
Longraye (de).	G.
Louis.	M. S.
Loisy.	E. pr.
Loizillon.	G.
Macquard.	S. S.
Mahu (Paul^{ne} et Adèle)	C.
Malherbe (veuve Alf.).	P. j.
Malpart.	C.
Marguerite.	A. pr.
Marchal.	Esp.
Marcot.	Esp.
Marchand.	F. M.
Marchand.	S.
Marchant.	E. n.
Maréchal (Félix).	R. C. c.
Margaine [1].	M. R.
Masselin.	E. pr.
Massun (Marie et Antoinette).	C.
Mauger.	E. ar.
Mauler.	E. pr.
Maymel.	Esp.
Mehrmann.	E. pr.
Megret.	G.
Melchior.	S. C.
Mennessier.	G.
Mennessier.	D.
Mercy.	Esp.
Mélesse.	E. is.
Michel.	G.
Mersch.	E.
Minaglia.	B. b.
Miladowska.	E. pr.
Michel-Bonn.	E. is.
Moore.	E. ar.
Moscheroch.	E. pr.
Moreau.	A. pr.
Moreau.	G.
Montjean.	Esp.
Motté.	Esp.
Morhange.	Esp.
Morel.	Pol.

Mmes et Mlles.	
Moul.	Esp.
Moisson.	P. 5e s.
Mouter.	Esp.
Montgazon (de) (mère et fille).	Esp.
Muller.	S.
Nassoy.	Esp.
Nennich (veuve).	L. M.
Nicolas.	Esp.
Nicolas (Anne) [2].	
Niclausse.	A. pr.
Niclausse.	A. pr.
Noël.	S.
Noël.	Esp.
Oliviéro.	Esp.
Ory.	S.
Oulif-Godefroy.	E. is.
Page.	Esp.
Paigné.	A. pr.
Pallez-Rousseau.	C.
Pantz.	A. pr.
Paquant.	C.
Pâris.	P. j.
Périé.	Esp.
Pigale.	E. ar.
Pierson.	E. Fr.
Pierron.	P. j.
Pierné.	M. R.
Pierné.	G.
Polonus.	M. C.
Poupardin.	E. pr.
Porte.	C.
Poulet.	P. j.
Pompey.	S.
Prével.	Esp.
Provençal (mère et fille)	C.
Puel.	S.
Purnot.	E. M.
Purnot.	Esp.
Putz.	F. M.
Quarante.	Esp.
Raguet.	Ly.
Ragot.	Esp.
Reinert.	E. Fr.
Rattazzi.	Esp.

[1] A été très-malade à la suite de ses fatigues.
[2] Gravement atteinte de variole.

APPENDICE.

Mmes et Mlles.

Ranquetat (veuve).	E. Fr.
Rémiatte.	M. S.
Renard.	C.
Rémond.	G.
Rémond.	Esp.
Résimont (de).	Esp.
Réau et ses deux filles [1]	Esp.
Robert (des) [2].	Esp.
Robert (Anne).	S. F. M.
Robert.	C.
Robert.	M. S.
Robinet.	C.
Rochefort et sa fille [3].	F. M.
Rodet.	C.
Rolland.	Esp.
Rothenbourg.	E. ar.
Roubaud.	M. S.
Roy de Pierrefitte.	Esp.
Royer.	S.
Rousseau de Sybille.	E. c.
Rousseaux.	C.
Rousset (4 dames).	M. R.
Rouyer.	C.
Salesse.	F. M.
Salic (de).	G.
Salmon.	E. M.
Saulnier.	E. M.
Saulcy (de) mère et fille.	S. S.
Savoye.	E. pr.
Sar.	F. M.
Schoné.	E. M.
Schmitt.	G.
Schmitt.	P.
Schmaltz.	E. pr.
Scelles.	E. c.
Sérot.	R. S.
Simon.	Esp.

Simon-Favier.	R. S.
Sidot.	Ly.
Saint-Jacques.	L. m.
Strauss (Mmes).	A. pr.
Tailleur.	C.
Taite.	P.
Terquem.	R. C.
Théodosie (sœur) [4].	Gr.
Thil.	F. M.
Thirion.	F. M.
Thiébault.	G.
Thillon (mère et fille).	P. j.
Thouvenin.	F. M.
Thomas.	Esp.
Thoubans et sa fille.	S.
Tinchant.	C.
Tinseau (de).	C.
Toussaint.	P. j.
Toussaint.	P.
Vacca.	P.
Vaillant.	E. c.
Valentin.	F. M.
Valentino.	Esp.
Valette (Ch.).	Esp.
Vassart (de).	G.
Vaugrenant (de).	C.-Esp.
Vautrain.	C.
Vignal.	Ly.
Villard.	S. C.
Virlet.	Ly.
Warin.	G.
Warin.	Esp.
Wenger.	E. pr.
Wibratte.	G.
Winsbach.	C.
Wolf.	S^{te} Bl.
Zay.	E. is.

MM.

Aron.	E. is.
Aubert frères.	Esp.
Balty.	F. M.
Barthelemy.	Esp.
Baucrot.	Esp.
Berga.	P. j.

MM.

Berveiller (Ch.).	Esp.
Berveiller (Fél.).	S^{te} Ch.
Berveiller (H.).	S^{te} Ch.
Bolzinger.	E. ar.
Boulay.	M. R.
Bruley.	E. ar.

[1] L'une de ces jeunes filles, âgée de 17 ans, est morte d'une variole contractée dans les ambulances.
[2] Morte dans les mêmes conditions.
[3] Cette jeune fille est morte de maladie contractée près des malades.
[4] Morte d'une maladie contractée près de nos malades.

APPENDICE.

MM.		MM.	
Bournac.	E. ar.	Goertner [2].	P. Sém.
Bouteiller (de).	C.	Gougeon.	P. Sém.
Buzon.	E. ar.	Grenier.	Esp.
Burtaire.	E. ar.	Grisenhoubert.	E. ar.
Cahen.	E. is.	Hannoncelles (d').	Orp.
Catherine.	Esp.	Henriet.	P. j.
Collin.	P.	Humbert.	Esp.
Choné.	Esp.	Humbert fils.	E. M.
Colson.	R. C.	Hyronimus.	J. B.
Collignon.	R. C.	Klein [3].	P. Sém.
Champigneulle.	C.	Kaikinger.	Pr.
Cornet.	E. M.	Lajeunesse.	E. is.
Corny.	P. j.	Lambert.	E. is.
Coëtlosquet (du).	S. N.	Lambert.	A. pr.
Coëtlosquet (Mce du).	S. C.	Lambert (Isaac).	E. is.
Cornebois.	Esp.	Lambin.	F. M.
Cotelle fils.	P. j.	Lallemand.	M. R.
Cosman.	E. is.	Lefèvre.	A. pr.
Croutte (de).	P. j.	Lejeune.	Ev.
Crépel.	A. pr.	Legrand.	G.
Curé-Spol.		Lebail.	Ste Ch.
Damagnies.	E. pr.	Linden.	Pr.
Decous.	P. j.	Lyon.	E. is.
Decisy frères.	Esp.	Machetay.	M. R.
Delaporte.	E. ar.	Malardot [4].	F. M.
Demariaux.	Esp.	Marcot.	Esp.
Delétang.	A. pr.	Marlier.	P. j.
Delcourt.	A. pr.	Marquis.	E. Fr.
Dennery (Salomon).	E. is.	Marchand.	A. pr.
Dourt.	M. S.	Marchal.	Esp.
Dupont.	A. pr.	Mauger fils.	E. ar.
Dupont fils.	A. pr.	Mauvais [5].	Esp.
Ducroux.	Esp.	Mayer.	E. ap.
Duhamel.	P. j.	Mayer (Th.) [6].	G. Sém.
Gandar.	Esp.	Mayer.	E. is.
Gand.	P. j.	Mary.	E. is.
Gautiez.	A. P.	Marlier.	C.
Georges (Mic.) [1].	A. pr.	Ménard.	A. pr.
Gerando (de).	P. j.	Michel-Bonn.	E. is.
Girels (de).	E. ar.	Michaux (Ch.).	Pr.
Gérardin.	P. j.	Michaux (Paul).	Pr.
Godelle.	P. j.	Moreau.	G.

[1] A subi l'amputation d'un doigt à la suite d'une piqûre pendant un pansement.
[2] Mort victime de son dévouement.
[3] Idem.
[4] A été mourir à l'armée du Nord après la capitulation de Metz.
[5] Atteint de variole grave.
[6] Mort des suites d'une maladie contractée au grand Séminaire

398   APPENDICE.

MM.		MM.	
Mennessier.	Or.	Purnot.	Esp.
Motté.	Esp.	René.	P. j.
Millet.	W.	Rémiatte.	G.
Muel.	E. M.	Robert.	C.
Muel.	G.	Rocher.	G.
Muller.	Vis.	Roubeau.	G.
Noël.	Esp.	Rousseaux.	G.
Nœuveglise [1].	Esp.	Salmon.	P. j.
Oulif-Godefroid.	E. is.	Sainte-Marie (de).	P. j.
Pantz.	A. pr.	Samuel Lazare.	E. is.
Paquier.	G.	Simon.	C.
Paquin.	Esp.	Schneider.	Esp.
Pâris [2].	P. j.	Soyeur.	Pr.
Parisot.	Pr.	Thilloy.	P. j.
Périer.	Esp.	Thomas (Alb.).	Esp.
Pidancet [3].	S^{te} Ch.	Toussaint.	P. j.
Piette.	P. j.	Trèves.	E. is.
Pécheur.	P. j.	Turgy (de).	C.
Pierron.	P. j.	Westermann.	E. c.
Poulet.	P. j.		

Service médical.

Médecins étrangers.

LUXEMBOURG.

MM.	
Meyers.	G.
Layen.	G.
Hirriges.	G.
Lombarède.	G.
Buffet (Ch.).	P. j.
Buffet (Ad.).	P. j.

ANGLETERRE.

Ward [4].
Webb.
Wyman.
Walcher.
Forsborck. } élèves.
Crookshank.

BELGIQUE.

MM.
Driène.
Becourt.

HOLLANDE.

Arntzénius.
Stockmann-Bosse.
Liernur.
Reinberck.
Præger [5].
Thicz.
Baum (les deux frères).

---

[1] Variole grave après le blocus.
[2] Mort de la variole contractée près des malades.
[3] Gravement malade après le blocus.
[4] Etait à Metz pendant le blocus.
[5] Lodewyki-Ferdinand Præger, médecin de première classe de la marine néerlandaise, est mort à Metz, le 19 décembre 1870, à l'âge de 38 ans.

Première ambulance volontaire française.

MM.
Lefort.
Liégeois.
Good.
Sanné.
Gilette.
Martin. } Chirurgiens.
Nottin.
Laugier.
Letendard.
Ramlow.
Savreux-Lachapelle. } Docteurs en médecine.
Frémy.
Chevalet.
Lagrange.
Lorez.
Labadie-Lagrave. } Internes des hôpitaux.

MM.
Parinaud.
Brière.
Laffite.
Fouristier.
Mesnard.
Galisson.
Vizzu.
Boyland.
Niepce.
Barberin.
Gueneau de Mussy.
Ossian Bonnet.
Pouttolenc. } Étudiants en médecine.

Soixante-seize infirmiers.

Médecins étrangers au département.

MM.
Lemattre [1].   Esp.
Rab.   E. M.
Guilllemot [2].   M. a.

MM.   Élèves.
Destenay.   G.
Capon.   S.
Baër.   Gr.
Sabatié.   M. a.

MM.
Halprym.   J. m.
Viciot.
Dury (garde mob.). G.

Médecins de la ville ou du département.

A. Faisant un service volontaire.

MM.
Legrand.   S^t N.
Defer.   B. S.
Dufourq.   Dis.
Rousset.   Vis.

MM.
Strauss.   A. pr.
Warin.   S^t Cl.
Winsbach.   C. S^t N.

---

[1] M. Lemattre a pu seul arriver à Metz pendant l'investissement. Parti de Paris et venu à pied de Thionville, il pénétra dans la place le 20 août, à travers les postes prussiens. En 1866, ce médecin avait été, pendant la guerre austro-prussienne, attaché à l'hôpital de Wurtzbourg. Ce précédent fut une des raisons qui décidèrent le ministre à le commissionner pour Metz. M. Lemattre est connu dans le monde médical pour sa traduction du traité des maladies infectieuses de Griesinger. Lauréat de l'Institut et de l'Académie de médecine, mort de fièvre typhoïde (dont il avait contracté le germe à Metz) dans sa famille, à Boulogne, le 23 janvier 1871, à l'âge de 32 ans.

[2] MM. Guillemot, Sabatié et Halprym appartenaient à l'ambulance volontaire française, retenue prisonnière à Gravelotte après la bataille.

B. Requis par l'administration militaire.

Médecins militaires en retraite.

MM.		MM.	
Méry.	P. j.	Brainque.	E. ap.
Woll-Moreau.	C.	Lambert.	S^t Si.
Béving.	Tab.	Rasez.	G.

Médecins civils.

MM.		MM.	
Beaumont.	G.	May.	C.-H. is.
Boyer.	Sém.	Périn.	W.
Crespy.	G.	Quarante.	G.
Humbert.	G.	Roussel.	G.
Herpin.	Tab.	Saunois.	C.
Jacquin.	W.	Szwykowski.	P. j.
Mahu.	G.		

C. Attachés à l'ambulance du Polygone [1].

Médecins.

MM.	MM.	MM.
Isnard.	Grandjean.	Michaux.
Bamberger [2].	Harzé.	Ouzaneau.
Bar.	Maillard.	Rosman.
Caresme.	Marchal (Ch.).	Toussaint.
Degott.	Marchal (Eug.).	Vigneau.
Didion.	Mahalin.	

Élèves.

MM.	MM.	MM.
Crosse.	Fournier.	Ménard.
Felizet.	Lombard.	Murisier.
Fouquet.	Mangenot.	Quéval.

Médecins militaires.

Explications relatives au rapatriement des médecins [3]. — L'article 5 du protocole de Frescaty laissait à la disposition des ambulances de Metz 533 médecins militaires, chiffre qui, joint à celui des médecins civils, français et étrangers, fonctionnant déjà

---

[1] En vertu d'un traité passé avec le Conseil municipal.
[2] Membre de la Chambre des Députés.
[3] J'exposai ces diverses considérations dans un ordre du jour qui fut communiqué aux intéressés.

dans la place, s'élevait à près de 400 ; cet effectif était notablement supérieur aux besoins. La plupart de mes collaborateurs, surtout parmi ceux entrés les derniers à Metz, exprimaient un grand désir de quitter cette malheureuse ville ; les uns, animés d'un sentiment qui les portait à fuir la vue des vainqueurs et à rechercher un théâtre d'action désormais plus active aux armées de l'intérieur ; les autres, sans nouvelles de leurs familles depuis l'ouverture des hostilités et anxieux sur le sort des leurs. Ne pouvant accorder à tous un *exeat*, je dus adopter un tour régulier de rapatriement qui donnât, le plus possible, satisfaction aux exigences du service et aux intérêts privés, au fur et à mesure de la diminution des besoins.

Voici les bases sur lesquelles je crus devoir m'appuyer :

Un médecin traitant et un aide suffisent, en moyenne, au traitement de 100 malades. Je considérai comme médecins traitants les officiers de santé du grade le plus élevé jusqu'à celui de médecin aide-major de première classe inclus ; les aides-majors de deuxième classe et les élèves étaient plus spécialement adjoints aux médecins traitants et assuraient le service de garde.

Je décidai, en conséquence, que je demanderais de suite à l'autorité allemande un sauf-conduit pour tous les médecins dont le nombre dépasserait les exigences du moment et que leur rapatriement s'opérerait suivant l'ancienneté dans chaque grade, proportionnellement au mouvement décroissant des malades. Il n'était fait d'exceptions que pour ceux qui, par leur état de santé, ne pouvaient rendre aucun service actuel.

Les départs se sont effectués aux dates suivantes (sauf quelques départs isolés).

1 — 132 —	5 novembre.		7 — 8 —	24 décembre.
2 — 58 — 18	—		8 — 7 —	3 janvier.
3 — 24 —	1er décembre.		9 — 5 — 8	—
4 — 56 — 6	—		10 — 6 — 14	
5 — 50 — 12	—		11 — 5 —	1er février.
6 — 11 — 18	—		12 — 6 —	—

Aux ambulances de Metz pendant le blocus.

Principaux de 1re classe.

MM.		Départs.
Grellois.		9
Ehrmann [1].	H. m.	3
Blanvillain.	F. M.	2

Principaux de 2e classe.

Gouget.	Tab.	8
Molard.	H. m.	6
Caillemer.	E.	1

Majors de 1re classe.

MM.		Départs.
Bécœur.	Dis.	9
Bouton d'Agnières.	Troupes.	9
Crépet.	Troupes.	6
Masnou.	M. a.	2
Dexpers.	S.-W.	1
David de Lestrade.	C.	1
Champouillon.	G.	1
Vézien.	E. ar.	1

[1] Mort à l'armée de la Loire le 1er janvier 1871, suite des fatigues du service.

MM.		Départs.	MM.		Départs.
Hémard.	H. m.	7	Zœpfel.	G.	1
Michel (Ch.).	F. M.	1	Davignon.	E. ar.	2
Boulongne.	F. M.	1	Linon.	H. m.	2
Allaire.	Ch.	1	Passot.	G.	2
Messager.	H. m.	6	Dubarry.	J. B.	2
Baudouin.	S.	4	Labrot.	S.	5
Tassard.	Gare.		Scribe.	Tab.	1
Weber.	Tab.	5	Boncour (Jules).	E. ap.	6
Rizet.	E. ap.		Pau de St-Martin.	F. M.	5
Bertrand (Hect.).	Ly.	4	Jobert.	Ly.	5
Leplat.	Esp.	8	Cortial.	M. a.	10
Maugras (Th. de).	Ch.	5	Kopf (Alb.).	G.	11
Aronssohn.	Ch.	4			

Majors de 2e classe.

Élèves.

			Bélime.	H. m.	1
Bernard (Ad.).	P.	8	Lucotte.	Sém.	1
Giard.	Ch.	5	Pasquier.	H. m.	1
Chabert.	J. B.	4	Petitgand.	G.	6
Arnaud (Bern.).	G.-M. a.	4	Pilet.	Sém.	1
Martin (Léon).	Ch.	2	Rédier.	Tab.	1
Warion.	F. M.	5	Mathieu.	J. B.	6
Fritsch (dit Lang).	Ch.	2	Dardignac.	F. M.	1
Ballet.	G.	5	Gouell.	H. m.	1
			Febvre.	H. m.	1

Aides-majors de 1re classe.

			Carayon.	F. M.	1
Meriot [1].	F. M.	1	Mussat.	F. M.	4
Sommeillier.	M. a.	4	Brisset.	Esp.	6
Driout.	Esp.	1	Dupont.	H. m.	7
Sabathier.	G.	1	Gigon.	G.	7
Cros.	M. a.	1	Ferré (de).	Conv.	5
Montel.	Gare.	8	Fluteau.	G.	7
Aubert.	Ch.	1	Charvot.	H. m.	1
Richon [2].		5	Antoine.	G.	7
Robert (Hip.).	C.	2	Quivogne.	Tab.	7
Pinchard.	Dis.	1	Cazalas.	Tab.	10
Genaudet [3].	G.	2	Barrois.	Ch.	10
			Grosjean.	H. m.	10

Aides-majors de 2e classe.

			Lemoine [4].	H. m.	
Czernicki.	S.	1	Kablé.	Tab.	
Laveran.	Ch.	1	Muller.	C.	1
Geschwind.	Esp.	1	Didier.	H. m.	1
Jacquin (Alexis).	S.	5	Franck.	H. m.	
Nicol.	E. A. P.	1			

[1] Mort après son départ de Metz.
[2] Secrétaire du médecin en chef.
[3] Mort après son départ de Metz.
[4] Mort à l'hôpital militaire de Metz, le 24 septembre 1870, d'une fièvre grave contractée dans l'exercice de ses fonctions.

APPENDICE.

Aux ambulances de Metz après la capitulation [1].

Principaux de 1re classe. MM.	Départs.	MM.	Départs.	MM.	Départs.
Cuvelier.	1	Noguès.	1	Delune.	4
Marit.	1	Mouillac.	1	Damien.	4
Marmy.	1	Beaufils.	1	Libermann.	4
Fuzier.	1	Leclerc.	1	Barthe.	5
Brault.	2	Chevassu.	1	Touraine.	5
		Champion.	1	Marcenac.	5
Principaux de 2e classe.		Arondel.	1	*Majors de 2e classe.*	
		Roustans.	1		
Vincent.	1	Spire.	5	Grazietti.	1
Sonrier.	2	Ropert.	1	Licardy.	1
Ferraton.	1	Potor.	2	Jacquemart.	1
Boulian.	1	Roudet.	2	Roques.	1
Souville.	2	Nuzillat.	2	Bercegol (de).	1
Lecomte.	2	Bedié.	2	Martrès.	1
		Fauchon.	2	Delon.	1
Majors de 1re classe.		Coste.	2	Reuille.	1
		Poppleton.	2	Colonna.	1
		Barthet.	4	Robert (M.).	1
Bruneau.	12	Rol.	2	Godot.	1
Larivière (Alp.).	3	Petitbon.	2	Petit.	1
Morgon.	1	Courbet.	2	Roustic.	1
Th. de Maugras (C.)	1	Perreon.	2	Sotomayor (de).	1
Liard.	1	Dezon.	2	Sancery.	1
Campmas.	1	Constantin.	2	Luc.	1
Arnaud (Quirin).	1	Chabrely.	8	Cominal.	12
Achte.	1	Ouradou.	3	Roy.	1
Lebas.	1	Duauthier.	12	Jourdain.	1
Ditz.	9	Paret.	5	Bryon.	9
Armand.	1	Ving.	9	Vidal.	7
Besnard.	1	Douillot.	5	Lévy (Em.).	1
Thiébault.	1	Servier.	5	Champenois (Vic.).	1
Cintrat.	1	Hamel (Jul.).	5	Deschuttelaëre.	2
Douchez.	1	Millot.	4	Tarneau.	2
Bertrand (Germ.).	1	Mulot.	4	Schreiner.	2
Claudel.	1	Drappier.	4	Fristo.	1
Laforgue.	1	Riolacci.	4	Nublat.	1
Vizerie (Pierre).	1	Lobstein [2].	4	Kopf (Fél.).	1
Barreau.	1	Bertrand (Hec.).	4	Hayer.	2
Remy (Louis).	2	Guiches.	1	Tamisier [3].	1
Lambert (Jul.).	1	Fontez.	4	Farine.	2
		Parent.	4	Lafforgue.	1
		Toussaint.	12		

[1] L'extrême fréquence des mutations dans le personnel et dans son emploi ne permettait pas de donner l'indication des postes. Chaque départ nécessitait un remaniement des services.
[2] Mort depuis son départ de Metz.
[3] Idem.

APPENDICE.

MM.	Départs.	MM.	Départs.	MM.	Départs.
Combes.	2	Joly.	2	Desprez, *malade*.	
Vizerie (St-Amand)	2	Geniaux.	2	Bourgeois.	1
Teinturier.	2	Katy.	5	Margerie.	6
Ladoire.	6	Apté.	2	Bouloumié.	2
Spillmann.	5	Brachet.	2	Florance.	5
Crévaux.	5	Oberlin.	2	Ribes.	7
Ferru.	5	Berger.	2	Caron.	6
Bernard (Dés.).	5	Morin.	2	Moret.	6
Debausseaux.	5	Biscarrat.	5	Laurent.	11
Marteau.	4	Rivière.	1		
Bazille.	4	Frénoy.	5	*Aides - majors*	
Chambé.	4	Bouchardat.	5	*de 2ᵉ classe.*	
Mathis.	4	Roux.	5	Millet.	1
Guillemin (Fréd.).	4	Jeanmaire.	5	Bressy.	1
Suquet.	4	Hellaine.	5	Viry.	5
Tardy.	4	Guillemin (Henry)	4	Leguélinel de Li-	
Pasquet.	4	Percheron.	4	gnerolles.	1
Poirée.	1	Rochet.	4	Billet.	1
Guyon.	5	Rœckel.	10	Caillet.	1
Noizet.	4	Regnier.	4	Boncour.	2
Fernandez Munilla	5	Perret.	4	Zuber.	5
Porte.	6	Hinglais.	4	Chevrier.	2
Jean.	6	Alibran.	4	Strauss.	5
Malabard.	6	Soulbieu.	4	Tixier.	11
Papillon.	6	Folquet.	5	Doubre.	7
Longet.	6	Dubois.	5	Sedan.	2
Merviel¹.	7	Hahn.	5	Anziani.	8
Blanche.	7	Bargy.	5	Aubert.	2
		Lereboullet.	5	Fritz (Ch.).	7
Aides - majors		Boppe.	5	Larger.	8
de 1ʳᵉ classe.		Dumoutier.	1	Grosclaude.	8
Stieldorf.	4	Delamare.	5	Pelloux.	1
Lenoir.	2	Boncour (Eug.).	6	Devoisins.	10
Evrard.	2	Guilhem.	6		

¹ Mort depuis son départ de Metz.

Service pharmaceutique.

Pharmaciens civils.

(Ambulance du Polygone.)

MM.
Dieu [1],
Lisse [2], } pharmaciens.
Humbert,

Lallement.   G.

MM.
Laurier,
Willemin, } élèves.
Gille,
Knecht,

Pharmaciens militaires.

Aux ambulances de Metz avant le blocus.

Majors de 1re classe.

Leprieur.   H. m.
Merchier.   H. m.
Bouché.   Esp.
Coupard.   Tab.
Lefranc.   E. ap.

Majors de 2e classe.

Junilhon.   S.
Lafon.   G.
Viltard.   J. B.
Rives.   Ch.
Schaeffèle.   F. M.
Figuier.   M. b.

Aides-majors de 1re classe.

Villadon.   S.

Rebuffat.   Ly.
Boué.   E. ar.
Brulé.   C.

Élèves.

Bousson.   H. m.
Baillon.   H. m.
Hirtzmann.   H. m.
Bressac.   H. m.
Bréant.   H. m.
Dauphin.   H. m.
Demandre.   H. m.
Breuil.   H. m.
Cerf.   H. m.
Renaud.   C.

Aux ambulances de Metz après la capitulation.

Inspecteur.

Poggiale.

Principaux de 1re classe.

Jeannel.
Demortain.
Robillard.

Principal de 2e classe.

Roucher.

Major de 1re classe.

Goldscheider.

---

[1] Pharmacien principal de première classe en retraite.
[2] Pharmacien-major de première classe en retraite. Mort depuis.

Majors de 2ᵉ classe.
Guériteau.
Aveline.

Aides-majors de 2ᵉ classe.
Aumignon.

Burcker.
Vidau.
Raby.
Signon.
Leroy.

(Je manque de renseignements sur l'époque des départs de MM. les Pharmaciens.)

J'aurais désiré compléter ces indications par le personnel des officiers d'administration des hôpitaux. Mais ces Messieurs m'étaient, pour la plupart, inconnus et je n'ai aucun renseignement à leur égard.

FIN.

Metz. — Imp. E. Réau.

FAUTES ESSENTIELLES A CORRIGER.

Page 28, ligne 25, *au lieu de* fondeur, *lisez* soudeur.
— 166, — 22, sous-titre à supprimer.
— 188, — 5, *supprimez* de.
— 274, — 33, *au lieu de* toiles, *lisez* toits.
— 281, — 8, — intermittentes, *lisez* intercurrentes.
— 288, — 6, — malades, *lisez* maladies.
— 343, — 2, *au lieu de* de, *lisez* à.

LIBRAIRIE J.-B. BAILLIÈRE ET FILS.

BENOIST DE LA GRANDIÈRE. Siége de Paris. L'ambulance des sœurs de Saint-Joseph de Cluny (succursale du Val-de-Grâce). Paris, 1871; in-8 de 76 pages.. 2 fr.

BERNARD (H.). Premiers secours aux blessés sur le champ de bataille et dans les ambulances, 1870; in-18 de 164 pages avec 79 figures........ 2 fr.

BRAIDWOOD. De la pyohémie ou fièvre suppurative. Paris, 1869; 1 vol. in-8 de VIII-300 pages, avec 12 planches chromolithographiées........... 8 fr.

CHRISTOT. Du drainage dans les plaies par armes de guerre, 1871; in-8 de 64 pages... 2 fr.

CORRE. La pratique de la chirurgie d'urgence, 1872; in-18 de 216 pages, 51 figures.. 2 fr.

DESPRÈS (Arm.). Rapport sur les travaux de la septième ambulance à l'armée du Rhin et à l'armée de la Loire; 1871, grand in-8 de 90 pages. 2 fr.

GAUJOT (G.) et SPILLMANN (E.). Arsenal de la chirurgie contemporaine, description, mode d'emploi et appréciation des appareils et instruments en usage pour le diagnostic et le traitement des maladies chirurgicales, l'orthopédie, la prothèse, les opérations simples, générales, spéciales et obstétricales, par G. Gaujot, médecin principal, professeur à l'École du Val-de-Grâce, et E. Spillmann, médecin-major, professeur agrégé à l'École de médecine militaire (Val-de-Grâce). Paris, 1867-72; 2 gros vol. in-8 de 2200 pages, avec 1815 figures..................................... 32 fr.

GIRARD. Contribution a l'histoire médico-chirurgicale du siége de Paris. L'ambulance militaire de la rue Violet, par le docteur Ch. Girard, médecin en chef. Paris, 1872; in-8 de 100 pages................ 2 fr. 50

GORDON. Le siége de Paris au point de vue de l'hygiène et de la chirurgie, 1871; in-8 de 19 pages.................................... 50 c.

HOUZÉ DE L'AULNOIT. Historique et mode de fonctionnement des caisses de secours des bataillons des mobiles et des mobilisés de l'armée du Nord, pendant et après la guerre de 1870-1871, 1871; in-8 de 32 pages.. 50 c.

LEGOUEST. Traité de chirurgie d'armée, par L. Legouest, médecin inspecteur de l'armée. *Deuxième édition.* Paris, 1872; 1 fort vol. in-8 de 1000 pages, avec 128 figures.

MAC CORMAC. Souvenirs d'un chirurgien d'ambulance. Relation médico-chirurgicale des faits observés et des opérations pratiquées à l'ambulance anglo-américaine (Sedan, Balan, Bazeilles), traduit par le docteur G. Morache. Paris, 1872; in-8 avec huit héliotypies et figures...... 6 fr.

SARAZIN (C.). Clinique chirurgicale de l'hôpital de Strasbourg (semestre d'hiver 1869-1870). Strasbourg, 1870; in-8 de 92 pages....... 2 fr.

SIMON (Léon). Considérations sur les plaies par armes a feu, 1871; in-8 de 52 pages... 1 fr.

TRIBES. De la complication diphthéroïde contagieuse des plaies, 1872; in-8 de 62 pages..

VERNEUIL. De la gravité des lésions traumatiques et des opérations chirurgicales chez les alcooliques. Communications à l'Académie, par MM. Verneuil, Hardy, Gubler, Gosselin, Béhier, Richet, Chauffard et Giraldès, 1871; 1 vol. in-8 de 160 pages........................ 3 fr.

www.ingramcontent.com/pod-product-compliance
Lightning Source LLC
Chambersburg PA
CBHW050908230426
43666CB00010B/2074